华东地区大学校际足球运动的起源与嬗变

(1903~1936)

Origination and Evolution of Inter-collegiate Football in East China(1903-1936)

郭 振 著

科学出版社

北 京

内 容 简 介

大学是我国足球运动缘起与发展的重要载体,是国家足球文化发展的主阵地。本书聚焦于1903～1936年华东地区大学足坛,在挖掘和整理大量的档案、报刊、书籍等史料基础上,探讨我国大学校际足球运动的起源,还原华东地区大学校际足球运动的早期发展历史,力求展现不同历史时期校际足球联赛的全貌,分析阐述校际足球运动中的群体参与和文化表现,旨在夯实我国校园足球发展的历史文化根基。

本书可供体育史研究者、体育专业的学生、足球从业者阅读。

图书在版编目(CIP)数据

华东地区大学校际足球运动的起源与嬗变:1903～1936/郭振著.—北京:科学出版社,2022.2

ISBN 978-7-03-071451-0

Ⅰ.①华… Ⅱ.①郭… Ⅲ.①大学生-足球运动-体育运动史-华东地区-1903-1936 Ⅳ.①G843.9

中国版本图书馆CIP数据核字(2022)第023175号

责任编辑:杭 玫 李秉乾 / 责任校对:贾娜娜
责任印制:张 伟 / 封面设计:无极书装

科学出版社 出版
北京东黄城根北街16号
邮政编码:100717
http://www.sciencep.com

北京中石油彩色印刷有限责任公司 印刷
科学出版社发行 各地新华书店经销

*

2022年2月第 一 版 开本:720×1000 B5
2022年2月第一次印刷 印张:15 1/2
字数:300 000

定价:150.00元
(如有印装质量问题,我社负责调换)

国家社科基金后期资助项目
出版说明

  后期资助项目是国家社科基金设立的一类重要项目，旨在鼓励广大社科研究者潜心治学，支持基础研究多出优秀成果。它是经过严格评审，从接近完成的科研成果中遴选立项的。为扩大后期资助项目的影响，更好地推动学术发展，促进成果转化，全国哲学社会科学工作办公室按照"统一设计、统一标识、统一版式、形成系列"的总体要求，组织出版国家社科基金后期资助项目成果。

全国哲学社会科学工作办公室

目　　录

第一章　华东地区大学竞技体育组织的起源与演变 …………… 1
第一节　大学竞技体育的出现 ……………………………………… 2
　　一、近代高等教育机构的出现 …………………………………… 2
　　二、大学竞技体育的萌发 ………………………………………… 4
第二节　华东地区大学校际竞技体育组织起源 …………………… 5
　　一、大学校际竞技体育组织的起源背景 ………………………… 5
　　二、华东地区大学校内竞技体育组织的出现 …………………… 6
　　三、华东地区大学校际比赛的导入 ……………………………… 8
　　四、华东地区大学校际竞技体育组织的起源——《中国学校体育同盟会典章》 ……………………………………………… 8
第三节　华东地区大学校际竞技体育组织演变 …………………… 10
　　一、华东四大学体育联合会（1904～1909 年）………………… 10
　　二、华东六大学体育联合会（1914～1919 年）………………… 13
　　三、华东八大学体育联合会（1920～1926 年）………………… 14
　　四、华东八大学体育联合会的分裂（1925 年）………………… 15
　　五、华东四大学体育会（1928～1932 年）……………………… 16
　　六、江南大学体育协会（1926～1936 年）……………………… 17

第二章　华东地区大学校际足球运动的源流 …………………… 21
第一节　圣约翰大学的体育运动 …………………………………… 22
第二节　南洋公学的体育运动 ……………………………………… 25
第三节　圣约翰大学与南洋公学足球源起 ………………………… 27
　　一、圣约翰大学足球队 …………………………………………… 27
　　二、南洋公学足球队 ……………………………………………… 29
第四节　圣约翰大学与南洋公学足球对抗赛（1903～1910 年）… 30
第五节　圣约翰大学与南洋公学"麦根路之战" ………………… 33
　　一、第一次"麦根路之战"（1915 年）………………………… 34
　　二、第二次"麦根路之战"（1915 年）………………………… 37
　　三、第三次"麦根路之战"（1921 年）………………………… 38

第三章　华东六大学足球联赛 ·································· 42
第一节　华东六大学第一届足球联赛（1914～1915年）········ 43
一、圣约翰大学与南洋公学小组赛························ 44
二、南洋公学与东吴大学争冠赛·························· 45
第二节　华东六大学第二届足球联赛（1915～1916年）········ 47
一、南洋公学与金陵大学第一场冠军争夺赛················ 48
二、南洋公学与金陵大学第二场冠军争夺赛················ 49
第三节　华东六大学第三届足球联赛（1916年）·············· 50
一、圣约翰大学与南洋公学小组赛························ 51
二、南洋公学与东吴大学争冠赛·························· 52
第四节　华东六大学第四届足球联赛（1917～1918年）········ 53
一、沪江大学从乙组突围································ 54
二、东吴大学与圣约翰大学争夺决赛权···················· 55
三、圣约翰大学与南洋公学冠军赛························ 55
第五节　华东六大学第五届足球联赛（1918～1919年）········ 57
一、圣约翰大学与南洋公学第一次比赛···················· 58
二、圣约翰大学与南洋公学第二次比赛···················· 58
第六节　华东六大学第六届足球联赛（1919～1920年）········ 60
一、圣约翰大学与南洋公学比赛·························· 60
二、东吴大学冠军之旅·································· 61

第四章　华东八大学足球联赛 ·································· 64
第一节　华东八大学第一届足球联赛（1920年）·············· 65
一、复旦大学初入大学校际足坛·························· 66
二、东吴大学、金陵大学、沪江大学赛季表现·············· 66
三、圣约翰大学冠军赛季································ 69
第二节　华东八大学第二届足球联赛（1921年）·············· 72
一、复旦大学意外事件·································· 73
二、圣约翰大学与交通大学比赛·························· 75
三、沪江大学崛起······································ 75
四、足球锦标归属问题·································· 76
第三节　华东八大学第三届足球联赛（1922～1923年）········ 77
一、复旦大学强势表现·································· 78
二、南洋大学夺得锦标·································· 79

第四节　华东八大学第四届足球联赛（1923～1924年）……… 81
　　　一、复旦大学持续强势……………………………………… 82
　　　二、圣约翰大学与南洋大学的表现………………………… 84
　　　三、足球锦标难产…………………………………………… 85
　　　四、圣约翰大学与南洋大学比赛日期争执………………… 86
　　第五节　华东八大学第五届足球联赛（1924年）………… 87
　　　一、四校退出冠军争夺……………………………………… 89
　　　二、沪江大学冠军之旅……………………………………… 90
　　第六节　华东八大学第六届足球联赛（1925年）………… 93
　　第七节　华东四大学体育会足球赛………………………… 95
　　　一、华东四大学第一届体育会足球赛（1928年）………… 95
　　　二、华东四大学第二届体育会足球赛（1929年）………… 97
　　　三、华东四大学第三届体育会足球赛（1930年）………… 98

第五章　江南大学体育协会足球联赛……………………………101
　　第一节　江南大学体育协会第一届足球联赛（1926年）…102
　　　一、南洋大学与复旦大学争议之战…………………………104
　　　二、复旦大学夺得锦标………………………………………108
　　第二节　江南大学体育协会第二届足球联赛（1927年）…109
　　　一、复旦大学表现低迷………………………………………111
　　　二、暨南大学与交通大学争议比赛…………………………112
　　　三、光华大学崛起……………………………………………112
　　　四、三校之战因暴力事件取消………………………………114
　　第三节　江南大学体育协会第三届足球联赛（1928年）…115
　　　一、交通大学复仇之战………………………………………116
　　　二、交通大学与暨南大学锦标争夺战………………………117
　　第四节　江南大学体育协会第四届足球联赛（1929年）…119
　　　一、中央大学首次参赛………………………………………121
　　　二、交通大学击溃光华大学…………………………………122
　　　三、交通大学惜败暨南大学…………………………………123
　　　四、暨南大学完胜光华大学…………………………………124
　　第五节　江南大学体育协会第五届足球联赛（1930年）…125
　　　一、暨南大学小胜光华大学…………………………………126
　　　二、交通大学与复旦大学握手言和…………………………127
　　　三、暨南大学大胜交通大学…………………………………128

第六节　江南大学体育协会第六届足球联赛（1931年）……………130
　　　　一、第一小组赛况……………………………………………………131
　　　　二、第二小组赛况……………………………………………………132
　　　　三、交通大学与暨南大学争冠赛……………………………………132
　　第七节　江南大学体育协会第七届足球联赛（1932年）……………133
　　　　一、暨南大学大胜复旦大学…………………………………………136
　　　　二、交通大学逼平暨南大学…………………………………………136
　　第八节　江南大学体育协会第八届足球联赛（1933年）……………138
　　　　一、金陵大学险胜中央大学，复旦大学大败光华大学，
　　　　　　暨南大学轻取大夏大学…………………………………………140
　　　　二、交通大学绝杀复旦大学…………………………………………141
　　　　三、暨南大学击溃中央大学…………………………………………141
　　　　四、暨南大学小胜交通大学…………………………………………142
　　　　五、复旦大学与暨南大学收官之战…………………………………142
　　第九节　江南大学体育协会第九届足球联赛（1934年）……………143
　　　　一、金陵大学大胜中央大学…………………………………………144
　　　　二、暨南大学七度夺冠………………………………………………145
　　第十节　江南大学体育协会第十届足球联赛（1935~1936年）……146
　　　　一、暨南大学与光华大学握手言和…………………………………146
　　　　二、复旦大学与光华大学赛期拖延…………………………………147
　　　　三、光华大学与暨南大学收官之战…………………………………147
第六章　华东地区大学校际足球运动中的裁判员和运动员……………150
　　第一节　华东地区大学校际足球运动中的裁判员……………………151
　　　　一、华东六（八）大学足球联赛时期的裁判员……………………151
　　　　二、江南大学体育协会足球联赛时期的裁判员……………………154
　　　　三、中国体育裁判员的摇篮——上海中华运动裁判会……………156
　　第二节　华东地区大学校际足球运动中的运动员……………………159
　　　　一、足球队名单及学生运动员数量…………………………………159
　　　　二、足球运动员多有兼项……………………………………………163
　　　　三、学生运动员的足球运动生涯漫长………………………………165
　　　　四、学生运动员的足球竞技水平高…………………………………166
　　　　五、学生运动员是上海业余足球界的主力军………………………169
　　　　六、代表性的学生运动员……………………………………………170

第七章　华东地区大学校际足球运动的文化分析 ·················174
　　第一节　爱国情怀的呈现，体育精神的宣扬 ··············174
　　　　一、爱国情怀的呈现 ································174
　　　　二、体育精神的宣扬 ································177
　　第二节　校友群体的凝结，球迷校长的重视 ··············178
　　　　一、校友群体的凝结 ································178
　　　　二、球迷校长的重视 ································180
　　第三节　足球技战术理论本土化 ························182
　　　　一、足球阵型的运用 ································182
　　　　二、足球理论的本土化 ······························183
　　第四节　足球运动中的慈善义举和商业化 ················186
　　第五节　校际足球运动的观赛行为 ······················190
　　　　一、啦啦队 ··191
　　　　二、啦啦歌 ··195

第八章　华东地区大学校际足球运动的球场暴力问题·········199
　　第一节　比赛期间观众殴打裁判员：暨南大学与交通大学球场
　　　　　　暴力事件（1927年）······························200
　　第二节　双方球员互殴：光华大学与交通大学球场暴力事件
　　　　　　（1927年）·······································202
　　第三节　观众与球员之间的暴力：光华大学与复旦大学球场
　　　　　　暴力事件（1930年）······························203
　　第四节　赛后观众围殴裁判员：复旦大学与交通大学球场
　　　　　　暴力事件（1932年）······························204
　　第五节　举国瞩目的球场暴力：暨南大学与交通大学球场
　　　　　　暴力事件（1933年）······························205

参考文献 ···209
附录一　华东大学体育联合会章程 ····························213
附录二　江南大学体育协会章程 ································216
附录三　江南大学体育协会足球联赛新闻报道一例 ············222
附录四　上海中华运动裁判会足球会员名单一览表（截至1935年）····227

图 目 录

图 2-1　卜舫济……………………………………………… 24
图 2-2　福开森……………………………………………… 26
图 2-3　圣约翰大学足球队（1903～1904 年）…………… 28
图 3-1　圣约翰大学足球队（1919 年）…………………… 57
图 3-2　圣约翰大学足球队（1919～1920 年）…………… 61
图 4-1　复旦大学足球队（1916 年）……………………… 67
图 4-2　复旦大学足球队（1920～1921 年）……………… 67
图 4-3　沪江大学足球队（1920 年）……………………… 68
图 4-4　圣约翰大学足球队（1920～1921 年）…………… 72
图 4-5　复旦大学足球队（1921～1922 年）……………… 74
图 4-6　交通大学主场与圣约翰大学比赛（1922 年）…… 76
图 4-7　复旦大学足球队（1923 年）……………………… 79
图 4-8　圣约翰大学足球队（1922～1923 年）…………… 80
图 4-9　沪江大学与圣约翰大学比赛（1924 年）………… 91
图 4-10　沪江大学与南洋大学比赛（1924 年）…………… 92
图 4-11　沪江大学足球队（1928～1929 年）……………… 96
图 4-12　华东三大学足球队（1928 年）…………………… 96
图 4-13　东吴大学足球队（1928 年）……………………… 97
图 5-1　持志大学足球队（1926 年）……………………… 105
图 5-2　南洋大学足球队（1926 年）……………………… 107
图 5-3　复旦大学足球队（1926 年）……………………… 107
图 5-4　光华大学足球队甲组（1927 年）………………… 114
图 5-5　光华大学足球队乙组（1927 年）………………… 115
图 5-6　中央大学足球队（1929 年）……………………… 122
图 5-7　暨南大学与交通大学足球队全体摄影（1929 年）… 124
图 5-8　暨南大学与光华大学甲组比赛（1929 年）……… 125
图 5-9　暨南大学与光华大学乙组比赛（1929 年）……… 125
图 5-10　交通大学与暨南大学比赛（1930 年）…………… 129

图 5-11 交通大学与暨南大学比赛时场外观众（1930 年）……………129
图 5-12 暨南大学足球队（1932～1933 年）……………………………138
图 6-1 南洋公学时期的李思廉……………………………………………152
图 6-2 东吴大学足球队（1903 年）………………………………………159
图 6-3 东吴大学足球队名单（1903 年）…………………………………160
图 6-4 第一次"麦根路之战"南洋公学首发名单（1914 年）……161
图 6-5 南洋大学与复旦大学首发名单（1926 年）………………………163
图 6-6 出征柏林奥运会时期的王南珍……………………………………164
图 6-7 戴麟经………………………………………………………………165
图 6-8 冯建维………………………………………………………………168
图 7-1 唐文治………………………………………………………………175
图 7-2 足球场地和阵型示意图……………………………………………183
图 7-3 复旦大学啦啦队（1927 年）………………………………………194
图 7-4 光华大学啦啦队（1930 年）………………………………………194

表 目 录

表 2-1　圣约翰大学与南洋公学校际足球对抗赛成绩一览表
　　　　（1903～1910 年）·································· 31
表 3-1　华东六大学足球联赛比赛成绩一览表·················· 42
表 3-2　华东六大学第一届足球联赛（1914～1915 年）成绩
　　　　一览表·· 43
表 3-3　华东六大学第二届足球联赛（1915～1916 年）成绩
　　　　一览表·· 48
表 3-4　华东六大学第三届足球联赛（1916 年）成绩一览表······ 50
表 3-5　华东六大学第四届足球联赛（1917～1918 年）成绩
　　　　一览表·· 54
表 3-6　华东六大学第五届足球联赛（1918～1919 年）成绩
　　　　一览表·· 58
表 3-7　华东六大学第六届足球联赛（1919～1920 年）成绩
　　　　一览表·· 60
表 4-1　华东八大学足球联赛成绩一览表······················ 65
表 4-2　华东八大学第一届足球联赛（1920 年）成绩一览表······ 65
表 4-3　沪江大学比赛（1920 年）一览表······················ 69
表 4-4　华东八大学第二届足球联赛（1921 年）成绩一览表······ 73
表 4-5　华东八大学第三届足球联赛（1922～1923 年）成绩
　　　　一览表·· 77
表 4-6　华东八大学第四届足球联赛（1923～1924 年）成绩
　　　　一览表·· 82
表 4-7　华东八大学第五届足球联赛（1924 年）成绩一览表······ 89
表 4-8　华东八大学第六届足球联赛（1925 年）成绩一览表······ 94
表 4-9　历届华东四大学体育会足球赛成绩一览表·············· 95
表 4-10　华东四大学第一届体育会足球赛（1928 年）成绩
　　　　一览表·· 96
表 4-11　华东四大学第二届体育会足球赛（1929 年）成绩
　　　　一览表·· 98

表 4-12 华东四大学第三届体育会足球赛（1930年）成绩
　　　　一览表 ·················· 99
表 5-1 江南大学体育协会足球联赛比赛成绩一览表 ········· 102
表 5-2 江南大学体育协会第一届足球联赛甲组比赛（1926年）
　　　　成绩一览表 ·················· 103
表 5-3 江南大学体育协会第一届足球联赛乙组比赛（1926年）
　　　　成绩一览表 ·················· 103
表 5-4 江南大学体育协会第一届足球联赛（1926年）分组
　　　　赛程一览表 ·················· 104
表 5-5 江南大学体育协会第二届足球甲组比赛（1927年）
　　　　成绩一览表 ·················· 109
表 5-6 江南大学体育协会第二届足球乙组比赛（1927年）
　　　　成绩一览表 ·················· 110
表 5-7 江南大学体育协会第三届足球甲组比赛（1928年）
　　　　成绩一览表 ·················· 115
表 5-8 江南大学体育协会第三届足球乙组比赛（1928年）
　　　　成绩一览表 ·················· 116
表 5-9 江南大学体育协会第四届足球甲组比赛（1929年）
　　　　成绩一览表 ·················· 120
表 5-10 江南大学体育协会第四届足球乙组比赛（1929年）
　　　　成绩一览表 ·················· 120
表 5-11 江南大学体育协会第五届足球联赛（1930年）
　　　　成绩一览表 ·················· 126
表 5-12 江南大学体育协会第六届足球联赛（1931年）分组
　　　　赛程一览表 ·················· 130
表 5-13 江南大学体育协会第六届足球联赛（1931年）成绩
　　　　一览表 ·················· 131
表 5-14 江南大学体育协会第七届足球联赛（1932年）成绩
　　　　一览表 ·················· 134
表 5-15 江南大学体育协会第七届足球联赛（1932年）分组
　　　　赛程一览表 ·················· 135
表 5-16 江南大学体育协会第八届足球联赛（1933年）成绩
　　　　一览表 ·················· 139

表 5-17 江南大学体育协会第八届足球联赛（1933年）分组赛程一览表 ……………………………………………… 140
表 5-18 江南大学体育协会第九届足球联赛（1934年）成绩一览表 ……………………………………………… 144
表 5-19 江南大学体育协会第十届足球联赛（1935～1936年）成绩一览表 ……………………………………… 146
表 6-1 上海中华运动裁判会会员统计一览表（截至1935年）…158

第一章　华东地区大学竞技体育组织的起源与演变

竞技体育作为舶来品，于中国近代化进程伊始由欧美诸国引入。第一次鸦片战争后，在被迫开放的通商口岸及传教士创建的教会学校中，出现了竞技体育的初始形态。以儒家为正统的中国身体文化，倡导身心一致[①]，拒斥激烈的、对抗性身体活动，体育活动缺失原生性的文化土壤，加之通商口岸和教会学校的相对封闭，至19世纪90年代，从地理特征上看，竞技性的体育活动多出现在各通商口岸的租界地带，并没有延伸至其他地区。

19世纪六七十年代以来，清政府被动求变，洋务派倡导学习泰西之国，以此兴建了语言学堂、军事学堂、技术学堂，试图从器物层面上吸收西艺，西学为用。这些学堂聘请西人担当教习，在教授西艺科目之余，亦会组织一些游戏性的课外活动，辅以锻炼身体，不过没有形成体育课程或是竞技比赛等行为。同一时期，西方教会在中国开设的中等教会学校渐次整合，升格为教会大学。这些被称为书院（college）的教会学校中，体育运动是学生闲暇之余锻炼身体、消磨时光、相互交流的一种课余活动方式。这些书院多把体育运动作为学生校园生活中不可或缺的一部分，引导学生进行身体锻炼和竞技比赛。19世纪90年代后，教会大学和官办大学在中国出现，大学成为体育运动引入中国并发展的主要载体。由于教会大学多由教会中学校合并升格而来，承袭教会学校的场地、器材设施和体育组织，加之学生很早就接受了体育运动观念，教会大学率先开展了竞技性的体育活动。官办大学自创办伊始便从西方引入了各类型的体育活动，推动了学校体育的发展。大学机构中出现了田径、棒球、足球、网球等队伍，成立了校内体育组织。

自1904年华东四大学体育联合会成立至1936年江南大学体育协会解散，华东地区大学校际竞技体育组织断断续续30多年。组织机构从四大学到六大学、八大学，之后分裂为华东四大学体育会与江南大学体育协会。

---

① 杨儒宾：《儒家身体观》，台北，"中央研究院"中国文史哲研究所，1996年，第67页。

华东地区大学校际竞技体育组织属于大学间自发性活动,通过校际竞技体育组织,为学生比赛和校园生活构建了交流平台。可以说,华东地区大学校际竞技比赛及制度的建立是以校际竞技体育组织为基础的,而竞技体育组织的健全与否,直接影响到竞技比赛能否开展。通观不同时期的华东各大学体育联合会,至抗日战争全面爆发前夕,虽有分离和削弱,但继承较为稳定,这种自发性的竞技体育组织治下的校际竞赛,对各校体育文化的形成影响至深。华东地区大学校际竞技体育组织在体育赛事组织、制度建设、文化培育、人才培养等方面都进行了有益的尝试和探索。

第一节 大学竞技体育的出现

一、近代高等教育机构的出现

19世纪60年代后,洋务运动中所设立的一些军事学堂、技术学堂,被认为是中国近代高等教育的萌芽形态。促成这一新式教育的动机为英法联军之役,国运衰败,民族图强,"一为应付新生活的要求,一为抵御强敌的企图,致使支持千余年来的神圣教育发生动摇,以至于将近崩溃,而新式教育于是应运而诞生"[①]。19世纪70年代后,西方殖民者创办的一些教会中学升格合并为书院,这被视为教会大学的前身,最早出现的是山东登州文会馆(Tengchow College)。1882年,纽约北美长老会总部批准山东登州文会馆升格为大学建制,定名"文会馆",并增派传教士帮助办学。与此同时,美国的一些大学发起了"学生志愿外国教会运动"(the Student Volunteer Movement for Foreign Missions,SVM)。1888年,第一个非官方的SVM机构在普林斯顿大学成立,随即SVM在美国宗教界站稳脚跟,往海外派遣志愿者,服务于散落在世界各地的教差机构,尤其是在中国地区。SVM有一项重要的工作内容,即把"中国作为传教地区"(China as a mission field)[②]。从时间上看,SVM运动的兴起与中国教会大学升格时期相重合。SVM吸引了不少学生运动员(college athletes)[③]和其他的优秀毕业生加入

[①] 陈青之:《中国教育史》,北京,中国社会科学出版社,2009年,第508页。
[②] Smalley M L. Guide to the Student Volunteer Movement for foreign missions records, 1980,见耶鲁大学图书馆馆藏中国教会大学档案,卷宗号:RG42: 10(http://ead-pdfs.library.yale.edu/250.pdf)。
[③] Smalley M L. Guide to the Student Volunteer Movement for foreign missions records, 1980,见耶鲁大学图书馆馆藏中国教会大学档案,卷宗号:RG42: 7(http://ead-pdfs.library.yale.edu/250.pdf)。

到志愿者中来，他们血气方刚、精力旺盛、怀有抱负、专业多样，为教会大学的发展提供了必备的师资和管理力量。求学期间，他们中的学生运动员深受竞技体育文化的熏陶，服务于中国教会大学时，自然把竞技体育理念导入进来，为20世纪初期华东地区大学竞技体育组织的形成注入了人文力量。

　　腐朽不堪的清政府在中日甲午海战中败北，宣告与日本明治维新同为救国之举的洋务运动以失败告终，器物层面的改革扭转不了清政府滑向灭亡的颓势。《马关条约》后，西方列强开始从商品输出转向资本输出，掀起了瓜分中国的狂潮。清政府危如累卵，即刻将倾，一些有识之士试图在制度层面与思想层面掀起激烈之变革。1895年，盛宣怀奏设北洋大学堂于天津，通常被认为是中国近代意义上的第一所大学。北洋大学堂自创建之日起，即仿照西方近代大学的制度模式，开设课程，培养人才。翌年，盛宣怀又奏设南洋公学于上海华山路，开启了上海交通大学的历史进程。官办大学创建多是清廷内部行为，"而1900年以后各省书院改学堂的举措则属于群体行为，具有普遍意义"[1]。假借教育之道，促以开民智、兴民力成为清末民初救国救民的一大现象。官办大学的创建表明洋务派和改良派对教育认识的转向，虽然大学机构的课程设置中不可避免地保留了忠君、尊孔等封建落后理念，但是，无疑为中国高等教育的发展建立了阵地。由于在办学制度、师资、课程、管理诸多方面没有任何经验可供参考，为此，聘用先前在教会大学从事管理、教学工作的西方人士加入到学校创建的过程中来，是当时官办大学普遍的做法。例如，南洋公学延请福开森作为学校监院，在此之前，福开森任南京汇文书院（后来的金陵大学）校长，有着丰富的学校管理经验。[2]

　　大学机构在中国的出现并不意味着高等教育制度的完全确立。1902年，清廷管学大臣张百熙依照新政之要求，重新筹办京师大学堂，使中国的大学教育从此渐入正轨。[3]1903年"癸卯学制"颁行，次年公示。新学制分为初等、中等、高等三个大阶段，其中高等阶段分为高等学堂、大学堂、通儒院三级。[4]"癸卯学制"是中国第一个付诸实施的学制，为现代学制的

---

[1] 王杰、祝士明编著：《学府典章——中国近代高等教育初创之研究》，天津，天津大学出版社，2010年，第29页。
[2] 〔美〕杰西·格·卢茨：《中国教会大学史》，曾钜生译，杭州，浙江教育出版社，1987年，第78～79页。
[3] 何炳松：《三十五年来中国之大学教育》，见张元济主编：《最近三十五年之中国教育》，上海，商务印书馆，1931年，第79页。
[4] 周予同：《中国现代教育史》，福州，福建教育出版社，2007年，第57页。

建立奠定了基础。不过，官办大学在起源阶段大都不具备现代高等教育的特征。例如，南洋公学在创办时设置了"四院制"（师范院、上院、中院、下院）体系，至1903年才出现高等预科。再以清华大学为例，1911年建校时名为"清华学堂"，仅仅是一所留美预备学校，直到1925年才转升为大学。诸多大学的校史源头并非以具备大学资质为论，而是以出现的时间为据。

19世纪末期，在一些通商口岸及殖民地的教会学校纷纷升格为教会大学。华东地区教会学校数量集中，率先向高等教育进发。1890年，上海圣约翰书院开始设置大学课程[①]，随后，上海中西书院、苏州东吴大学、上海沪江大学、南京金陵大学、杭州之江大学等如雨后春笋般出现，华东地区陡然成为教会高等教育的重镇。从时间上看，教会大学的出现早于官办大学，多数教会大学是由中等教会学校合并而来。例如，圣约翰书院直到1894年才招收到6名学生学习大学课程，像北京汇文大学（Peking University，1890年），虽称之为大学，但它并没有开设大学课程，实际上仅有中等学堂的水平，只能算是教会学校的宏伟目标而已。另外，由于在发展线索上，绝大多数教会大学是由教会中小学升格、演变而成，而在这一过程中，不少教会学校的校名、校址都发生了变化，甚至学校主办者也前后不一。因此，后来的研究者很难具体确定每一所教会大学成立的确切时间，也很难搞清楚哪一所大学是中国最早的教会高等教育机构。[②]无论是官办大学，还是教会大学，在创办时期并不具备高等教育机构的资质，不可否认的是，这些大学的出现点燃了中国近现代高等教育的星星之火，其中就孕育了竞技体育的火种。

二、大学竞技体育的萌发

早在19世纪六七十年代，教会学校中就出现了体育活动，当时偏重游戏式的身体活动，缺乏竞技性。1890年5月，圣约翰书院首次举行运动会，被认为是中国第一次学校运动会[③]，运动会延续成为学校定例，被该地区其他大学效仿。1899年6月，北洋大学堂举办了首次学生运动会（athletic meeting）。[④]官办大学创办不久，便把竞技比赛引入校园中来。不过，很多

[①] 郑登云编著：《中国高等教育史》（上册），上海，华东师范大学出版社，1994年，第176页。
[②] 何晓夏、史静寰：《教会学校与中国教育近代化》，广州，广东教育出版社，1996年，第164页。
[③] 徐以骅主编：《上海圣约翰大学（1879～1952）》，上海，上海人民出版社，2009年，第109页。
[④] Chinese athletes. *The North China Herald and Supreme Court & Consular Gazette*, 1899-05-01(766).

竞赛并不是西方竞技比赛形式，多是夹杂了中国民间传统身体活动而形成的一些比赛项目，如勺子托鸡蛋跑、跳麻袋等。值得注意的是，此次运动会，北洋大学堂邀请了天津海军学堂加入竞赛，进而变成了校际运动会。1900年，《京师大学堂章程》第二章学堂功课例中规定：体操学第十[①]，将体育课纳入大学课程体系中来。不过，官办学堂在几无体育文化基础上尝试体育运动这一新鲜事物，阻力自然可想而知。至1905年，京师大学堂方才举办了第一次全校田径运动会，夹杂了顶囊竞走、提灯竞走等民间传统体育形式。[②]从官办大学早期运动会比赛内容来看，几乎都是田径运动，"试验式"的娱乐活动大过竞技比赛。

由于多数教会大学是从教会学校升格而来，校址、校舍、师资、经费等办学条件都是依托先前教会学校，如此则不难理解，教会大学尚未出现之时，体育运动已经存在校园之中。官办大学创建之后，大都把西式体育活动导入校园中来，纷纷举办运动会。官办大学作为中国高等教育的主线，推崇体育活动所带来的影响力更为深远。

第二节 华东地区大学校际竞技体育组织起源

一、大学校际竞技体育组织的起源背景

晚清民国时期华东地区是指以上海为中心的江浙一带，以沪宁杭苏为点的城市地区，而非现代地理学意义上的华东地区。鸦片战争后上海开埠，西方列强跑马圈地，英租界、法租界、公共租界渐次形成，并不断外扩。上海是中国近代化进程的典型代表，是近代化起步最早、国际化程度最高的城市。20世纪初期，上海被公认为远东地区第一大城市，这里既有西方列强的租界，也有守旧传统的老城区。文化多元造就了上海的包容与开放，"摩登"的东西目不暇接。其中，体育运动是租界西人生活中不可或缺的一部分，是休闲娱乐的一大载体，如赛马、赛船、赛球、赛跑，体育运动俱乐部在上海西人报纸中常常出现。

近代体育活动出现在中国，天然地会选择在租界地区。就上海而言，1848年，租界殖民者建造了第一个跑马场。1851年，在"老公园"举行了第一次赛马比赛。翌年，黄浦江上出现外商船员组织的划船比赛。1890年，

---

① 北京大学、中国第一历史档案馆编：《京师大学堂档案选编》，北京，北京大学出版社，2001年，第30页。
② 郝光安主编：《北京大学体育史》，北京，人民体育出版社，2008年，第14页。

圣约翰书院举行以田径为主的运动竞赛会。1902年，由租界西人组成的上海足球联合会（Shanghai Football Association，简称西联会）创立。同年，第一届西联会主办的史考托杯足球赛顺利举行。[1]可见，体育活动是伴随上海的开埠史而不断发展壮大，从场地设施到体育组织等在诸多方面，上海是中国近代体育的开创之地。

作为西方舶来之物，体育运动在从租界西人向中国人传播过程中，教会学校是一重要平台，不过，教会中等学校的体育活动多为游戏性的课外身体活动，直至教会大学出现后，体育运动才逐渐形成组织化发展。从体育活动在近代中国的演进来看，教会大学的先导和示范作用，实属功不可没。[2]加之，华东地区大学机构的多样，铁路修建后，联通了苏杭地区，便于各城市间交流。诸多因素为华东地区大学校际竞赛提供了客观条件。

二、华东地区大学校内竞技体育组织的出现

较之官办大学，教会大学在学生中开展体育运动更为便利。首先，教会大学承袭美式高等教育理念，倡导自然主义的体育观，多把竞技体育作为大学生活不可或缺的一部分。例如，圣约翰大学的顾斐德（F. C. Cooper）于1899年谈及圣约翰的体育经验时，提出健康的身体是体力、脑力、道德、精神发展的基础所在。[3]这一观念影响了其他教会大学体育运动的价值取向。其次，在资金、场地器材、管理及组织等方面，教会大学为学生竞技活动的开展提供了诸多便利条件。例如，建造操场、购买器材等，以供学生体育运动之需。最后，教会大学的教师大多有欧美高等教育背景，对竞技体育认知深刻，热衷组织学生进行竞技比赛。例如，司马德（R. D. Smart）被认为是东吴大学体育的奠基人，毕业于美国范德比尔特大学，求学期间曾参加过大学校际竞技比赛，获得过不错的成绩。任教东吴大学后，随即把体育运动引入学生中来，指导学生训练，成立体育组织，开拓了学校的体育事业。

华东地区各教会大学于19世纪末20世纪初纷纷在校内成立了竞技体育组织。圣约翰大学是最早成立体育组织的大学，学校在1898年就成立了

---

[1] 《上海体育志》编纂委员会编：《上海体育志》，上海，上海社会科学院出版社，1996年，第13页。

[2] 陈晴：《清末民初新式体育的传入与嬗变》，武汉，华中师范大学出版社，2007年，第48~49页。

[3] Cooper F C, "Physical Training," in Educational Association of China. *Records of the Third Triennial Meeting of the Educational Association of China,* Shanghai: American Presbyterian Mission Press, 1899, p. 71.

校内体育会，负责开展各类体育活动，举办班际比赛。较之华东地区其他大学，东吴大学虽创办较晚（1901 年建校），但从创办伊始便积极提倡体育运动，尤其是在司马德来校任教后，积极推动学校成立竞技体育组织。1903 年，东吴大学校内已建有"健身会""踢球班""篮球班""网球会"等俱乐部式的竞技体育组织，称之为"东吴大学堂健身会友名次"（Soochow University Athletic Association），协会有会正、副会正、书记、司出纳各一人，另有 44 人。① 有关司马德的文献记载颇少，在东吴大学档案中，曾对司马德如下评价：

> 而华东一带已为体育先进之区者。本校教授司马德先生提倡之功也。先生于一九〇三年来校。翌年即有东吴第一田径队之组织。并联合南洋约翰中西书院而成华东体育联合会。后华东八大学体育联合会全国及远东运动会等亦应运而生。先生于第一届远东运动会任执行委员焉。先生服务本校计十有八载。实树本校体育之基。其功不可泯。②

虽然华东地区教会大学的体育运动和组织渐次规模，但真正建构国人对体育运动的认知观，需在中国人自己办的学校中方能实现。盛宣怀以中国的危机在工商业之不振，而根本却要造就工商业人才，于 1896 年奏请清廷设立南洋公学，是华东地区最早创建的官办大学。南洋公学自成立之初，就格外重视学生体育活动。1899 年，南洋公学在校内举办了第一次运动会，不仅学生积极参与，上海民众也争相前来观看，产生轰动。官办大学创建于弱国弱民时代，多会在学生身体活动方面有所诉求，实施"强迫运动"，积极吸纳西方竞技体育形式，以求强种强国。无论从传播效应，还是新式身体观念的建构，官办大学开展体育运动都要比教会大学能够产生更为广泛的社会影响力。

华东地区各大学或以运动会形式，或以体育协会组织来开展校内体育活动，竞技比赛成为校园生活中甚为新奇的事物，一些爱好体育运动的师生逐渐不再满足校内自娱自乐，大学校际间的竞技比赛呼之欲出。

---

① 《东吴大学堂健身会友名次》，东吴大学堂杂志之一，1903 年，见耶鲁大学图书馆藏中国教会大学档案，卷宗号：RG011-270-4309: 74～75（http://divinity-adhoc.library.yale.edu/UnitedBoard/Soochow_University/Box%20270/RG011-270-4309.pdf）。
② 彭文馀：《东吴体育纪略》，《东吴年刊》1929 年第 1 期，见耶鲁大学图书馆藏中国教会大学档案，卷宗号：RG011-270-4309: 216（http://divinity-adhoc.library.yale.edu/UnitedBoard/Soochow_University/Box%20270/RG011-270-4309.pdf）。

三、华东地区大学校际比赛的导入

华东地区大学校际比赛尚未出现之前，上海租界西人自发形成了数量众多的体育俱乐部，定期开展划船、足球、板球、棒球、网球等体育运动竞赛。当时上海的《北华捷报》（*The North China Herald*）定版会对体育俱乐部赛事进行详情报道，包括赛事的时间、地点、参赛队伍的人员名单、赛程、赛果、赛后事项等。这些比赛为随后大学校内竞赛的开展与组织提供了样板。一些俱乐部时常主动邀请沪上教会大学进行比赛，从而把俱乐部之间竞赛的模式导入大学中来。

就比赛形式和内容而言，圣约翰大学与上海公学（Shanghai Public School）的田径对抗赛应是中国最早的校际竞技比赛。1901年6月7日，两校齐聚圣约翰大操场，30多名上海公学的学生随队前往为本校队员加油呐喊。比赛共有10个项目，包括七十五码赛跑、跳高、二百二十码赛跑、投掷、四分之一英里跑等。[①]比赛过程呈现一边倒的局面，结果圣约翰大学获得7个项目的冠军，总计得61分。对于两校学生而言，相互之间的交流似乎要比竞技本身更为重要。赛时，圣约翰大学军乐队在临时搭建的看台上奏乐助兴，为场上运动员鼓劲；赛后，东道主尽显地主之谊，盛情款待了上海公学一行。[②]上海公学是一所西人学校（学生均为租界的西人子弟）且并不具备大学资质，因此，这次比赛不是大学间的校际竞赛，也没有在中国学生群体中产生广泛影响。

从竞赛的形式、影响力、持续性来看，圣约翰大学与南洋公学两校的足球联赛应是大学校际竞技比赛的始源，这一赛事直接推动了华东四大学体育联合会的成立，宣告大学校际竞技比赛进入制度化时代。

四、华东地区大学校际竞技体育组织的起源——《中国学校体育同盟会典章》

1904年4月23日，苏州东吴大学，上海圣约翰大学、南洋公学、中西书院四所大学的代表在圣约翰大学举行会议，会上由东吴大学的司马德倡导成立了"中华大学体育联合会"（China Intercollegiate Athletic Association），近代体育史上一般称之为"华东四大学体育联合会"，华东四大学体育联合会的成立开启了中国大学校际竞技体育组织的进程。在这

[①] 当时比赛的长度计量为英制，一码等于0.9144米，一英里约等于1600米。

[②] Inter-scholastic sports. Shanghai Public School and St. John's College. *The North China Herald and Supreme Court & Consular Gazette*, 1901-06-19(1188).

次会议上，颁行了中国第一份体育章程：《中国学校体育同盟会典章》（以下简称《典章》），以中英文两个版本呈现。

《典章》共计十三章，虽然表述简单，但具备体育章程的各要素，包括名称、宗旨、入会条件、组织机构、竞赛规定等。《典章》首先对竞技体育组织的名称和宗旨做了界定。将竞技体育组织定名"中国学校体育同盟会"（the Chinese Inter-Collegiate Athletic Association），宗旨有两条：其一，是为改良鼓舞中国学校体育之事务；其二，为同种学生交结芝兰之情谊振发争胜之精神。[①]《典章》规定了入会条件："第一条，有名望学校之体育会均可被选入是会惟须得同盟会司事委办之多数许可者方准；第二条，为华人而设立之学校方准享被选入会之权利。"[②]也就是说，上海租界的西人学校，如上海公学，是没有资格加入大学校际竞技体育组织的。

《典章》中对运动员资格做了明确限定。参与竞赛的运动员需具备三个条件："第一条，惟学生方准竞赛，且竞赛者须于所代表之书院至少一星期攻十二小时之功课；第二条，倘有于体育竞赛事中当无论何职曾受酬资者不准竞赛；第三条，凡学校中暂革或黜逐之学生不准竞赛。"[③]可以看出，参赛者首先是学生，需保证学业的前提下方能进行训练比赛，坚持业余主义原则，运动员要有高尚品行。也就是说，参赛者必须是各大学品学兼优的学生，才能代表学校参加校际比赛。

《典章》第九章规定了校际竞赛项目的种类，其中包括田赛运动场跑跳、抛远、牵绳等；棍球美式；脚球[④]；篮球；网球；板球英式。[⑤]实际上，华东四大学体育联合会只进行了校际田径竞赛；足球联赛虽时有进行，却多是两校间交流赛，没有归到华东四大学体育联合会中来。板球运动从来没有在华东地区进行过校际比赛。

《典章》颁布后，各校代表选举了本年任事员，其中会长为东吴大学堂[⑥]教习司马德（Prof. R. D. Smart），副会长为南洋公学教习胡诒谷（Prof. T. M. Woo），秘书为圣约翰书院教习华克（Prof. M. P. Walker），财务为中西书院教习白约瑟（Rev. Joseph Whiteside）。[⑦]除南洋公学外，其余任事员皆为外籍人士。

---

① 《中国学校体育同盟会典章》，上海市档案馆藏，卷宗号：Q243-1-796。
② 《中国学校体育同盟会典章》，上海市档案馆藏，卷宗号：Q243-1-796。
③ 《中国学校体育同盟会典章》，上海市档案馆藏，卷宗号：Q243-1-796。
④ 即足球。
⑤ 《中国学校体育同盟会典章》，上海市档案馆藏，卷宗号：Q243-1-796。
⑥ 辛亥革命后改称东吴大学。
⑦ 《中国学校体育同盟会典章》，上海市档案馆藏，卷宗号：Q243-1-796。

华东四大学体育联合会在《典章》制定上参照了美国业余体育章程。随后几年，华东四大学体育联合会根据竞赛过程中存在的问题不断修正《典章》。例如，1905年1月14日在圣约翰大学举行了体育联合会执行委员会第二次会议，会上通过了田径运动会（根据美国业余体育联盟修正议案）决议。1906年2月10日在中西书院举行了执行委员会最后一次年会，会议选举了1906年的组委会成员，修改了《典章》和规则中的一些田径运动会条款，并清理了一些财政事项。[①]

第三节　华东地区大学校际竞技体育组织演变

一、华东四大学体育联合会（1904～1909年）

华东四大学体育联合会（以下简称华东四大学）创始之初，百废待兴。虽然《典章》中规定了六项竞技比赛，各大学学生也积极参与到学校体育组织中来，然而，鉴于各校运动水平良莠不齐，一些运动项目在校际竞赛中难以开展。为此，华东四大学商议先进行田径项目的比赛，待到时机成熟，再开展其他运动项目的校际竞赛。田径赛事从1904年开始至1909年结束，共举行了六届。其中圣约翰大学与南洋公学参加了全部赛事，东吴大学参与了五届，上海中西书院参加了前三届比赛。六届赛事的锦标全被圣约翰大学收入囊中。

（一）第一届赛事

华东四大学第一届田径比赛于1904年在圣约翰大操场举行。比赛当日，正值西方感恩节，华东四大学悉数参加，虽然是地区的校际竞赛，但冠以"中华"的名称，华东四大学试图以华东地区为起始，逐步建立全国性的竞技体育组织。虽值冬季，但天公作美，晴空万里，假借天时，赛事得以顺利进行，到场观众众多。由于是中国学生首次参加的校际田径比赛，因此吸引了不少沪上西人前来观看。圣约翰大学携主场优势，加之竞技水平远超其他三校，因此，比赛过程呈现出一边倒的态势，圣约翰大学展现出强劲实力，在跳远、链球、铅球三项比赛中均包揽前三名。运动会按照第一名5分，第二名3分，第三名1分来统计得分，结果如下：南洋公学

---

① The teachers and students of St. John's University. *The St. John's Dragon Flag*, 1907: 74-75.

10分，中西书院12分，东吴大学21分，圣约翰大学56分。[①]圣约翰大学获得首次华东四大学田径比赛的锦标。

（二）第二届赛事

1905年11月，华东四大学第二届田径比赛移师至南洋公学。为预热此次校际比赛，中西书院在赛前举行了校内运动会。[②]南洋公学首次举办校际运动会，师生格外兴奋。南洋公学大操场挂起了五颜六色的横幅，观众人山人海，把场地包围得水泄不通，致使运动员很难进入比赛场地。为此，租界的法国学校学生执行场地执勤任务，为运动员进入场地清路。圣约翰大学有60名运动员参赛，他们富有激情，更为重要的是，他们在比赛中所表现出的体育精神，令对手和场下观众钦佩。本届比赛吸引了华东四大学之外的不少学生前来观看，他们展现出极大热情。每个项目的冠军都得到场下观众的欢呼和赞誉，即使那些没有取得好名次的选手，也得到了观众的鼓励。径赛时操场周边的座席满是激情澎湃、兴奋不已的观众，他们大喊大叫，竭尽心力地来激励运动员。在12个项目的比赛中，圣约翰大学得到50分，每项比赛中都有队员登上领奖台，实力强劲。东吴大学得到18分，南洋公学得到16分，中西书院得到15分，分列第二至第四名。从第二届赛事各方面的反馈来看，校际比赛推动了体育运动在上海高校之间的传播，成为校园生活的重要组成部分。

（三）第三届赛事

华东四大学第三届田径比赛于1906年11月16日在东吴大学举行。华东四大学比赛首次走出上海来到苏州，校际竞赛扩展到更多城市。为了给客场征战的队伍加油，约有160名上海学生乘拖船于15日晚上出发，16日上午九时齐聚东吴操场。至下午比赛开始前，约有2000名观众前来观赛，盛况一时，秩序有加，齐声呐喊。东吴大学在场地布置上煞费苦心，张挂了许多色彩斑斓的旗帜，放眼望去，颇有阵势。来自东吴大学附近学校的学生军乐团挥舞旗帜，演奏军乐，为比赛增添气氛。激烈紧张的比拼后，圣约翰大学取得36分，南洋公学取得30分，中西书院取得18分，东

---

① The Chinese Inter-Collegiate Athletic Association: first sports meeting. *The North China Herald and Supreme Court & Consular Gazette*, 1904-12-02(1243).
② 《中西书院运动会》，《新闻报》1905年11月20日，第10版。

吴大学取得 18 分。①较之前两届赛事得分，各校之间的竞技水平差距在缩小，尤其是南洋公学上升势头较为迅猛。

（四）第四届赛事

第四届比赛于 1907 年 11 月 27 日在南洋公学举行。中西书院因故未能参加，参赛三校对 11 个项目展开角逐。赛事前几日，上海普降秋雨，待比赛当日，场地仍旧濡湿，并不适合竞技比拼，但这依旧无法阻挡学生的热情。运动会于当日下午鸣锣开张，沪上学生一大早就齐聚南洋公学操场，热切期盼比赛的到来，尤其是三届冠军圣约翰大学，学生身着制服，整齐划一，鼓乐齐鸣，来支持本校参赛运动员。来自上海罗马教会孤儿院的管弦乐队为观众演奏，还有其他学校的军乐团吹响小号，南洋公学体育场宛然成为一场盛大的音乐会场，操场上欢呼声此起彼伏，甚是热闹。等到比赛开始后，全场目光便汇聚到操场中央，运动员个个摩拳擦掌、跃跃欲试。圣约翰大学一骑绝尘，总计 59 分再次蝉联锦标，南洋公学 39 分位居次席，东吴大学仅得 1 分，排名垫底。②校际比赛对学生传统的身体教育观带来变革性的冲击，体育运动已经在大学校园中生根发芽。

（五）第五届赛事

第五届田径竞赛首次改在春季进行，于 1908 年 5 月 14 日在圣约翰大学操场鸣锣开赛。上海中西书院连续两年未能参与赛事，东吴大学在赛前宣布退赛，圣约翰大学对东吴大学临时退赛的做法表示遗憾，认为这是缺乏竞技精神的表现，仍旧希望东吴大学能够乐观对待这一赛事。③如此一来，仅有圣约翰大学与南洋公学参赛，角逐本年度冠军。虽只有两所学校比赛，观众仍旧热情不减。当日上午十点半，约有 2000 人涌入圣约翰大学操场，呐喊声此起彼伏。在 11 个项目比赛中，圣约翰大学得 54 分，南洋公学得 44 分④。中西书院和东吴大学的缺席使得本届华东四大学赛事黯然失色，尤其是东吴大学的退出，对华东四大学打击甚大。

---

① The Chinese Inter-Collegiate Athletic Association: the annual field and track meeting. *The North China Herald and Supreme Court & Consular Gazette*, 1906-11-23(428).
② Intercollegiate sports. *The North China Herald and Supreme Court & Consular Gazette*, 1907-11-29(554).
③ Intercollegiate sports. *The St. John's Echo*, 1908, 19(4): 10-11.
④ Chinese Inter-collegiate sports. *The North China Herald and Supreme Court & Consular Gazette*, 1908-05-16(407).

（六）第六届赛事

在华东四大学的积极斡旋下，东吴大学再次加入，并承办了第六届田径比赛。中西书院三度缺席。本届比赛于 1909 年 5 月 14 日举行。赛事前夕天气不佳，苏州阴雨连绵，待到比赛之日，天公甚是作美，加之运动员竞技水平的提升，本届 11 个项目的赛事纪录得以全部被打破。圣约翰大学以总分 57 分蝉联冠军，南洋公学共计 32 分，东吴大学仅得 1 分。[①]

从现有掌握的材料来看，到 1910 年，华东四大学便不再进行竞技比赛，华东四大学名存实亡。多方面的原因造成了华东四大学解散，其中之一是各大学大都面临经费困难、生源匮乏等办学方面的问题，难以有效组织竞技比赛。例如，上海中西书院财政赤字严重，办学举步维艰。到 1911 年 5 月末，经过深思熟虑后，中西书院决议关闭在上海的书院，与东吴大学合并。[②]另一原因是校方对竞技体育的理解有所偏差。东吴大学在参加的两届比赛中各得 1 分，难以与沪上大学抗衡，加之财政紧张，便自立门户，联合苏州当地其他学校开展比赛。[③]

华东四大学解散后，大学校际间田径比赛依旧零星进行。1910 年，圣约翰大学与南洋公学两校之间进行了田径比赛。因《时报》刊登两校成绩有误，圣约翰大学还特地致函报社，予以改正。[④]此外，1911 年东吴大学邀请金陵大学到苏州，两校进行了田径比赛。[⑤]上述这些校际比赛多是延续了华东四大学赛事的做法，使校际竞赛在华东地区大学之间得以保留下来。

二、华东六大学体育联合会（1914~1919 年）

1914 年，东吴大学在华东四大学的基础之上，发起成立华东六大学体育联合会（以下简称华东六大学）。参加联合会的六所学校有南洋公学、圣约翰大学、沪江大学、金陵大学、之江大学及东吴大学。鉴于东吴大学的司马德在华东地区大学体育界的影响力，六校代表一致推举司马德为华东六大学主席。

华东六大学成立后，随即开展了四项校际比赛：田径、网球、棒球、

[①] Chinese Inter-Collegiate Athletics. *The North China Daily News*, 1909-05-19(8).
[②] 《1910 年中西书院汇报（1909 年秋季学期至 1910 年春季学期）》，王国平、张菊兰、钱万里等编：《东吴大学史料选辑——历程》，苏州，苏州大学出版社，2010 年，第 49 页。
[③] 《东吴大学堂开运动会》，《时报》1910 年 6 月 9 日，第 5 版。
[④] 《来函》，《时报》1910 年 10 月 13 日，第 6 版。
[⑤] 《东吴大学堂之运动会》，《时报》1911 年 5 月 17 日，第 6 版。

足球，均以赛季的形式进行。赛季时间一般为：田径比赛在 2~5 月进行，网球和棒球比赛在 5~6 月进行，足球比赛在 10~12 月进行。1917 年又增加了篮球比赛，赛季为 12 月至来年 3 月（寒假期间除外）。[1]华东六大学的第一个校际比赛为 1914 年 5 月 16 日在东吴大学举行的田径运动会。为了使各校实力充实，华东六大学允许各大学附属中学的学生参加校队。不过，自 1918 年起规定，一个学生最多只能代表学校参加六次校际竞技比赛。例如，东吴大学的梁官松在大学高年级时就不能代表校队比赛，因他在中学的低年级时已多次参加校际比赛。[2]限定学生参加校际比赛的次数，一来保证了竞赛公平，二来注重了学生学业。

1919 年，五四运动爆发，国内学潮风起云涌，积极响应爱国运动。上海地区各大学纷纷罢课以响应全国形势，华东六大学的一些赛事也因此中断。随着大学体育联合会的地区影响力扩大，新的大学加入校际竞技体育组织成为必然。

三、华东八大学体育联合会（1920~1926 年）

1920 年冬，华东六大学批准了南京东南大学和上海复旦大学的加入申请，对外宣称为"华东八大学体育联合会"（以下简称华东八大学）。华东八大学主要负责人有东吴大学的司马德、南洋大学的莱思礼及东南大学的麦克乐。华东八大学的成立及田径赛事的举办，把校际竞赛推广到更多大学。1921 年春，《申报》对华东八大学的成立有以下详细记载：

> 苏垣天赐庄、东吴大学、自与约翰、南洋、沪江、金陵、之江五大学联合后，对于田径赛等科，日事练习，本年又加入高师、复旦二校，合为八大学联合会，规定每年举行联合运动会一次，会场地点由各校中循环行之，本年定于阳历五月十四日在东吴大学举行，应需经费按照东方八大学运动会规则，由与赛各校分别担任；会场布置由运动委办司马德暨东吴大学纳许君担任，其他愿意协助者可于临时加入，来宾参观之入场券，每券售小洋三角，所得之款概充北省义赈，各项预赛定于是日（五月十四日）上午举行，节目如下：百码赛跑、二百二十码赛跑、低栏比赛、高栏比赛、掷铁球、掷铁饼、掷枪、跳远，各项运动员在预赛时，可竞赛三次，其最优胜者六名可于下午参与决赛，但此时之短跑及跳栏比赛，其布置悉视加入者为转移（原定

---

① 黎宝骏：《华东六大学体育联合会》，《上海体育史话》1982 年第 1 期。
② 黎宝骏：《华东六大学体育联合会》，《上海体育史话》1982 年第 1 期。

决赛时只有短跑选手六人跳栏选手四人）各运动员须于举行比赛以前一星期将名单寄达田径赛委办，该名单上只载各比赛员姓名，不必指出欲加入何项比赛，但须经该校校长签名方为有效，通信处东吴大学司马德，其公开运动项目，除东方八大运动会会员外，凡愿自由加入远东运动会，得于是日荟场比赛，以便试验其及格与否，兹列比赛办法于后（甲）在田赛一项，凡外来加入者，须与本会运动员一同比赛（乙）在跳栏与短跳方面，其布置方法，须视加入者人数之多寡而定（丙）其余各项径赛，如加入者在三人以上，则可另行竞赛；如不及三人，则必与本会运动员一同比赛云。①

上述内容是有关华东八大学田径比赛的规定，对校际田径比赛办法做了说明，包括会费、比赛收入、比赛项目、运动员注册及效力。这里有两个措施值得注意：一是比赛收取门票，所得用于赈灾，这是华东地区大学校际竞赛中的惯常做法；二是除了华东八大学的学生运动员参与比赛之外，华东八大学对于社会上的业余运动好手也不拒之门外，进而扩大了其在华东地区的影响力。

四、华东八大学体育联合会的分裂（1925年）

20世纪20年代，北洋政府治下的中国，民不聊生，帝国主义支持的各派系军阀连年混战，致使中国没有稳定的社会环境。华东地区大学校际比赛就是在如此环境下年复一年，遇到战事爆发及全国性的政治事件，或交通受阻，或学生罢课，正常教学秩序停滞，这些都会对校际竞赛产生影响。因此，没有稳定的社会和政治环境，便不会有稳定的大学校际竞技赛事。此外，体育界发起了收回体育权运动，其标志事件是1924年成立了全部由中国人组成的中华全国体育协进会。在华东地区，以南洋大学、复旦大学为首的大学试图对长期以来由教会大学把控的华东八大学体育权力进行重新分配，增加非教会大学的话语权，逐步把体育赛事从教会大学收回到中国人手中。如此一来，教会大学和非教会大学在华东八大学的运行方面产生了分歧。翌年，上海南京路上发生"五卅惨案"，圣约翰大学校内爆发"六三事件"（又称"国旗事件"），一批爱国师生宣布脱离圣约翰大学，后在社会各界的支持下另建光华大学。

1925年10月5日，华东八大学对是否取消圣约翰大学的华东八大学

---

① 《地方通信 苏州》，《申报》1921年4月28日，第8版。

资格进行了激烈讨论，各大学分成两派：教会大学主张不因政治原因而干扰校际竞技比赛，取消圣约翰大学的资格须再三慎重；非教会大学则认为圣约翰校方抢夺国旗的做法严重侮辱了全体国民，已然不是政治原因所能定论的。两派激烈争论，其中的一些论战基调已经变味，把反对基督教运动和国家主义运动引入论战中来。① 双方未能形成讨论结果，改延期决定。10 月 16 日，南洋大学提出取消圣约翰大学会员资格的议案被华东八大学否决。其中，赞成南洋大学提议者六票，反对者八票，圣约翰大学仍为华东八大学会员。② 为此，南洋大学自行退出华东八大学以示抗议，并对退出一事登报发表宣言③，表明态度。复旦大学与东南大学也相继退出，圣约翰大学为避免纠纷，宣布自动暂停参加校际竞赛一年。④ 半数大学退出华东八大学，预示华东八大学走向分裂。南洋大学的提案虽然被华东八大学否决，但是得到了广泛的响应。全国学生总会认为，退出八校运动会以示坚决，只不过是一种消极的不合作的行为，绝不应以消极退出为满足，应该进一步联合各中国学校，另行组织各校体育联合会，作为针对此事件的积极回应。⑤

圣约翰大学"国旗事件"所引发的华东八大学危机，是收回体育权运动背景下的大学校际竞技体育组织权力再分配。长久以来，由西方人士操控的体育组织虽然在中国引入竞技运动，参与国际体育交流等方面做出了贡献，然而，随着本土体育人才的成长，中国收回体育组织的管理权是历史进程的必然。"国旗事件"加速了华东地区大学校际竞技体育组织的权力回归，也宣告了华东地区大学校际竞技体育组织进入了新的历史时期。

五、华东四大学体育会（1928～1932 年）

华东八大学分裂后，沪江大学、金陵大学、东吴大学与之江大学四所教会大学于 1925～1926 年依旧进行了校际比赛（棒球停赛），到 1926 年

---

① 《华东八大学运动会丑史之又一页：反基督教运动中的国家主义派》，《非基督教》1925 年第 3 期。
② 《取消约翰在体育会资格之否决》，《申报》1925 年 10 月 14 日，第 7 版。
③ 《南洋退出华东大学体育联合会》，《申报》1925 年 10 月 16 日，第 6 版。
④ 圣约翰大学致函会书记聂宪，原函为："启者华东八大学体育联合会执行委员会、议决敝校仍为该会会员、保持原有地位及应享权利、惟敝会为避免纠纷、免生误会起见、凡本学年内（民国十四年秋至十五年夏）各项正式运动、暂不参预、即希鉴察、圣约翰大学体育教授委员兹谨启。"参见《约翰自动暂停参加体育会一年》，《申报》1925 年 10 月 17 日，第 7 版。
⑤ 《全国学生总会对华东八校运动会宣言》，《非基督教》1925 年第 3 期。

10月，上述四所大学决议停止该年度的各项锦标比赛。①1928年5月，上述四所教会大学再度发起华东四大学体育会，并以"从此华东体育界前途、将益见光明灿烂也"②自诩体育会成立的意义所在。华东四大学体育会成立后，即推举会中职员，其中会长为金陵大学张信孚，副会长为之江大学王福泉，书记兼会计为沪江大学宋君复。华东四大学体育会会员除沪江大学、金陵大学、东吴大学、之江大学之外，还包括各大学的附属中学校。

华东四大学体育会预定举办的各类比赛项目及赛期如下：手球、体育表演、越野跑于1月；游泳、田径赛4~6月；排球4~11月；网球、棒球5~10月；足球10~12月；篮球1~2月。1929年又增加全能运动一项。③共计十项竞赛项目，一项表演项目。不过，一些竞赛项目仅停留在设想阶段，没有实施。网球及足球竞赛固定在秋季举行，田径运动会及篮球竞赛则固定在春季举行。排球竞赛在第一届时于春季进行，第二届起便改至秋季。至于越野赛跑则是第一、第三届于秋季举行比赛，第二届则在3月比赛。

1932年，华东四大学体育会出现危机。先是华东四大学体育会有意与江南大学体育协会进行合并，以便共同主持华东各大学之间的体育事务，这一设想未能获得江南大学体育协会的同意。华东四大学体育会与江南大学体育协会合并不成，东吴大学和沪江大学又在体育会赛事活动表现出消极态度，加之华东地区动荡的社会环境使得校际竞赛很难实施。东吴大学学生因抗议日本侵略者轰炸淞沪的罪行，顿时成为抗日风暴的中心，学校工作受到了发生在上海周边战争的干扰。直到4月下旬才开学。④正常校务运转都有难度，更不消说华东四大学体育会了。金陵大学以华东四大学体育会继续无望，而校际体育活动不能从此停止，故近有单独加入江南大学体育协会的想法。⑤1933年3月，金陵大学发出声明，宣布加入江南大学体育协会，至此华东四大学体育会解散。

六、江南大学体育协会（1926~1936年）

1925年10月，南洋大学宣告退出华东八大学，复旦大学也决定不再

---

① 《昨晚华东大学体育联会开会纪》，《申报》1926年9月21日，第7版。
② 《四大学体育会成立》，《申报》1928年5月28日，第12版。
③ 《四大学体育会明开年会》，《申报》1929年5月26日，第11版。
④ 《东吴大学年度报告（1931—1932学年）》，王国平、张菊兰、钱万里等编：《东吴大学史料选辑——历程》，苏州，苏州大学出版社，2010年，第246页。
⑤ 《本校有加入江南大学体育会趋向》，《金陵大学校刊》1933年2月13日，第1版。

参加华东八大学比赛，同时光华大学创立，于是有另组体育组织的打算，南洋大学、复旦大学、光华大学历经数次讨论，交换意见，均认为有成立新的校际竞技体育组织的必要。1926年3月，南洋大学、复旦大学、光华大学三校假青年会开联席会议，列席人员为南洋大学丁人鲲、周家骐、李熙茂，复旦大学李惠堂、李大宸，光华大学吴邦伟、容启兆等，席间推举郭任远、容启兆、周家骐三人为体育组织章程起草委员，决定成立新的大学校际竞技体育组织，定名为江南大学体育协会，目的是促进江南各大学体育发展与交流。推举凌鸿勋、郭任远为会长，容启兆、李惠堂、吴邦伟、丁人鲲为副会长。①每年锦标比赛运动分主要运动与次要运动两种，主要运动暂分足球、篮球、棒球、网球及田径赛五种；次要运动暂定队球一种。关于江南大学体育协会成立的背景，发起人之一周家骐回忆道：

> 华东各大学之体育机关，自华东体育联合会始（E.C.I.A.A.），该会成立十载，对于国内学校体育之提携成绩卓著。惟会中历年办事者，俱系西人行政上每多不谅人处，而于国人自立各大学，更觉不满。自十四年五卅惨案发生后，光华大学设立于沪西，其时南洋（即交通大学）因憾于华东大学体联会为西人所主持，与复旦东南（即中央大学）相继引退，即由南洋发起约光华及复旦为基本会员，通函华东各大学组织体联。适因学潮无定，加入者仅持志一校，于十五年三月开成立大会，定名江南大学体育协会，推举郭任远为会长，容启兆副之，会计李照谋，书记吴邦伟，是为华东始有国人自组之大学体育机关。同年五月即举行第一次径赛运动会于中华运动场，各会员精神颇佳，成绩冠于华东。②

江南大学体育协会创立时的成员仅有南洋大学、复旦大学、光华大学，后经协会会议通过，陆续加入持志大学（1926年）、中国公学（1926年）、暨南大学（1926年）、大夏大学（1928年）、中央大学（1929年）及金陵大学（1933年）。至此，华东地区大学校际竞技体育组织成员数量达到鼎盛。不过，因各种原因，江南大学体育协会成员数量时常变化。

江南大学体育协会的校际竞技比赛几乎每年都有暴力事件发生。1928年光华大学与暨南大学篮球比赛，光华大学一些学生一时举动失检，

---

① 《江南大学体育协会昨日成立》，《申报》1926年3月14日，第7版。
② 周家骐：《江南大学运动会今日开幕 体育协会之历史》，《申报》1929年5月17日，第11版。

殴打暨南大学梁官松及该队球员。江南大学体育协会召开执委会，决议停止光华大学参加江南大学体育协会各项运动比赛半年。鉴于历次各项锦标比赛，风波层出，暴力丛生，执委会认为，这些不良行为于校际体育前途，颇为悲观。体育的目的在于增进人类生活一切健康之事业，作为体育形式的一种，竞技比赛也不能偏离这一目的，校际赛事中的不良行为乃是不明体育真义。因此，必须以严厉手段，来约束体育暴力的行为。于是，执委会立新规两条，来约束体育暴力："一）二校作任何比赛，以致用武，议定抗议失败者，停止参加在本会各种运动比赛一年。二）又二次发生风潮，即取消其会员资格，且开会各校代表往返川资，应由即抗议失败者负责赔偿。"①

从江南大学体育协会对体育暴力行为的处罚来看，规定不可谓不严厉，然而，仍旧无法约束球场暴力行为的再次发生。1928年4月，持志大学与复旦大学篮球比赛又发生纠纷，事后复旦大学召开全体学生大会，决议退出江南大学体育协会。②而先前遭到停赛半年处分的光华大学，与该校学生开联席会议，也决定退出江南大学体育协会，加入上海学联会体育会。③而后两校分别又在1928年下半年（光华大学）及1931年（复旦大学）重新加入江南大学体育协会。不过好景不长，1933年江南大学体育协会第八届足球联赛时又发生交通大学的学生殴打裁判员事件，交通大学遭到停赛一年的处分。

1934年，交通大学与大夏大学为实施普及运动，均将注意力放在全校学生体育锻炼方面，便不再参加江南大学体育协会的各项比赛。④1935年11月，中央大学和金陵大学因为另行组织南京市大学体育协进会，也宣告退出江南大学体育协会。⑤至1936年，江南大学体育协会在举行完田径运动会后，决定将其改组为上海各大学体育协会⑥，江南大学体育协会即宣告结束。

中国始有体育，是以学生为中心肇始。体育运动于19世纪末期至20

---

① 《江大执委员会议纪》，《申报》1928年3月10日，第11版。
② 《复旦决议退出江大体育会》，《申报》1928年4月1日，第11版。
③ 《光华大学退出江大体育协会》，《申报》1928年4月14日，第11版。
④ 《交大提倡普及运动》，《申报》1934年9月26日，第13版；《大夏大学实施普及运动》，《申报》1934年9月27日，第13版。
⑤ 上海通社编：《旧上海史料汇编》（下），北京，北京图书馆出版社，1998年，第529页。
⑥ 江南大学体育协会第九届年会，循例于田径运动大会结束后举行，其中决议四为："会名'江南'二字太形空泛、应改为'上海'各大学体育协会案。"参见《九届江大运动会闭幕 复旦光华并分田径锦标》，《申报》1936年6月1日，第20版。

世纪初期，在高等教育机构中出现，无论是教会大学，还是官办、私立大学，都是面向中国学生来办学，且大多是小学、中学、大学的体系办学，使得学生很早就开始接触体育运动。当时的学生体质普遍羸弱，各大学都迫切需要导入竞技体育运动，来提升学生的身体素质，竞赛成为教育的重要组成部分，纷纷形成了校内体育组织，对外进行竞技比赛。

华东地区以教会大学为主导，率先出现了校际竞技体育组织。从体育运动的引入与传播到校内体育组织再到校际竞技体育组织，能够清晰地看出华东地区大学竞技体育组织的演变逻辑，即从校内到校际，从教会大学到中国人创办的大学。

华东四大学的成立标志着中国大学校际竞技体育的组织化开始。华东四大学规模虽不大，活动频率也不高，存在时间仅有 6 年，赛事只有田径运动一项，赛期为期一天，参赛学校到后期仅剩两校，能够坚持，实属不易。在民智未开，不知道运动会、田径比赛为何物的晚清时期，华东四大学率先扛起了体育运动的传播大旗，在导入西方竞技体育形态，形成竞技体育组织的过程中起到了诱发作用。

华东六大学成立后，在赛事规模、制度制定等方面较之华东四大学都有提升，不过因缺乏完备的组织机构，华东六大学时期的各项比赛勉强而为之，校际比赛中弃权、弃赛事件时有发生。华东八大学把校际竞技体育组织的影响力扩大，以赛事为主导，在组织架构、会议决议程序及权利义务等方面，均有明确规定，各项竞技比赛有序开展。历经华东六大学及华东八大学的 10 年经营，形成了国立、私立、教会三种类型大学参与校际竞赛的局面，各大学较为注重校际比赛中的体育精神，校际竞技成为校园生活的重要部分，体现出独特的教育价值。

华东地区大学校际竞技体育组织的分裂是时代发展的必然结果。受到收回体育权运动影响，反帝国主义思潮演变成反基督教会学校，教会大学与非教会大学在校际体育组织形成对立立场，使得原本组织健全的华东八大学在圣约翰大学"国旗事件"之后一分为二。教会大学发起的华东四大学体育会虽延续了华东八大学的组织规定，但影响力极其微小。江南大学体育协会的各项体育章程均在华东八大学基础上有所完善，虽历经磨难，仍旧坚持了 10 年，是华东地区大学校际竞技体育组织的最后篇章。因动荡不安的社会时局，延续不断的国内战争，大学校际竞技体育组织一度处于风雨飘摇之中，各大学过分追求锦标使得校际竞赛充斥着大量的体育暴力行为。历经十年赛事洗礼，江南大学体育协会在抗日战争全面爆发前夕退出历史舞台，宣告了近代华东地区大学校际竞技体育组织的结束。

第二章　华东地区大学校际足球运动的源流

　　鸦片战争后，西方列强环伺中国，通过一系列不平等条约，割地赔款、设立通商口岸，迫使中国屈辱性地打开了国门。西方列强在上海陆续设立了英租界、美租界和法租界等，经过半个世纪的耕耘和开拓，促使上海于20世纪初期成为远东地区首屈一指的城市。作为多元文化的融合之地，对外开放及对新事物的接受，是上海城市文化的一大特征，西方的生活方式和教育方式落地生根，在摇摇欲坠的封建帝国开辟出了摩登阵地。19世纪六七十年代，足球运动在中国出现，当时只是各通商口岸租界西人的休闲娱乐活动。至19世纪末期，上海西人洋行、警察、商船、基督教青年会等行会或组织组建了足球俱乐部，涌现出码头足球俱乐部（The Dock Football Club）、基督教青年会（YMCA）、流浪者（Rangers F.C）、上海足球俱乐部（The Shanghai Football Club）、上海市警察足球俱乐部（Shanghai Municipal Police Football Club）等。俱乐部之间成立了足球联合会，周末定期进行比赛，颇具规模。由于足球联合会的比赛都是西人参与，因此，足球运动很难扩展到中国人中来。但是，足球运动在租界的传播，客观上为华东地区大学足球运动的出现创造了社会环境。

　　20世纪初期的华东地区，足球运动在以圣约翰大学、南洋公学为代表的教会和官办大学逐渐普及开来，学校足球队纷纷成立，校方修建体育场地，购买体育器材，为足球运动的开展提供了便利条件。1903年，圣约翰大学与南洋公学进行了两校足球对抗赛，从而揭开了华东地区大学校际足球运动序幕。两校的校际足球对抗赛也是华东地区大学校际竞技比赛的起源，奠定了足球运动在校际竞赛中的引领地位，影响了华东四大学的创建。两校在参与校际足球联赛中增强了学生的凝聚力，确立了校际足球联赛的价值取向。比赛中所展现的体育精神，为华东地区大学校际竞赛定下了基调。因种种原因，圣约翰大学与南洋公学的校际足球对抗赛于1910年中止。

　　鉴于圣约翰大学与南洋公学在华东大学足坛的影响力，华东六大学足球联赛时期的组委会，专门针对两校设定了主客场规则，在华东八大学足球联赛前期也延续了该项规定。由于两校足球水平不分伯仲，在占据主场地利人和之时，往往能够获取比赛胜利，因此，需要在中立场进行一场定胜负的比赛，决出晋级球队或是锦标归属。两校把加赛场地放在了麦根路球场，这场中立场地的比赛又被称为"麦根路之战"。华东六（八）大学以赛事为中心的做法是"麦根路之战"产生的制度原因，而两校足球竞技水平相当，是"麦根路之战"的前提所在。"麦根路之战"共计三次，对阵双方对比赛极为重视。校长在赛前召开全校动员大会鼓励球队，校方不惜停课一日，以便全体师生到场为本校球队助威。场上球员拼搏进取，场下师生尽情呐喊，赛前全校动员，赛后游行庆祝，宛然成为学校生活中的一件大事。"麦根路之战"在两校学生中产生了深刻的足球印记，成为校园集体记忆的重要部分。"麦根路之战"是20世纪一二十年代中国大学足球运动在竞技及文化层面的充分体现，也是华东地区大学校际足球运动史上的经典之战，对当下校园足球发展在历史层面有着启发意义。

第一节　圣约翰大学的体育运动

圣约翰大学创建于1879年，由早期在华传教的美国基督教宗派之一——美国圣公会的施约瑟创立。圣约翰大学被誉为"东方的哈佛""江南教会第一学府"，在中国近代高等教育史上占据重要地位，于中西文化交织碰撞下不断地融合发展。圣约翰大学组织了中国第一个校友会，设立了第一个研究生院，开设了国内最早的心理学、新闻学和工商管理学等课程，创办了中国第一份学校定期英文刊物，出版了第一份由大学生自办的英文周刊。在体育方面，圣约翰大学是中国体育运动的开拓者。颜惠庆在回忆录中指出："把美国体育运动介绍到中国，是教会的一项重要业绩。圣约翰书院算得上是最早开展体育运动的学校。"[①]圣约翰大学兴建了国内大学第一个体育场，首次提出了用竞赛提升学生对学校荣誉感的体育理念，引入了棒球运动，创建了第一支大学足球队。在圣约翰大学档案中，对学校早期体育运动的开展记载道："至于体育一科，本校亦讲求最早，中国各校之首开运动会者，亦惟本校，以故至今为各校之冠。犹忆昔日，仅以赛跑劝诸生，而难必其听信者，不料今则大不相侔，如去年金陵开全国运动会，本校居然高夺锦标，爱母校之精神，为之一振也。原其所以然者，皆由史达格君之循循善诱，有以致之，本校前购买对河之地，宽大异常，

---

① 颜惠庆：《颜惠庆自传——一位民国元老的历史记忆》，吴建雍、李宝臣、叶凤美译，北京，商务印书馆，2003年，第11页。

足为运动场及练习足球等之用,在一千八百九十四年时,正中日战事方剧,诸生中颇有以愿学兵操为请者,顾斐德教习,欣然诺之,教以习练,由是而知此等运动会于德育上大有利益。故兵操亦为课程中之一科,今则递次进行,自得瞿敬伯教习训练后,气象尤为一新,即谓本校之兵操非他校所能及亦非过言也。"[1]

圣约翰大学把近代西方体育活动引入中国大学校园,并将其推广普及,近80年的办学过程中,体育运动是其独特的符号呈现,竞技比赛中所呈现的爱校情结,植根于学生之中。主要表现在以下四方面。

第一,学校成立体育组织,推动体育运动开展。圣约翰大学是中国最早成立学校竞技体育组织机构的高校。1900年1月,学校召开会议,成立体育协会,50名左右的成员悉数出席。会上建立了协会组织机构,选举协会主席、秘书长、财务主管等。[2]初创时期的圣约翰在校生人数非常少,以1905年学生人数为例,大学共有学生51人,预科有学生200人。[3]可以看出,学生加入体育协会的态度甚为积极,体育运动在校园中普及开来。成立体育协会的做法影响了同一地区的其他大学,东吴大学、中西书院及南洋公学纷纷成立了校内体育组织,来组织校内竞技比赛,推动体育运动的开展。

第二,圣约翰大学的教师对体育运动的导入和组织功不可没。圣约翰大学教师大都接受过欧美大学的教育,他们在求学阶段多有体育运动经历。圣约翰大学没有专职的体育教师,因此,棒球、网球、足球、田径运动的开展是由一些分散于各学科的外籍教师来指导。最为知名的是顾斐德,他于1890年来到圣约翰大学担任科学系主任,十分重视学生的身体活动及体育运动。他组织学生军,把兵操列为必修课,每星期排演两次,学生军阵威武齐整,声誉鹊起,上海的其他学校慕名前来访学。[4]1899年,在基督教中国教育会第三次三年会议上,顾斐德受邀向来自全国各地的基督教教育者介绍圣约翰在身体锻炼方面的做法和经验,包括身体锻炼的目标、内容、方法等,各教会大学颇受影响。为纪念顾斐德对学校体育所做

---

[1] 《圣约翰大学堂历史》,上海,上海美华书馆,1911年,第6页,上海市档案馆藏,卷宗号:Q243-1-5。

[2] Athletic association. *The St. John's Echo*, 1900, 11(2): 4,见耶鲁大学图书馆藏中国教会大学档案,卷宗号:RG011-239-3945(http://divinity-adhoc.library.yale.edu/UnitedBoard/St._John's_University/Box%20239/RG011-239-3945.pdf)。

[3] 徐以骅主编:《上海圣约翰大学(1879—1952)》,上海,上海人民出版社,2009年,第20页。

[4] 熊月之、周武主编:《圣约翰大学史》,上海,上海人民出版社,2007年,第13页。

的贡献，圣约翰大学校友会筹措资金，于 1919 年建成了以顾斐德命名的"顾斐德体育馆"，是为中国第一个现代化的大学体育馆。

在教师引导下，借助体育协会组织，体育锻炼习惯逐步在圣约翰大学学生中形成。到 20 世纪初期，圣约翰大学学生对体育活动展现出极高的热情，每天下午四点半后，学生都会来到操场进行各种活动，如跑步、攀爬、打网球等，此外也经常做军体操和健身操。[①]

第三，圣约翰大学学生主动引入美式体育运动。圣约翰大学有一部分学生为美国华侨，这些学生几乎都来自夏威夷地区，深受体育运动的熏陶，他们把棒球、网球运动等引入圣约翰校园中来。圣约翰大学校史中对此有明确记载："约大体育之发达，由于一八九五年有檀香山学生来此肄业，其人皆雅爱运动，同学受其影响不少。麦惠安，杨锦魁，曹延生，刁腓力，邱道生，皆当时运动界之健将也。颜福庆博士在校时，喜御自由车，亦当时绝无仅有之事矣。"[②] 实际上，早期留美的中国学生并不都是学究式的羸弱书生，他们能够接受美国的生活和文化方式，其中就包括体育运动。例如，詹天佑在耶鲁大学留学期间，曾组织"中华棒球队"，他不仅是中国的"铁路之父"，还是中国棒球运动的先驱人物。颜惠庆在回忆录中指出："这些留学生在美国新英格兰地区期间，就已经完全美国化了。我记得几件事情，可做例证。一件是大约 50 多年前，在上海跑马场举行的垒球比赛。一方为这些留学生，另一方为一艘美国军舰上的水兵。中方第一守垒员身材瘦高，手臂细长，给我留下了深刻印象。他们穿着特制的队服，进行了一场漂亮的比赛，比分为二比二。"[③] 一些中国留学生不仅适应了美式的生活方式并融入其中，待返回故国，还自然地把这些新式生活方式导入进来，其中就包括体育运动。

第四，圣约翰大学体育运动的发展和兴盛与校长卜舫济（图 2-1）密不可分，卜舫

图 2-1 卜舫济
资料来源：《卜舫济》，《约翰年刊》，1936 年，第 49 页

---

① 〔美〕赛玛丽：《圣约翰大学》，王东波译，珠海，珠海出版社，2005 年，第 26~52 页。
② 圣约翰大学出版委员会编：《圣约翰大学五十年史略》，上海，圣约翰大学，1940 年，第 44 页。
③ 颜惠庆：《颜惠庆自传——一位民国元老的历史记忆》，吴建雍、李宝臣、叶凤美译，北京，商务印书馆，2003 年，第 9 页。

济主持圣约翰校政五十余年，对圣约翰大学的发展影响至深。在晚年回忆录中，卜舫济讲述了圣约翰大学学生的身体文化差异，以及如何采取多种手段把体育运动导入学生群体，从中可以看出卜舫济的体育理念。

> 另一个同现代教育的引进有关的特点是关于增强体格的新观念。在旧教育制度下，一个尊严的学者突出的完善典型是弓背缓步，左右摇摆，像人们所说的"老夫子踱方步"。学生参加体育运动不受鼓励，他们玩耍的天性受到压抑。他们平时用踢毽子、斗蟋蟀、养蚕或看小说来消遣，小说被称为"闲书"，被看作是不登大雅之堂的。
>
> 在圣约翰我们引进兵操，开展各种运动，举办运动会。当我提议在学校开展体育活动时，我说服师生接受这些活动的必要性，碰到极大困难。这似乎是一个激进的革新，因为学生在公开场合不着长衫被认为有失身份。所幸的是我的中国秘书发现中国古代青年也参加骑射掷投等竞技，证明我们这些体育运动只不过是古老习俗的恢复，问题便得以解决。中国青年在田径和其他体育运动方面取得迅速的进步。现在他们以体魄强健为荣，文人作为隐士的旧式理想已烟消云散。[①]

卜舫济的新式教育理念中，体育运动是必不可少的组成部分。在守旧的晚清时代，导入新式体育运动进而解放上千年来礼教规制下的身体观念，尤其是在青少年群体中，很容易产生抵触心理，挑战可想而知。为此，以卜舫济为首的圣约翰大学校方采取多种措施，鼓励学生参加体育运动。卜舫济因势利导，借助中国传统身体活动习惯，引导学生从事体育运动，通过竞技比赛来调动学生参与体育的积极性，养成锻炼习惯。逐渐地，圣约翰大学学生把体育运动作为校园生活中不可或缺的组成部分，自发地参与与组织校内外各项体育赛事。体育运动的普及带动了圣约翰大学竞技水平的提升，使得学校在20世纪初期竞技成绩称霸华东地区各大学。

第二节 南洋公学的体育运动

南洋公学创办伊始，事事待兴，盛宣怀聘请当时在南京汇文书院的福开森（图2-2）为监院，主持学校工作。在办学过程中，盛宣怀赋予福开

---

① 徐以骅译：《卜舫济自述》，见丁日初主编：《近代中国》（第六辑），上海，立信会计出版社，1996年，第257~258页。

图 2-2 福开森
资料来源：《福开森前任监督》，《交大年刊》1931年，第30页

森极大的权力，既要其负责教学教务、落实学规章程、考察外籍教习，又要其负责学校的规划设计和课程安排等事项，实际上是南洋公学开创时期的负责人。福开森对学生身体健康格外注重，极力倡导体育活动。在他的努力下，南洋公学于1898年举行学校第一次运动会，是最早举行运动会的官办大学之一。1899年，学校即宣布"体育一事与中西各课一律并重"[1]，把体育放置在与其他学科的平等位置。南洋公学的体育运动呈现以下三个特点。

第一，以强迫的手段导入体育运动。官办大学引入西方体育运动，难度可想而知，各大学一般先采取强迫学生参与体育，在此基础上普及。福开森在其回忆中叙说如何在南洋公学学生中导入体育运动："为了提供体育锻炼，我安排了每周有二、三次的军事操练课，引进了足球、棒球和网球等项运动，但是很难诱导学生参加任何方式的锻炼，而我们采取的主要手段就是靠强迫操练。"[2]福开森在任南洋公学仅有4年时间，不过，他确立了南洋公学体育的发展策略：通过各种手段让学生进行身体锻炼提高体质水平。强迫运动、军事操练、校际竞赛都是身体锻炼的开展形式。福开森及南洋公学的教师做了大量的工作，才使得学生改变了先前的身体观念，来进行体育锻炼。

第二，注重体育运动的强迫与普及。唐文治上任南洋公学校长后，注重体育运动强迫与普及。1915年学校实行强迫运动，各级学生必须报名加入至少一种运动，如拳术、球类等。若都不愿加入的学生，便必须每日有普及运动。当时南洋公学的学生，大都能够从事体育运动训练，掌握一项体育技能。事实上，强迫运动的主要目的，是在学生中普及体育运动。唐文治陆续聘请莫礼逊、古德外籍教员，在体育运动实践基础上，订制普及

---

[1] 王道平：《交通大学半世纪体育风云》，见陈先元、田磊编：《盛宣怀与上海交通大学》，太原，山西教育出版社，1996年，第224页。

[2] 福开森：《南洋公学的早期历史》，见汤志钧、陈祖恩编：《中国近代教育史资料汇编——戊戌时期教育》，上海，上海教育出版社，1993年，第174页。

运动规程，学校以此复订体育会章程，并呈送交通部审核通过。[①]1921年，南洋公学改组交通大学，普及运动为每晨七时之徒手体操，全校学生皆须加入。不过，翌年交通大学改组南洋大学后，普及运动遂告废止，无故中断一年光景，后又恢复，但不复往日光景。

第三，注重校内外的竞技比赛。通过竞技比赛来把体育运动导入学生群体中来。南洋公学早期是通过运动会的形式，后来随着足球运动的盛行，确立了校际竞赛中的领导地位。南洋公学是各个时期华东地区大学校际组织的发起校之一，是各项锦标的有力竞争者，尤其在足球项目上。当时在上海，听到"南洋大学"四个字，最容易联想到的，就是该校的足球与体育运动。南洋公学注重竞技比赛还表现在培养了不少"国手"，如参加第二次远东运动会的李大星、张孝安、梁振民，参加第三次远东运动会的张信孚，参加第四次远东运动会的张纶、李大星、李庭三、俞梅圣、邵鹏及陈文瑗等。[②]

在学校管理者的推动下，南洋公学采取强迫运动的手段，并将强迫与普及相结合，在师生群体中树立了体育运动的价值观。南洋公学体育场地设施优异，体育氛围浓厚。操场可以说是南洋学子寄托情怀的重要场所，"南洋学生课余的生活大半都消耗在此。每逢赛球时节当有成千累万的人光临，所以南洋的学生及来到南洋的人，对于这一片草地，无不有狠（很——笔者注）深刻的印象留于脑海中"[③]。学校建造体育设施以供学生锻炼，积极参与校际竞技比赛，从而使得南洋公学形成了浓厚的体育氛围。

第三节　圣约翰大学与南洋公学足球源起

一、圣约翰大学足球队

1896年，圣约翰大学进行了有记载的第一场足球联赛，由于圣约翰大学足球队尚未建立，当时足球运动不过作为一种新的娱乐方式，学生乐此不疲地比赛了几次[④]，却不知道现代足球运动的规则。1900年，圣约翰大学成立学生体育组织后，足球运动开始由游戏性的身体锻炼向竞技性的

---

① 《交通大学校史》撰写组：《交通大学校史资料选编（第一卷·1896～1927）》，西安，西安交通大学出版社，1986年，第136～137页。
② 《交通大学校史》撰写组：《交通大学校史资料选编（第一卷·1896～1927）》，西安，西安交通大学出版社，1986年，第101页。
③ 南洋大学学生会：《南洋大学学生生活》，南洋大学学生会南洋周刊社，1923年，第46页。
④ First football games. 上海市档案馆藏，卷宗号：Q243-1-1448。

比赛方向发展。根据时任圣约翰大学教员的周诒春报道，严格意义上来说，圣约翰大学于 1901 年组建了学校足球队。旋即，足球队便摩拳擦掌、跃跃欲试。时值上海著名球队码头工程师队（the Dockyard Engineers）向圣约翰大学足球队发起挑战，虽然队员从来没有接受过任何正规的足球训练，也不了解比赛规则，不过，经简短而极其认真的两周练习后，圣约翰大学足球队与码头工程师队比赛时，圣约翰大学足球队能够与之相抗衡，在风向不利的状况下，圣约翰大学与身体强健的对手相持了一个多小时，以 0∶3 的比分败北。赛后，对手对圣约翰队员的跑动，以及展现出来的勇气深表钦佩。[1]同一年，球队与上海西人流浪者足球俱乐部进行比赛，结果以 3∶4 的比分败北。不过，队员在场上的表现，尤其是在进攻方面取得长足进步，展现出不俗的攻击力。[2]与沪上西人足球俱乐部的切磋交流，提升了圣约翰大学足球队（图 2-3）的技战术水平。

图 2-3　圣约翰大学足球队（1903～1904 年）
资料来源：The St. John's Dragon Flag, 1904, 见耶鲁大学图书馆馆藏中国教会大学档案，卷宗号：RG011-239-3944（http://divinity-adhoc.library.yale.edu/UnitedBoard/St._John's_University/Box%20239/RG011-239-3944.pdf）.

圣约翰大学足球队成立的意义在于：其一，开启了大学足球运动的制度化进程，促使足球运动从娱乐游戏转向竞技比赛，大学足球发展进入制度化时代。华东地区各大学纷纷效仿圣约翰大学，成立学校足球队，相互

---

[1] Tsur Y T. Athletics. *The St. John's Dragon Flag*, 1904: 87，见耶鲁大学图书馆藏中国教会大学档案，卷宗号：RG011-239-3944（http://divinity-adhoc.library.yale.edu/UnitedBoard/St._John's_University/Box%20239/RG011-239-3944.pdf）。

[2] St. John's College v. Shanghai Rangers F. C. *The North-China Herald and Supreme Court & Consular Gazette*, 1901-11-13(25).

之间进行比赛，客观上推动了大学校际竞技体育组织的成立。其二，改造了学生旧有身体观，逐步形成了新的身体观。圣约翰大学足球队在展现足球运动竞技魅力的同时，与旧有的身体观产生碰撞。当时中国正处于晚清残喘之际，圣约翰大学足球队还必须拖着长辫进行比赛，既不便利，也不雅观，被观众戏称为"约翰辫子军"。解放身体天性的现代足球运动与传统的身体观念在足球比赛中产生了冲突，极大地冲击了学生的身体认知观念。

二、南洋公学足球队

足球运动在南洋公学体育史上占据重要地位，无论是校史中的叙述，还是南洋学子的集体记忆中，谈及南洋体育运动，则必说足球。足球运动是最早引入南洋公学的体育运动，经过一个阶段后，才逐步扩展到跳高、跳远、赛跑、掷铅球、掷标枪等田径运动。①南洋公学以足球运动为龙头，带动学校体育的整体发展。可以说，足球运动是南洋公学对体育运动认知的始源。

关于南洋公学足球队的成立时间，目前没有明确资料记载。杨恒在《本校足球编年史》一文中指出："吾校足球之由来久矣。溯本求源，不得其发源之期，但知我校历史上极有关系之约翰大学比赛，则始于前清光绪二十九年之秋。故上古史之起源，即以该年始。"②这里是把1903年圣约翰大学与南洋公学两校校际足球联赛，作为南洋公学足球运动的起始。即是说，在1903年之前，南洋公学就组建了足球队。沈文彬在《中国的足球摇篮——上海足球运动半世纪（1896~1949）》一书中，根据须维周的回忆录，以及南洋公学与吴淞商船学堂足球队的交往，推断南洋公学足球队的成立时间，应在1901年以前。③福开森在回忆南洋公学初建历史时指出："经过四年的努力，我们成立了一个足球队，但是第一次同圣约翰学院比赛时，我们输得很惨。这次败仗比做其他什么工作都好，刺激了学生对体育运动的新的兴趣，这种兴趣才得以延续到现在。"④福开森于1897年任南洋公学监院，根据他的回忆来推算，四年后即为1901年。综合上述来看，

---

① 周浩泉：《回忆南洋公学十二年（节录）》，见《交通大学校史》撰写组编：《交通大学校史资料选编（第一卷·1896~1927）》，西安，西安交通大学出版社，1986年，第299~300页。
② 杨恒：《本校足球编年史》，《南洋周刊》1923年第3卷第11期。
③ 沈文彬主编：《中国的足球摇篮——上海足球运动半世纪（1896~1949）》，上海，文化出版社，1995年，第6页。
④ 福开森：《南洋公学的早期历史》，见汤志钧、陈祖恩编：《中国近代教育史资料汇编——戊戌时期教育》，上海，上海教育出版社，1993年，第174页。

南洋公学足球队的成立时间应在 1901 年。随着圣约翰大学与南洋公学两校足球队的组建，校际足球比赛呼之欲出。

第四节　圣约翰大学与南洋公学足球对抗赛（1903～1910 年）

圣约翰大学与南洋公学何时开始校际足球对抗赛，两校对此都有零散记载，不过相异之处较多。圣约翰大学方面，关于两校足球对抗赛的史料主要有两部分，一是黎宝骏在《圣约翰大学体育史略》一文中所提及，圣约翰大学和南洋公学的足球联赛于 1902 年开始，附近市民兴趣盎然，前往观战。两队实力接近，加上两校学生组织啦啦队助阵，场面热烈。[①]二是圣约翰早期期刊《约翰龙旗》（*The St. John's Dragon Flag*）中，有关足球联赛断断续续的记载，其中指出，圣约翰大学与南洋公学的比赛始于 1903 年 1 月 2 日，圣约翰大学以 2∶0 的比分获胜。1904 年 12 月 17 日，圣约翰大学以 7∶1 的比分大胜南洋公学[②]，两校在 1905 年 12 月 2 日和 24 日比赛两次，圣约翰分别以 1∶0 和 7∶0 的比分获胜。[③]

1923 年，《南洋周刊》以《本校足球编年史》为题，对南洋公学足球的早期历史做了总结，简略叙述圣约翰与南洋足球联赛的来龙去脉，并标注了时间和比分，具体内容如下：

> 是年仲冬，约翰来校，作开宗明义之第一战。吾校以队员不齐，遂遭败衄，此役虽败，而吾校因以发奋，为日后独霸飞扬，执亚东牛耳之张本。谚所谓"失败为成功之母"。其是役之谓与！
>
> 光绪三十年任家璧为部长，队员有陆品琳王荣夏孙鹏诸君。
>
> 光绪三十一年胡鸿献君为部长，队员有陆品琳温纶训杨荫樾沙增藩刘宝濂诸君。复因队员缺乏，败于约翰，胜一负二……

[①] 黎宝骏：《圣约翰大学体育史略》，见中国人民政治协商会议上海市委员会文史资料委员会、上海市体育运动委员会文史委员会编：《上海文史资料选辑》，第 65 辑·体育专辑·体坛先锋，上海，上海人民出版社，1990 年，第 171 页。

[②] Tsur Y T. Athletics. *The St. John's Dragon Flag*, 1904: 89-90，见耶鲁大学图书馆馆藏中国教会大学档案，卷宗号：RG011-239-3944（http://divinity-adhoc.library.yale.edu/UnitedBoard/St._John's_University/Box%20239/RG011-239-3944.pdf）。

[③] Football records. *The St. John's Dragon Flag*, 1906-1907: 82，见耶鲁大学图书馆馆藏中国教会大学档案，卷宗号：RG011-239-3944（http://divinity-adhoc.library.yale.edu/UnitedBoard/St._John's_University/Box%20239/RG011-239-3944.pdf）。

光绪三十二年，队员仍旧，与约翰比赛，不分胜负……

光绪三十三年，与约翰赛，又不分胜负。

光绪三十四年，盛守鑫为队长，队员有张椿龄唐榕炳唐榕锦唐榕赓周仓柏古熊彪郏鼎锡席德炯席德懋诸君。一时人才辈出……并痛败约翰于本校操场，一鼓而全胜六球，开从来未有之创局。

宣统元年：往约翰比赛，胜二负三，约翰以为可以雪去载六球之耻，而不知未也！

宣统二年：唐榕锦君为队长，黄灏黄元道梁汝洪梁汝缙入球部。约翰再来比赛。我校第二次全胜六球。观者咸为咋舌。[①]

结合上述史料研判，圣约翰大学与南洋公学两校际足球对抗赛是从1903年开始，至1910年结束。两校共进行了九场足球对抗赛，其中1905年比赛了两次，圣约翰大学五胜两平两负，总体上占据优势。南洋公学取得的两场胜利，是在1908年之后，均以大比分（6∶0）且零封对手获胜。从双方交手的结果来看，到1910年前后，两校足球水平便不相上下（表2-1）。

表2-1　圣约翰大学与南洋公学校际足球对抗赛成绩一览表（1903~1910年）

届次	年份	地点	胜者	比分
1	1903	南洋公学	圣约翰大学	2∶0
2	1904	南洋公学	圣约翰大学	7∶1
3	1905	圣约翰大学	圣约翰大学	1∶0
4	1905		圣约翰大学	7∶1
5	1906	南洋公学	平	0∶0
6	1907	河北	平	0∶0
7	1908	南洋公学	南洋公学	6∶0
8	1909	圣约翰大学	圣约翰大学	3∶2
9	1910	南洋公学	南洋公学	6∶0

注：河北为苏州河北岸

圣约翰大学与南洋公学为何进行校际足球联赛，原因有以下两点：第一，两大学校际足球运动出现与学校体育运动的发展导向有关。圣约翰大学与南洋公学体育运动发展的主导者受美国高等教育的影响。卜舫济毕业

---

① 杨恒：《本校足球编年史》，《南洋周刊》1923年第3卷第11期。

于哥伦比亚大学，福开森毕业于波士顿大学，在二人求学期间，正值美国大学校际竞赛兴起之时。因此，在推动两校校际足球对抗赛上，必然会受到美式校际竞赛的浸染。第二，两大学校际足球运动出现与校际竞技比赛的认知有关。从卜舫济和福开森二人的回忆录来看，对在学生中开展校际竞技比赛有相同的观点：若要改变学生的身体观，校际竞技比赛是极为有效的方式。输赢并不重要，重要的是校际竞技能够打破学生落后的身体观念，成为重塑身体必可不少的手段，培养出竞争意识和体育精神，这是近代化进程中不可或缺的内容。在校园文化生活匮乏的年代，校际足球联赛能够丰富学生生活，是形成校园文化的一大方式。

圣约翰大学曾对两校足球对抗赛做过如下评价："至约大与南洋之足球比赛，在远东久享令誉，无异美国之哈佛与耶鲁两大学比赛也。"[①]胜利者的一方，为自己的队伍欢呼，同样也不去嘲讽失败者；失败的一方，为对方的胜利鼓掌，为自己球队的落败鼓劲。校际足球联赛不仅仅表现在竞技层面，更是深入校园文化的构建中来。

除了圣约翰大学与南洋公学两校足球联赛之外，华东地区的其他大学也开展了校际足球联赛。1903年，东吴大学与上海中西书院两校相约比赛，结果中西书院以1∶0的比分获胜。[②]1909年，圣约翰大学与东吴大学进行了一场足球联赛来庆祝西方感恩节。[③]由于圣约翰与南洋两校足球联赛的影响力较大，因此，这一时期华东地区校际足球运动的关注点多落在了圣约翰大学与南洋公学。

足球运动在华东地区大学校际竞技体育组织的形成过程中，起到了先行实践的作用。《约翰声》在分析华东四大学成立动机时指出，存在普遍的观点是西方奥运会和校际比赛已经把一个国家彼此遥远的地区更加紧密地联结，并向世界展示体育文化，这一事实毋庸置疑！一些大学已经意识到校际竞赛的重要性，认为开展校际竞赛是十分有必要的。[④]大学对校际足球竞赛的认知不仅关注竞技层面，更注重学生群体的教育及校园文化的形成，后两者需要长年累月的校际竞技比赛方才能够实现。

1910年10月，由邮传部高等实业学堂[⑤]及上海青年会发起，在南京劝

---

① 圣约翰大学生出版委员会编：《圣约翰大学五十年史略》，上海，圣约翰大学，1940年，第44页。
② Soochow: Athletics. *The North China Herald and Supreme Court & Consular Gazette*, 1903-11-11(1225).
③ Chiu, B E. News column: football matches. *The St. John's Echo*, 1911, (1): 3-4.
④ Formation of the Intercollegiate Athletic Association. *The St. John's Echo*, 1904, 15 (3): 4.
⑤ 即南洋公学。

业会会场跑马厅召开了全国学校运动大会[1]，又被称为"全国学校区分队第一次体育同盟会"，辛亥革命后追认为"第一届全国运动会"。[2]运动会分华北、武汉、吴宁（苏州、南京）、上海、华南五个地区。该次运动会，"粤省及香港派来运动队共二十七人，直隶派有二十人，武昌亦有二十人，南京与苏州共二十人，本埠选派往赛者约共四十人，内邮传部实业学堂十六人，约翰学堂十四人，青年会八人，华童公学二人"[3]。比赛共设田径、足球、网球、篮球4个项目，仅有华南和上海两个地区的球队参加足球联赛，其中，华南队早早确立了人选，因圣约翰大学与南洋公学都想组队代表上海地区参加此次足球赛，上海队的参赛名单迟迟无法定夺。圣约翰大学认为其足球水平一直处于上海地区前列，理应由自己组队参赛；南洋公学则认为南洋足球水平后来居上，接连两次大比分战胜圣约翰大学，也有资格代表上海参赛。两校在参赛权上互不相让，都想在全国赛场上留下印记。最终，两校组成联队参赛[4]，致使上海队因内耗而实力受损，华南队轻松夺取第一届全国运动会的足球锦标。此事导致圣约翰大学与南洋公学互不往来，两校足球联赛也因此戛然而止。直至华东六大学成立后，双方才恢复足球交往。

第五节　圣约翰大学与南洋公学"麦根路之战"

圣约翰大学与南洋公学两大学校际足球对抗赛历经七载，在华东地区大学及沪上社会具有一定影响力。华东六大学成立后，足球运动被列入校际比赛项目并付诸实施。较其他大学，圣约翰大学与南洋公学两校足球开展早，运动员运动能力强，技战术水平高，两校足球水平不分伯仲。为此，华东六（八）大学足球联赛赛程中规定，圣约翰大学与南洋公学需要比赛两场，若无胜负之分，则选择中立场进行最后角逐，两校就把中立场放在了麦根路球场。

1910年，上海新闸和租界之间的道路得到拓展。两年后，沪宁铁路西侧已发展为商业集市，逐渐向城市演化。这样一来，由沪宁铁路运输的物资有机会源源不断地输送到租界。于是，1913年货站建成对外营业。由于

---

[1]　《江苏　南洋劝业会近闻种种》，《大公报》1910年10月9日，第5版。
[2]　罗时铭主编：《中国体育通史（第三卷）》，北京，人民体育出版社，2008年，第144页。
[3]　《全国大运动会之先声》，《申报》1910年10月16日，第19版。
[4]　"又有邮传部实业学堂及约翰大学选得网球及蹴球（足球——笔者注）两队同往竞赛。"参见《全国大运动会之先声》，《申报》1910年10月16日，第19版。

货主大多来自租界，他们总是要通过麦根路，到达车站，这个车站就取名为麦根路货站。"乘沪杭甬车至上海者，如至法租界南市城内西区，必须择坐南站停卸之车，因车至新龙华站，必须解卸分路，一部分至南站，一部分至北站也。否则下车以后，又须折回矣。如至公共租界闸北，自可随北站停卸之车而往也。"①交通的便利，货运的中转，带来了大量的人群和商机，为此，沪宁铁路局在附近空地修建了一座足球场，名为沪宁铁路体育场，即麦根路球场。

基于交通便利上的考虑，圣约翰大学与南洋公学把两校足球联赛的中立场选择在麦根路球场。南洋公学地处徐家汇，圣约翰大学位于梵王渡。铁路局列车从徐家汇站开出，停靠梵王渡站，再驶向麦根路货站，之后观众可步行至球场，如此一来，方便了两校师生乘车到球场观看。"麦根路之战"特指圣约翰大学与南洋公学两校决定胜负的一场足球联赛。从华东六大学到华东八大学，五年内共计三次出现"麦根路之战"，每一次"麦根路之战"都如火星撞地球般激烈，吸引大量沪上民众争相观看，足球运动在华东地区得以传播。

"麦根路之战"关乎两校能否继续争夺华东六（八）大学足球联赛锦标，这场一战定乾坤的比赛，重要性不言而喻。出征前，全校必进行誓师大会，校长亲临致辞鼓励，学生代表发言，集体高唱校歌，调动赛前气氛；比赛时，场下坐满两校观众，学校军乐队锣鼓喧天，童子军维持秩序，场地纷纷挂上标语横幅，啦啦队载歌载舞，两校学生歌声满场，两校校长亲自到场督军。……比赛结束后，胜者载歌载舞，从球场一路游行至校园，聚集在学校大操场，彻夜狂欢不眠。"麦根路之战"所呈现的诸多元素，是20世纪初期大学校际足球运动的典型表现。

一、第一次"麦根路之战"（1915年）

第一次"麦根路之战"发生在华东六大学第一届足球联赛。这是校际足球运动中，首次出现中立场加赛决定晋级球队。两校对该场比赛格外重视。南洋公学全校动员，先是发布校长公告：今日下午本校与圣约翰比赛足球，所有上院、中院（上院为大学、中院为附中）各级一律停课一日，以便前往助威，尚望各球员努力比赛，为校争光。后南洋庶务处也有球赛通告：今日下午与圣约翰比球，午膳改在十一时摇铃，饭后一时齐集火车站，乘

---

① 熊月之主编：《稀见上海史志资料丛书》（5），上海，上海书店出版社，2012年，第218页。

专车赴麦根路球场。①南洋公学不惜停课到麦根路球场为球队助威，对本场比赛的重视程度可见一斑。足球联赛宛如两校校园生活中的一件大事，全体师生成员齐齐加入。

1915年1月6日下午，第一次"麦根路之战"鸣笛开踢。比赛当日，徐降冬雨，即便如此，各校学生及沪上观众，仍有三千人之多。因南洋公学全校动员，观众以南洋学生居多，若是晴天，出席人数想必不止如此。观众翘首以盼，两校啦啦队粉墨登场，军乐队助威，童子军维持秩序，齐唱校歌赞歌，人声鼎沸，欢呼雷动。两校公请怡和洋行西人李思廉为裁判员。两点三十分，李思廉发令入场准备，霎时间南洋军乐队鼓声四起，助威声势震天。双方队员列队出场，依次对立，李思廉鸣笛示意比赛开始，场上球员奋力拼搏，南洋公学借助观众助威之势，上半场连入两球，圣约翰大学毫无招架之力。球场上下欢呼之声顿如雷涌，甚至有观众掷帽、掷物以庆贺进球。中场休息后双方互换球场。下半场南洋公学又打入两球，后圣约翰大学踢进挽回颜面一球，此时比赛哨声响起，南洋公学足球队以4∶1的比分战胜圣约翰足球队。忽见球场有数面红白旗出现，红旗上大书"南洋光荣"四字，白旗则写着"约翰呜呼"四字。观众莫不称南洋足球队场上勇武。②南洋公学的支持者掩饰不住兴奋心情，他们高声歌唱、挥舞校旗。

从本场比赛双方表现来看，南洋公学队员虽在个人技术方面与圣约翰大学有一定差距，然而在团队配合上强于对手，尤其是在防守方面，南洋公学队员坚韧不拔，宛如铜墙铁壁，守门员鲍伯庄更是在比赛中扑出了圣约翰前锋主罚的点球。

第一次"麦根路之战"的胜利对南洋公学意义深远。两校足球对抗赛前期，圣约翰大学场上场下都占据优势，南洋公学屡战屡败；到后期圣约翰大学与南洋公学并驾齐驱，互有胜负。正当南洋公学足球起势之际，两校足球赛事又戛然而止。华东六大学足球联赛让两校足球对抗赛时隔数载得以重燃战火，谁能取得"麦根路之战"的胜利，便能占据华东地区大学足球头把交椅。赢下"麦根路之战"，不仅提升了南洋公学足球运动的竞技水平，更重要的是在球场上所展现的每球必争、团结协作的精神品质，被南洋学子时常提及，成为一代人的集体记忆。曾任交通大学校长的凌鸿

---

① 王道平：《交通大学半世纪体育风云》，见陈先元、田磊编：《盛宣怀与上海交通大学》，太原，山西教育出版社，1996年，第227页。
② 《南洋约翰两大学三次赛球记》，《申报》1915年1月7日，第10版。

勋在回忆录中对首次"麦根路之战"有如下讲述:

> 华东五大学(应为华东六大学——笔者注)有体育组织之后,最精采的和最紧张的便是足球锦标的争夺战,也就是南洋和圣约翰的争夺战,其他的三间大学只是陪衬热闹而已,于大局毫无影响。我记得民国二年(应为民国三年,1914年——笔者注)第一次锦标赛开始,第一场圣约翰队到南洋来比赛,南洋以二对一胜了。到了第二场南洋队到圣约翰比赛南洋学生去看的颇不少,圣约翰在看台上划出一区为南洋学生的座位,这原本并无恶意,但南洋学生走进通往球场的路上发现一个指路牌,写着"南洋学生从此往北。"南洋学生看了有点不自然,认为圣约翰故意作弄,要南洋从此败北。而事有凑巧,这一场南洋果然以一对二输了。这原本也是平常之事,但圣约翰当时组织了所谓啦啦队,是上海有史以来的头一次,不但于比赛时啦啦助战,而且于赢了南洋之后,更大事欢呼,颇使南洋队难堪。按照当时五大学比赛的规则,两队各胜一次时,须选择一处中立球场作一次决赛。后来南洋和圣约翰商借京沪铁路在麦根路的球场作为中立球场,定期决赛。
>
> 中立地点决赛的那一天,不但两校的同学几乎全体都前往麦根路,即南洋的唐校长和圣约翰的卜舫济校长都亲自到场给同学鼓励。南洋因为对方有啦啦队,自己也就组织起来;而且事先准备好,把自己一队学生军乐队高踞了球场旁边的一座铁路了望台上,不断在那里凑(奏)起南洋的校歌,和南洋同学听惯的几支军乐,使南洋球员有在自己球场作战的感觉,而圣约翰学生则反陷于四面楚歌之中。比赛下来,南洋果然得了一次四比一的胜利,夺得了第一次华东五大学足球赛的锦标(应为上海赛区的优胜者——笔者注)。此后,南洋学生提起麦根路,有点象(像)英国人提起滑铁卢一样的骄傲。[①]

第一次"麦根路之战"是华东六大学足球联赛的经典之战,在两校师生之中产生了深远影响。"各比赛中之'麦根路'一役,尤为历史上最重要之纪念,亦吾南洋同学永永引为殊荣者也。"[②]南洋公学经此一战,确立了华东地区大学足坛的地位,开启了五年四冠的征程。圣约翰大学以挑战

---

① 凌鸿勋:《交通大学十年忆旧(节录)》,见《交通大学校史》撰写组编:《交通大学校史资料选编(第一卷·1896~1927)》,西安,西安交通大学出版社,1986年,第307~308页。
② 杨恒:《本校足球编年史》,《南洋周刊》1923年第3卷第11期。

者的身份，屡败屡战，同样诠释了尊重对手，永不服输的体育精神内涵。

二、第二次"麦根路之战"（1915年）

经过华东六大学第一届足球联赛的洗礼，圣约翰大学与南洋公学对校际足球联赛有了更为清晰的认识。南洋公学为守住冠军成果，再接再厉；圣约翰大学为摆脱上届失败之耻，卧薪尝胆。两校队员纷纷锤炼球技，演练阵容，以期取得更好的成绩。按照赛程，本届两校比赛圣约翰大学先主后客，坐镇主场迎接南洋公学的挑战。两校与足球一艺，各有特长，不分轩轾，想届时必有一番激烈竞争。[1]比赛时值星期六（1915年11月20日）下午二时，鸣哨开赛。上半场开始后，南洋公学占据场上优势，却未能转化成进球。中场休息后交换场地，圣约翰逐渐掌握了场上主动，又连入两球，干净利落斩落南洋于马下。[2]该场比赛的裁判员虽能够遵守规则，不过比赛过程中"两校以竞争心过盛之故，任用意气，几伤感情"[3]。

南洋公学客场落败，势必会在主场主动进攻，以求胜果。本场比赛1915年12月18日下午二时半进行。开场后，南洋公学便大取攻势，顿时圣约翰大学球门前险象环生。上半场行将过半，因圣约翰大学队员手球犯规，南洋公学获得了位置极佳的任意球，南洋公学队员抓住机会，一击致命，一球领先。此后双方互有攻守，1∶0的比分保持到终场。双方队员均甚勇猛，踢法俱佳，至两校学生之感情亦甚融洽。[4]两校皆守住主场优势，战成平局，不得不进行中立场加赛，第二次"麦根路之战"应运而生。

鉴于"麦根路之战"在上海地区的影响力，沪上新闻界持续为比赛进行预热报道，鼓动民众去观看比赛。沪宁铁路局方面特开专车接送，车从徐家汇出发，停靠梵王渡，列车满载两校球员、啦啦队及部分观众，直抵球场。两校学生即刻布置场地，童子军维持秩序，场面甚是热闹。

> 自下午二点三十五分开赛，至三点二十分止，为上半节之比赛。其时约翰队之龙门向北，以风势而论，南队略占优点，盖是日适逢西北风，故球之向势大概在约翰界内。至二点五十五分钟，约翰队始以进攻势侵犯南洋界线，至后，球之向势向南洋界线者居多。然在此四十五分之中双方虽各竭其力，用尽许多计划，卒未分胜负。其间休息

---

[1] 《约翰南洋比赛足球》，《新闻报》1915年11月20日，第9版。
[2] 《两大学比赛足球纪》，《申报》1915年11月21日，第10版。
[3] 《联合体育会比赛足球》，《申报》1915年11月19日，第10版。
[4] 《比赛足球三志》，《申报》1915年12月19日，第11版。

十分，于三点半至四点一刻，为下半节之比赛。其时南洋与约翰互易地位，彼此重奋精神，继续比赛。但见球势多向南洋方面趋犯，每至危险之时，屡为南洋之守攻者猛拒却退。赛至四点十五分，时期届满，尚无胜负可分。照例应再订期复赛或即续赛，当由公正人判定续赛，乃延长二十分钟为比赛时间，每十分钟双方互易地位一次，在前十分钟内南洋胜一球，后十分钟内仍无胜负，遂以南洋为优胜，即散会。①

从比赛进程来看，双方场上球员异常勇猛，驰骋奔逐，每球必争，无一息容。两校学生观众各达六七百人，加上沪上民众，甚是壮观。球场上旗帜飘扬，鼓乐齐奏，拍掌之声、高呼之声与踢球之声，互相齐应。比赛着实精彩纷呈，常规时间结束内双方未分胜负，直至加时赛上半时，南洋公学才以1∶0险胜圣约翰大学，再次赢得"麦根路之战"。

三、第三次"麦根路之战"（1921年）

第三次"麦根路之战"发生在华东八大学第一届足球联赛，圣约翰大学与南洋公学均在主场战胜对方，依照赛程，需要加赛决出本届足球锦标。时隔数载，两大学再次相遇在麦根路，且是冠军争夺战，双方剑拔弩张之势，自然是上海新闻界关注的热点。《申报》以《比赛足球消息》为标题，对即将到来的"麦根路之战"预热："兹定于本月二十二日（星期三）下午二时半，假沪宁铁路麦根路大球场，为最后之大决赛，已志前报。兹闻该路特开专车，接送观客，下午一点钟由上海北站开，回程由麦根路六点五分开，来回票价，售大洋一角，想届时必有一番热闹也。"②两校足球技艺冠绝华东大学足坛，不相上下，加之媒体大肆宣传，沪宁路特开专车迎送观客，比赛当日又正值天气晴朗，到场观众达七千人之多③，其中两校学生各有千余人，分立球场四周，手执小旗，各高唱校歌，观众席上热闹非凡又不失秩序井然。

下午三时，双方球场列队出场，球场上欢呼雀跃。裁判员沪上西人福尔东一声令笛，比赛开始。看台上学生，皆摇旗呐喊、助壮声威。两校队员即刻投入比赛，各显神通。起初，南洋公学场面占据上风，优势较为明显，不料却被圣约翰大学球员张寿康，冲锋直进，攻破南洋公学后防线，

---

① 《六大学联合比赛足球记 上海部之结果》，《申报》1915年12月23日，第10版。
② 《比赛足球消息》，《申报》1920年12月21日，第11版。
③ Tyau, C H. Athletic news. *The St. John's Echo*, 1920, 31(9): 35.

打入一球，率先取得领先。圣约翰大学学生陡然声势浩大，激动不已。上半场你来我往，却再也没有取得进球。中场休息后，易地而战不多时，南洋公学又被攻入一球，圣约翰大学两球领先，场上全面占据主动。后南洋公学虽然由杜荣棠打入挽回颜面一球，比赛宣告结束。圣约翰大学以2∶1获胜[①]，赢下第三次"麦根路之战"，首次夺得华东八大学足球联赛锦标。

南洋公学原本信心满满，却输了比赛，甚至有球员怪罪裁判员判罚失之偏颇，全队心中懊恼、气愤与不平之情油然而生。南洋公学守门员陈汝闳在其回忆录中记述了第三次"麦根路之战"：

> 那是民国九年六大学足球锦标决赛，决赛队也是南洋与圣约翰，按照规定采用三赛两胜办法，第一场在南洋举行。南洋足球人材济济，而且有过剩状态，但是几位老将也是一时名将，如李树本、顾光宝、杨天择、丁人鲲、李大星、何景崇等人，都已到了规定的出赛年限，不能再参加，只有让后起之秀来接棒，新人的技能体力不输老将，作战经验究竟差了些，我担任的位置是守门。比赛开始，你来我往，势均力敌，概括说来，我们的攻势略胜一筹，在围攻敌门的时候我们的人员求胜心切，都上前去助攻，连两名后卫也不例外，后半个球场只剩我一人孤军独守，就在此时忽然球被对方踢出，他们的五个前锋跟着球齐冲过来，我们的人在后面追赶，球是越来越近，眼看就快到门前十二码处了。我这时万分为难，冲出去吧，只怕万一不及，要让人家攻空门，不出去吧，又等于束手待擒，让人家打靶子，当时的情况真是九死一生，说时迟，那时快，我还是冲出去了，可惜晚了半步，球已落地跳到我后面去了，回头抢救，势不可能，就这样眼睁睁地看着人家轻轻一拨，球已挂网，上半时就以〇比一结束。下半时再战，我们被罚了一个足球赛中难得一见的门前三码自由球，居然没有被踢进，真是天老爷帮忙。后来我们也得了一个罚十二码极刑球的机会，由中锋宁树藩操刀，这是他的拿手好戏，十拿九稳，可是因为紧张太甚，用力过猛，球竟从门楣上飞过去了，失去稳可扳平的好机会，可惜之至，好在宁中锋终于在十分钟后踢进一球，这场比赛就以一比一言和。第二场在圣约翰举行，那时已是民国十年一月，我已经毕业，没有参加的资格了，守门改由周家骐接替，结果也是一比一，仍然不分胜负，于是乎有第三场最后决赛，在麦根路铁路球场举行，守门仍

[①] 《昨日南洋约翰决赛足球记》，《申报》1920年12月23日，第10版。

为周同学，结果是〇比一，我们输了。圣约翰以一胜二平赢得了此届冠军。事后我作了一个自我检讨，我认为我虽然只参加了三场决赛里的第一场，但是应负相当大的责任，因为第一场输的那一球当时我若不假思索，早冲出去一秒或半秒，是可救的，那球不输，就可以一比〇赢第一场，加上第二场一比一的和局，我们岂不是早已一胜一和夺得锦标，哪里还有第三场，竟然以我一念之差断送了冠军，使我抱憾终身。[①]

由于毕业，陈汝闳只参加了两校三场对阵的第一场，没有在"麦根路之战"中出场，却因第一场的丢球致使球队没有赢得比赛，不得不在中立场加赛，深感有愧于球队，读罢不免让人唏嘘。有感南洋球员的责任心，为自己的失误而抱憾终生，虽然仅是一场球赛的一个片段，然而所体现的意义已经远超比赛本身。南洋球员所展现的强烈的团队意识和集体荣誉感，令人敬佩。

赛后，圣约翰大学进行了盛大的庆祝。自球场游行至梵王渡的途中，天色渐暗，学生张灯寻路，先是沿着圣玛丽学校和校园的院墙游行，随后在校园操场内燃起巨大篝火，点亮了整个夜空，嘈杂的喧嚣夹杂着锣鼓声，激情的讲演伴随欢呼声，兴奋高昂的情绪击退了冬日寒冷。师生在合唱校歌中结束了这一盛大的胜利庆祝活动。一场球赛引发全校狂欢，大家欢喜圣约翰足球队夺得足球锦标，更被圣约翰队员球艺精湛、场上拼搏、尊重对手的体育精神所折服。

竞技体育在20世纪初期的中国被赋予了强烈的社会价值，尤其是竞技比赛公平、公正、公开的特点，呈现出两者相遇强者胜，获胜者至少在身体层面上证明是强者。因此，这一时期的足球联赛，过程中所呈现的勇气、永不服输、团队精神等竞技思想，与强国强种的身体诉求密相契合。圣约翰大学与南洋公学的校际足球对抗赛便在如此社会背景之下产生。圣约翰大学的体育运动深受美国自然主义体育思想的影响，注重学生参与，偏重体育运动对学生个体的成长作用；南洋公学作为官办大学，因此时体育运动与渴望民族强盛的需求相结合，更注重体育运动的社会价值。两大学对体育运动理解和价值取向不同，反映在足球对抗赛中，其诉求表达上也不尽相同。圣约翰大学通过足球竞赛对学生群体进行价值塑造，促进学生全面发展，培育校园文化，增强校友凝聚力；南洋公学则通过足球竞赛，

---

① 陈汝闳：《谈交大沪院体育掌故》，见黄昌勇、陈华新编：《老交大的故事》，南京，江苏文艺出版社，1998年，第134~135页。

来战胜教会大学这一代表西方势力的假想敌，塑造学生强国强种朴素的爱国情怀，在身体层面上追求民族强盛，两种不同诉求也折射了两校足球思想的差异。不过，两大学在足球技战术层面及文化层面的追求是一致的，即高水平的校际足球运动是教育的重要手段，是培育校园文化的重要途径。

圣约翰大学与南洋公学的足球联赛断续维持了二十多年，见证了华东地区大学足球运动的兴衰荣辱，尤以两校"麦根路之战"更为荡气回肠。由于两大学在足球运动上的价值诉求不同，足球技战术水平高且实力相近，"麦根路之战"特别引人注目。"麦根路之战"的产生是华东六（八）大学足球设定的主客场规则所致。华东六大学时期的"麦根路之战"是圣约翰大学与南洋公学的天王山之战，谁获得胜利，便可晋级决赛；华东八大学时期的"麦根路之战"则直接决出了当年的足球锦标。南洋公学两次赢得"麦根路之战"，开创了五年四冠的局面；圣约翰大学一次赢得"麦根路之战"，便执华东八大学第一届足球联赛牛耳。

"麦根路之战"是华东地区大学校际足球运动的经典赛事，透过这一赛事本身可以发现，校际足球联赛对观众的吸引力、对校友的凝聚力、对运动员和学生的教育都是其他校际比赛不能比拟的。"麦根路之战"带来的一些商业行为如售票、交通出行等，为其他体育项目的校际比赛所借鉴效仿。竞技水平的高超、媒体的鼓吹、师生和校友的关注，使得"麦根路之战"对校园文化塑造产生了深远影响。历经百年，大浪淘沙，麦根路球场早已不复存在，圣约翰大学与南洋公学的三次"麦根路之战"，运动员场上技战术的比拼，观众场下的呐喊助威，只能留在双方校友的回忆之中，呈现于文字图片之间。大学竞技体育的发展要以赛事为中心，而"麦根路之战"就是以赛事为中心的典范。作为大学足球运动的经典之战，"麦根路之战"很少被国内体育学界所提及，不能不说是一种缺憾。校园足球的发展除了在提升足球人口数量，培育更多优秀的青少年足球人才之外，更要加强文化层面的建设，这就需要足球文化的继承和发展。因此，以"麦根路之战"为代表的中国早期大学校际足球竞技的经典赛事，其所呈现的文化内涵需要当下足球界挖掘、继承和发扬，以此来夯实校园足球的文化根基。

第三章 华东六大学足球联赛

华东六大学成立后，参赛校由上海、苏州两城市的四所大学扩展至南京、杭州、上海、苏州四座城市的六所大学，比赛项目从田径一项增加至田径、足球、网球、棒球和篮球五项运动，赛制从一天覆盖到全年。校际竞技比赛在华东地区逐步壮大。其中，足球是最为吸引人、影响力最大的华东六大学赛事。华东六大学足球联赛于1914年开始，至1920年结束，以赛季形式进行了六届比赛，一般在11月份开赛，翌年1月决出锦标归属，每届比赛多为7~9场，总计近50场。赛制安排上，华东六大学足球联赛不断调整完善，前三届比赛采取分区赛制，即分为上海赛区：南洋公学、圣约翰大学、沪江大学及内地（非上海）赛区：东吴大学、金陵大学及之江大学。其中又规定：圣约翰大学与南洋公学需进行主客场比赛。分区赛的冠军再进行主客场的冠军争夺战。由于上海地区各大学足球运动开展较早，在场地设施、队员技战术水平方面均优于苏宁杭地区，尤其是圣约翰大学与南洋公学两校，足球实力强劲，其他大学望尘莫及，因此，华东六大学足球联赛分区赛制意味着圣约翰大学与南洋公学只有一所学校能够晋级决赛。为此，华东六大学足球联赛从第四届起，把分区赛改为分组赛，从而避免圣约翰大学和南洋公学两大学过早相遇。成绩方面，南洋公学一骑绝尘，五次打进决赛，四次夺得锦标，包括一次三连冠。圣约翰大学于第四届足球联赛赛制改变后，闯入决赛并夺得冠军，东吴大学获得最后一次华东六大学足球联赛锦标。华东六大学足球联赛真正开启了华东地区大学校际足球运动，并在诸多方面进行了尝试，为后续大学校际足球运动的发展打下了基础（表3-1）。

表3-1 华东六大学足球联赛比赛成绩一览表

届次	赛季时间	比赛日期一	比赛日期二	冠军	亚军	第一回合	第二回合
1	1914~1915	1915.01.11	1915.01.16	南洋公学	东吴大学	2:1	2:0
2	1915~1916	1916.01.01	1916.01.07	南洋公学	金陵大学	4:2	5:2
3	1916~1917	1916.12.16	1916.12.22	南洋公学	东吴大学	9:2	3:1
4	1917~1918	1918.01.05	1918.01.12	圣约翰大学	南洋公学	1:0	2:0
5	1918~1919	1919.01.04	1919.01.11	南洋公学	圣约翰大学	1:0	1:0
6	1919~1920	1920.01.01		东吴大学	南洋公学	2:1	

第一节　华东六大学第一届足球联赛
（1914~1915年）

华东六大学第一届足球联赛于1914年11月开赛，翌年1月结束。在此之前，华东六大学已经举办了田径、网球、棒球及篮球比赛，足球联赛作为压轴赛事登场。在赛事安排上，由于六所大学分散华东三地，又是第一次举办足球竞赛，没有惯例可循，为此，华东六大学采用分区赛制，具体如下：

> 体育会以六校地址遐迩不一。故分内外两部。金陵之江东吴居内地为内部。沪江约翰南洋居上海为外部。各校往来比赛一次。胜负未决。则择中立地续赛以决之。先由内部三校与外部三校分别比赛。然后两部各出其最健者再行比赛。〔法如前〕决雌雄焉。最胜者由中国东部体育总会（指华东六大学——笔者注）给与锦旗一方。①

细究起来，分区赛制的安排甚不合理。第一，南洋公学和圣约翰大学两支球队实力明显高于其他大学，两队同在一组，还需要进行主客场比赛，这使得上海赛区的出线权争夺极为激烈。第二，分区赛制实际上方便了上海地区的比赛。之江大学、金陵大学、东吴大学三校地处不同城市，距离较远，交通不便是小组比赛面临的最大困难。华东六大学时期有关苏宁杭地区三大学足球联赛记载偏少，主要原因便是彼此相距较远，加上场地条件不济，遇到雨雪天气，难以进行比赛，弃赛事件经常发生。

圣约翰大学与南洋公学历经三场大战后，从上海赛区突围，与苏宁杭赛区的东吴大学会师决赛赛场。最终，南洋公学主客场均完胜东吴大学，夺得华东六大学第一届足球联赛的桂冠（表3-2）。

表3-2　华东六大学第一届足球联赛（1914~1915年）成绩一览表

场次	时间	学校	比赛地点	比分	胜者
1	1914.11.15	南洋公学—沪江大学	沪江大学	4∶1	南洋公学
2	1914.11.28	南洋公学—圣约翰大学	南洋公学	2∶1	南洋公学

---

① 钟震：《本校足球部夺得东方六大学锦标记》，《上海工业专门学校学生杂志》1915年第1卷第1期。

续表

场次	时间	学校	比赛地点	比分	胜者
3	1914.12.05	南洋公学—沪江大学	南洋公学	12∶0	南洋公学
4	1914.12.12	圣约翰大学—沪江大学	沪江大学	3∶1	圣约翰大学
5	1914.12.19	圣约翰大学—南洋公学	圣约翰大学	2∶1	圣约翰大学
6	1915.01.06	南洋公学—圣约翰大学	麦根路球场	4∶1	南洋公学
7	1915.01.11	南洋公学—东吴大学	南洋公学	2∶1	南洋公学
8	1915.01.16	南洋公学—东吴大学	东吴大学	2∶0	南洋公学

一、圣约翰大学与南洋公学小组赛

圣约翰大学与南洋公学是上海地区最早开展足球运动的大学，持续近十年的对抗赛提升了两大学的足球技战术水平，在师生和校友中普及了足球运动。两校足球水平旗鼓相当，又经常与上海租界的西人俱乐部球队进行比赛，得以锤炼球技。同一赛区的沪江大学球队实力孱弱，难以向南洋公学和圣约翰大学发起挑战。因华东六大学足球联赛赛制规定，圣约翰大学与南洋公学只能有一支球队进入最后的冠军争夺战，因此，两校自小组赛就铆足力气，力求击败对手，晋级决赛。赛制安排加之实力相当，使得两校足球赛成为华东六大学足球联赛中最为激烈、最吸引人、最具水平的比赛。新闻媒体对此争相报道："南洋公学于足球一艺，素负盛名，今秋与海关及英美烟公司西人屡赛屡胜，而梵王渡之约翰书院，亦以运动著长，刻闻订于本星期六（即今日）下午二时半起至四时半止，在南洋公学操场比赛。该二校足球上之竞争，素来剧烈，迄已三年，未尝一决雌雄，今以六大学比球之故，各告奋勇，当必有特殊之精采也。"[①]

小组赛第一场，南洋公学主场作战，全校上下对本场比赛格外重视。赛前各团体召开准备会，安排各项事务，悬挂横幅、整备场地、搭建看台，静候对手的到来。比赛当日，天气晴和，偌大的操场被包围得水泄不通，

---

① 《比赛足球》，《申报》1914年11月28日，第10版。

奏乐齐鸣，彩旗飘飘，甚为壮观。当时两校学生（包括附属学校）合计不足千余人，场边看台上除汇集了两校全体学生之外，校友、沪上民众及其他学校学生也欣然前往观赛，到场人数竟然有五千人之多。比赛开始后，两队队员场上奋力厮杀，南洋公学技高一筹，以2∶1战胜来访的圣约翰大学。整场比赛下来，观众助威及欢呼之声沸腾不已。两周后，双方移师至圣约翰大学操场进行二次交锋。是日，前往观看球赛的观众络绎不绝，比赛围而观者有三千余人。①观众数量虽比不上两校上次交手，不过往日平静的梵王渡里顿时人山人海，颇有气势，呐喊声、欢呼声此起彼伏，多是为主队加油助威。结果，圣约翰大学携主场之势，以2∶1的比分回敬南洋公学。

　　小组赛两校各胜一场，打成平手。按照赛事规程，需择日重赛。圣约翰大学本想乘胜追击，提议五日后在中立地进行比赛。南洋公学校长唐文治则以阳历年假在即，不允其请。遂延期至1915年1月6日在本埠麦根路球场比赛。②后经华东六大学商议，确定两校比赛定于1915年1月6日在麦根路球场进行。南洋公学赢得了第一次"麦根路之战"，晋级决赛。

二、南洋公学与东吴大学争冠赛

　　历经两月有余，南洋公学和东吴大学分别从上海赛区和苏宁杭赛区突围，争夺华东六大学第一届足球联赛锦标。南洋公学战胜强手圣约翰大学后，全校兴奋不已，自认本届足球冠军唾手可得，难免松懈。东吴大学与南洋公学两校关系颇为融洽，南洋公学坐拥主场时，尽显地主之谊，便派代表前往沪宁车站欢迎，并于校内备有宿舍，供东吴球员使用。③当日下午三点十五分，华东六大学第一届足球联赛决赛鸣哨开踢，这也是华东地区大学首次校际足球联赛冠军争夺战。《申报》对比赛过程有如下描述：

　　　　东方运动会南洋东吴两大学足球部，在南洋公学体操场比赛，南洋队员向北取攻，而东吴向南取攻，以地势论之，南洋较胜，盖东吴一方面，其地低，而且松，微雨之后尚未干透，辄易令人滑跌，于攻者不利也。其时来宾参观人数不及前次南洋与约翰末次比赛之多，然

---

① 《比赛足球之壮观》，《申报》1914年12月20日，第10版。
② 钟震:《本校足球部夺得东方六大学锦标记》，《上海工业专门学校学生杂志》1915年第1卷第1期。
③ 《东方运动会足球之决赛》，《申报》1915年1月11日，第10版。

亦约有二千之谱。开赛时，仍由上海西商足球会著名队员李思廉君为公正人。第一次比赛时间自三点十五分起至四点十分止。两方队员之态度颇为从容，而其能力之比较，亦不相上下，因此比赛五十五分钟之久，尚未分胜负，然在旁观者，先时揣度大概已为东吴虑，虑其不敌南洋也。岂知第一次比赛，东吴竟能力抵到底，不稍松懈，是亦出于意料之外，于此时也转有预料东吴之或能幸胜者。至第二次比赛，自四点十五分起至五点止，两方互易地位，再起赛。东吴果有一球踢入南洋方面决胜之界线，一时鼓掌声大作，若为东吴作特别之庆贺者。于是南洋一方面益加奋勇，意图恢复，竟能于十分钟连胜两球，此两球之中有一球，在东吴似可以却退，只因守标者既经夺之于手，不即用手抛出，而反以足踢之，误失时机，以致被对敌远踢入门，良可惜也。尚有一可惜之事，在东吴进攻南洋时有一球可以取胜，因南洋之守标者离其职位，大可乘隙而进，岂知东吴之冲锋者，趋行过急，致鏖球偏入歧途，遂失其机，其结果南洋胜两球，东吴胜一球，时已五点，遂散会。此次比赛期内，两方面之球法各有可观，惟东吴队员每于紧急之际，利用巧法以足撇掠攻者之球，有时攻者致遭倾跌，不能顾及其球，亦应变之妙诀也。①

如此重要比赛，围观者自然不在少数。除了操场四周之外，教室和宿舍的楼顶、窗台，满是观看比赛的学生，甚至有一些学生爬到球场旁边的树上来观战。两校关系融洽，观众虽竭力呐喊助威，然而会场秩序有加，并没有喧哗倒喝彩举止。场上运动员拼足力气，为争夺比赛胜利，使出浑身解数，技术、战术、毅力、心理，展现得淋漓尽致。南洋公学原本以为这场比赛的胜利手到擒来，殊不知，东吴大学球员众志成城，球队稳住防守后，在上半场结束前率先取得进球。场下南洋公学的支持者顿时哗然，东吴大学居然能够领先南洋公学，这是赛前无论如何都想象不到的局面。所谓骄兵必败，南洋公学上半场的疲软表现，在赛前有迹可循。战胜圣约翰大学后，球队过于懈怠，丝毫不把东吴大学放在眼中。中场休息后，南洋公学即刻做出调整，队员斗志提升的同时，强调进攻，于是十分钟之内连进两球，打了对手一个措手不及，反超比分。虽然，东吴大学在此后的比赛中创造出几次破门良机，无奈前锋把握机会能力差，以1∶2败北。赛后分析来看，两校队员能力差距无所轩轾，东吴大学强于防守，南洋公学

---

① 《南洋东吴两大学比赛足球纪》，《申报》1915年1月12日，第10版。

优于进攻，这场"矛盾大战"以进攻见长的一方获胜。

不隔数日，两队移师至东吴大学进行第二回合争夺。东吴大学热情款待客队一行，以示答谢。南洋公学于比赛前一日抵达苏州，当晚两队即大开宴席，与场上剑拔弩张之情形全然不同，大家席间诉说芝兰情谊，甚是亲切。东吴大学自知足球场上不是南洋公学的对手，加上客场落败，球队心思似乎不在比赛上。第二天的比赛呈现一边倒局面。南洋公学吸取了首次交锋的教训，开场便占据主动，大举进攻，东吴大学虽进攻乏力，不过防守韧性还在，抵御住南洋公学多次进攻，但终究实力不济，以0：2败下阵来。①

两战全胜，南洋公学夺得华东六大学第一届足球联赛锦标，全体同学，莫不兴高采烈，各地校友组织纷纷电贺南洋公学足球的获胜，武汉南洋公学同学会更是发出邀请函，恳请南洋公学足球队寒假赶赴武汉，与当地球队组织进行比赛。②借力足球运动，南洋公学注重体育的校风得到了很好的传播。提及南洋，则必称足球。南洋公学夺得华东六大学第一届足球联赛锦标，大大推动了足球运动在学生中间的普及，"习足球者遂日增……。当时精于是者，凡五十余人，可谓盛极一时"③。南洋公学足球队就此开启了五年四冠的旅程，称霸华东大学足球界于一时。

第二节　华东六大学第二届足球联赛
（1915～1916年）

华东六大学第二届足球联赛始于1915年11月13日，次年1月7日结束，本届足球联赛延续了上届的分区赛制。经过第一届比赛，各大学对彼此的足球水平有了认识。上海赛区中，沪江大学本届的表现不佳，其足球实力与圣约翰大学、南洋公学两校相差甚远，联赛中均以大比分落败。于是，观众目光齐聚圣约翰大学与南洋公学两校。两大学再次在麦根路球场角逐上海赛区的足球锦标。南洋公学以1：0的小比分告捷，晋级决赛，与苏宁杭赛区的金陵大学争夺冠军。结果，南洋公学主客场双杀金陵大学，蝉联桂冠（表3-3）。

---

① 《南洋足球部之胜利》，《申报》1915年1月19日，第10版。
② 《南洋足球队赴汉记》，《新闻报》1915年2月3日，第9版。
③ 杨恒：《本校足球编年史》，《南洋周刊》1923年第3卷第11期。

表 3-3 华东六大学第二届足球联赛（1915~1916 年）成绩一览表

场次	时间	学校	地点	比分	胜者
1	1915.11.13	南洋公学—沪江大学	沪江大学	7∶1	南洋公学
2	1915.11.20	圣约翰大学—南洋公学	圣约翰大学	2∶0	圣约翰大学
3	1915.11.27	圣约翰大学—沪江大学	沪江大学	8∶0	圣约翰大学
4	1915.12.04	南洋公学—沪江大学	南洋公学	8∶0	南洋公学
5	1915.12.11	圣约翰大学—沪江大学	圣约翰大学	13∶0	圣约翰大学
6	1915.12.18	南洋公学—圣约翰大学	南洋公学	1∶0	南洋公学
7	1915.12.22	南洋公学—圣约翰大学	麦根路球场	1∶0	南洋公学
8	1916.01.01	南洋公学—金陵大学	金陵大学	4∶2	南洋公学
9	1916.01.07	南洋公学—金陵大学	南洋公学	5∶2	南洋公学

一、南洋公学与金陵大学第一场冠军争夺赛

南洋公学与金陵大学的第一场冠军争夺战于 1916 年 1 月 1 日在金陵大学主场进行。华东六大学足球联赛决赛首次来到南京，江宁城各学校听闻两校比赛足球，又闻远道而来的南洋公学球技高超，想必比赛会精彩万分。适逢新年假期，各校均前往金陵球场观赛，到场观众达四五千人。两校足球队携手进入金陵大学球场，场上观众欢声雷动，拍掌欢呼，不绝于耳。

银角一鸣，球员驰骋交绥，仅五分钟，南洋先锋队，奋前直捣，冲破金陵之守队，遂胜一球，其时掌声如雷。及五分钟，南洋先锋队，又由左先锋队高吊一球，中坚先锋遂以首抛入龙门，此以奇制胜。金陵队见南洋攻势太猛，退而固守，相坚持者，四十分钟。暂行休息，再战。南洋队复取攻势，仅五分钟，即胜一球，惟金陵队虽败，其英猛奋勇，有不可一世之概。转取攻势，其先锋队之中坚，如虎驰跳冲过南洋守队，遂胜一球。五分钟后，南洋又胜一球；金陵队勇气未尝稍衰，复胜一球。于是南洋四胜而金陵二胜。此役两队极奋勇，亦极

文明，洵可庆也。①

金陵大学深知南洋公学足球技艺高超，自认实力不济，虽坐镇主场，取胜毫无把握，联谊倾向明显；南洋公学首次远赴南京客场比赛，赢球之余，以和为贵。比赛开始后，双方奋勇争先，场上未有过激举动，甚为融洽平和。比赛结束后，两队皆大欢喜，金陵尽显地主之谊，宴请南洋球队。客队第二天方才乘沪宁铁路列车返回上海。

金陵大学与南洋公学两校颇有渊源。福开森前往南洋公学任职监院之前，在南京创办金陵大学的前身汇文书院，并任院长。在两所大学任职期间，福开森把各项体育运动导入学生中来。1910 年，汇文书院与宏育书院合并为金陵大学后，就积极参与校际竞赛，足球运动也随之在学生中普及，足球队一跃成为一支劲旅，称霸南京各校。金陵大学对学生参加校际竞赛有严格的学业要求。1914 年，金陵大学章程中规定："凡运动员其学绩分数非在 75 分以上不得代表本校与任何学校比赛。"②校际竞技比赛是培养学生全面发展，而不仅仅是为了追逐锦标。

二、南洋公学与金陵大学第二场冠军争夺赛

两校第二场比赛于一周后在南洋公学大操场展开角逐。是日天降冬雨，天气寒冷，依旧抵挡不住观众的热情，到场观赛人数有两千人之多。下午两点半，在南洋军乐队伴奏之下，两队球员翩翩进场，观众掌声不绝。双方延请上海跑马厅西人莫衡为执法裁判员。由于雨天作战，场地泥泞湿滑，不利于两队球员技艺展现。待到哨声响起，双方即刻进入比赛状态，全然忘记了冷冽冬雨。南洋公学技高一筹，上半场便取得三球领先优势。反观金陵大学，很难攻入对手腹地，形成不了有效进攻，极为被动。下半场开始不久后，金陵大学又被攻入一球。此时，南洋公学手握四球领先优势，以为冠军唾手可得，场上队员不免懈怠起来。金陵大学抓住南洋公学松懈时机，依靠快速反击，连扳两球，场下观众顿然欢呼不已，比赛霎时好看起来。南洋公学不免紧张，好在携主场之利，加之实力占优，球员重新抖擞精神，再次控制住场上局面，比赛最后阶段又攻入一球，以 5∶2 的大比分击溃金陵大学。③赛后分析来看，两队攻守均有特点，南洋公学队员

---

① 《南洋足球队凯旋》，《申报》1916 年 1 月 5 日，第 11 版。
② 南京大学高教研究所校史编写组编：《金陵大学史料集——金陵大学 1922 年同学录》，南京，南京大学出版社，1989 年，第 286 页。
③ 《南洋足球夺得锦标》，《申报》1916 年 1 月 8 日，第 10 版。

技术占优，进攻能力强，却有轻敌之举；金陵大学队员胜在勇力，不过防守孱弱。因冬雨不止，场地泥泞，两队球员饱尝辛苦。

第三节　华东六大学第三届足球联赛（1916年）

华东六大学第三届足球联赛于1916年11月11日开赛，12月22日结束，赛事首次没有跨年进行，主要原因是圣约翰大学与南洋公学两校两场比赛便决出晋级者，没有到中立场进行加赛。本届比赛仍旧采取分区赛，南洋公学第三次从上海赛区突围，与东吴大学争夺最后桂冠。南洋公学以全胜战绩，第三次加冕华东六大学足球联赛锦标。

从三届赛事报道来看，圣约翰大学与南洋公学的足球联赛是新闻的关注热点，相关足球报道多集中在两校。一方面，先前两届赛事中，两校历经三场方才决出胜负，大量的新闻素材可以挖掘；另一方面，其他大学与两校相比，足球运动起步晚，竞技水平差距较大，比赛关注度低，报道以寥寥言语带过也就不足为奇。例如，本届南洋公学与沪江大学之间的校际足球联赛，由于实力相差甚大，"（南洋）同学往观者不多。双方球员均甚活泼，沪江竞争之心尤热，先胜本校一球，本校球员益自策励，连胜九球"[1]。这种报道方式也出现在圣约翰大学与沪江大学的足球联赛中（表3-4）。

表3-4　华东六大学第三届足球联赛（1916年）成绩一览表

场次	时间	学校	地点	比分	胜者
1	11.03	南洋公学—沪江大学	沪江大学	9∶1	南洋公学
2	11.11	南洋公学—圣约翰大学	圣约翰大学	2∶1	南洋公学
3	11.18	圣约翰大学—沪江大学	沪江大学	5∶1	圣约翰大学
4	11.25	南洋公学—沪江大学	南洋公学	11∶0	南洋公学
5	12.02	圣约翰大学—沪江大学	圣约翰大学	7∶1	圣约翰大学
6	12.09	南洋公学—圣约翰大学	南洋公学	1∶0	南洋公学
7	12.09	东吴大学—之江大学	杭州		
8	12.16	南洋公学—东吴大学	东吴大学	9∶2	南洋公学
9	12.22	南洋公学—东吴大学	南洋公学	3∶1	南洋公学

---

[1] 柴骋陆、李熙谋：《足球战史》，《交通部上海工业专门学校学生杂志》1916年第4期。

一、圣约翰大学与南洋公学小组赛

南洋公学冀图携连续淘汰圣约翰大学的以往战绩再度获胜,在气势及心理方面稍占优势;圣约翰大学两度在加赛中惜败,自然心存不服,队员刻苦训练,厉兵秣马,以待战胜南洋公学,冲出上海赛区。根据本年度赛程安排,南洋公学先客后主,两校彼此熟悉对方技战术打法,对比赛自然不敢怠慢,都打起十二分精神,南洋公学前往圣约翰大学比赛之日,亦是大战开始之时。听闻两校足球大战,沪上各界人士争先恐后涌入梵王渡,四五千人把圣约翰大学球场围得水泄不通。因一些观众迫切想前往球场观看比赛,短时间内聚集大量人群,承载水路交通的渡船难以承受如此压力,其间发生一起球赛观众的渡船倾侧落水,所幸并无大碍。[1]

11月11日下午两点三刻,比赛正式开始。两校学生,对峙欢呼。圣约翰大学球场并不平整,自北向南,地势下降半米有余。由于上半场南洋公学挑边球场南侧,加之西北风势甚急,南洋公学球员很难攻入圣约翰大学腹地,于是南洋公学全队众志成城,守住防守阵势。圣约翰大学虽占据天时地利人和,无奈前锋线表现不佳,很难攻入南洋公学球门,上半场双方不分胜负。下半场互换场地。此时,南洋公学球队借助地势及风势,在进攻上压制住圣约翰大学,圣约翰大学很难把球传递到对方半场,皮球常在自家球门之前徘徊,防守岌岌可危。约十分钟后,南洋公学球员李大星将球踢入圣约翰大学把守的球门,霎时间,欢呼声响彻球场;不数分钟,李大星又打入一球,南洋公学观众的气势到达顶点,圣约翰大学的拥趸顿时鸦雀无声。此后,在观众的助威声势下,圣约翰大学打入挽回颜面一球,以1:2的比分首次在主场落败。[2]圣约翰大学若要争取锦标,就必须在客场战胜对手。

南洋公学坐镇主场迎战圣约翰大学是上海赛区的收官战。若南洋公学获胜,则连续三年夺取上海区的锦标;圣约翰大学若想要保留晋级希望,就必须赢得此战。是日上午,观众陆续抵达南洋球场,一些关心南洋公学体育事业的校友也纷纷赶来,不下数百人。南洋公学预先在场地做了一些安全措施,用大号麻索将操场四周围住,周围站立该校童子军,以维持秩序。支持圣约翰大学的观众坐在操场南侧,支持南洋公学的则分队列于北

---

[1] 根据《申报》的记载:"因约翰操场在隔河,赛毕渡河有一船,傍岸时乘客争先登岸,致船倾侧,失足入水者,有十余人之多,当场援起,幸均无恙。"参见《南洋约翰比赛足球》,《申报》1916年11月12日,第11版。

[2] 《南洋约翰比赛足球》,《申报》1916年11月12日,第11版。

侧。中午时分,已有不少人来到现场。至赛前半小时,观众居然达七八千人!场地座席根本容纳不下,观众环场数匝,几乎无立足之地,一些后排观众甚至踯躅场后,不愿离开。尚未开赛,场地上已然万声嘈杂,军乐队演奏两校校歌,两校支持者居南北,则互应缭绕回合,观众席上欢呼声势对仗,气氛鼎沸不已。

  二点半钟起赛,先南洋据场之西,约翰据东,两方公请西人鲍亥林君为评判员。银角一鸣,两方球员各奋其勇,场中之球,驱逐争夺,旋往旋来,有多次球将入约翰球门,被该校守门拒出。南洋左右内守及中守甚强,故球常少至。及三点一刻,鸣角休息,各无胜负。至三点半钟,互易地位,再行比赛,双方又奔走驱驰,观者兴致更增。三点五十五分钟,南洋球员李树本左右盘旋,及至约翰球门,相近李大星前踊扶助,第一次踢球约翰球门,被张石麟拒出,第二次李大星接踢,又被拒出,南洋邵麟上前猛攻,遂获胜一球。四时一刻告终,此次南洋遂全胜一球。上海部分,计南洋胜约翰二次,南洋、约翰各胜沪江二次,总结南洋获得上海锦旗。①

  圣约翰大学三年连败于南洋公学,无法从上海赛区突围,屡屡丧失争夺华东六大学足球联赛锦标的机会,又因南洋公学三届决赛均轻松击败苏宁杭地区的大学,成为华东地区大学足坛霸主,圣约翰大学甚不服气。对圣约翰大学而言,如若志在夺取冠军,球队除了刻苦训练,提升技战术水平外,也需要在华东六大学足球联赛赛程上做出相应改变。

二、南洋公学与东吴大学争冠赛

  苏宁杭赛区的决赛在杭州南星桥陆军操场进行。东吴大学战胜之江大学,得以再次对决南洋公学,争夺华东六大学第三届足球联赛冠军。南洋公学于12月16日前往苏州,双方比赛呈现一边倒的局面,南洋公学以9:2的超大比分大胜东吴大学。②从比赛进程来看,东吴大学毫无抵抗之力,输得心服口服。鉴于两校第一场交手场上呈现的巨大实力差距,一周后东吴大学作客南洋公学,其比赛结果便可想而知。除了南洋公学的学生之外,这场比赛很难吸引到其他观众到来。

---

① 《学校比赛足球记》,《申报》1916年12月10日,第11版。
② 《南洋公学比赛足球》,《申报》1916年12月18日,第11版。

是日于下午二点四十五分起比赛，评判员为恺乐否君。约七分后，南洋球员邵麟、刘用臧、何景崇三人合扑东吴球门，南洋遂胜一球。三点十七分，南洋何景崇君又胜一球，三点三十分宣告休息，三点四十分再比，及四点九分，南洋邵麟君又胜一球，四点十八分东吴宋福华君胜南洋一球，一时南洋同学掌声大起，以表亲善之意，四点二十五分止赛，南洋遂得锦标。……晚间又开欢迎会，尽欢散会。①

赛前，南洋公学特派人备汽车在车站等候东吴大学一行十七人（包括球员及随行同学）。两队比赛时，南洋公学学生观众鼓励东吴大学球员的场上表现，以表善意。赛后，南洋公学宴请东吴大学球队和学生，以敦友谊。以足球为校际纽带，既能互为对手，又能相互尊重，结交芝兰情谊。

至此，南洋公学达成华东六大学足球联赛三连冠，实力鼎盛，名扬全国，盛极一时。足球队建制结构完整，既有甲部，可代表学校参加华东六大学比赛，又有乙部，培育后备力量，竞技水平不俗。足球成为南洋公学重要的校园符号，以足球运动为引领，很好地在学生中普及体育运动，南洋公学赢得了"中文好，西学（科学）好，体育好"②的美誉。

第四节　华东六大学第四届足球联赛
（1917～1918年）

历经去岁短暂的赛季后，华东六大学第四届足球联赛于1917年11月17日开赛，至次年1月12日鸣锣收兵。本届比赛在赛制方面做出重大改变，不再采取以地区分组，而是按照以往三届各队实力作为参照，南洋公学、圣约翰大学及东吴大学分在甲组，剩余实力较弱的三校为乙组，决出一个名额进入甲组后，四队再两两分组，单场胜者进入冠军争夺，决赛采取主客两场赛制，若两场打平，则选中立场地加赛一场。可以看出，本届赛制安排，既不是简单的分组赛，也不等同于升降级，这种复杂的赛制，可谓华东六大学足球联赛史上头一遭。

圣约翰大学是赛制调整的最大受益者。鉴于华东六大学之间足球实力差距，如无意外，决赛会在圣约翰大学与南洋公学之间进行。圣约翰大学全校上下都渴望夺得足球锦标，足球队励精图治，刻苦训练，聘请教练员

---

① 《南洋夺得足球锦标》，《申报》1916年12月23日，第10版。
② 周川、黄旭主编：《百年之功——中国近代大学校长的教育家精神》，福州，福建教育出版社，1994年，第21页。

指导球队训练①，与沪上足球俱乐部的队伍进行热身赛来调适比赛状态②。赛制调整加上有序备战，在本届比赛中，圣约翰大学实现四载夙愿，双杀南洋公学，首次夺得华东六大学足球联赛锦标（表3-5）。

表3-5　华东六大学第四届足球联赛（1917～1918年）成绩一览表

场次	时间	学校	地点	比分	胜者
1	1917.11.17	沪江大学—之江大学	之江大学	2∶2	平
2	1917.11.25	沪江大学—之江大学	沪江大学	9∶0	沪江大学
3	1917.12.01	南洋公学—沪江大学	沪江大学	12∶0	南洋公学
4	1917.12.15	南洋公学—沪江大学	南洋公学	7∶1	南洋公学
5	1917.12.15	圣约翰大学—东吴大学	东吴大学	3∶0	圣约翰大学
6	1918.01.05	圣约翰大学—南洋公学	南洋公学	1∶0	圣约翰大学
7	1918.01.12	圣约翰大学—南洋公学	圣约翰大学	2∶0	圣约翰大学

一、沪江大学从乙组突围

沪江大学与之江大学的比赛拉开了本届华东六大学足球联赛的帷幕。之江大学实力远逊于沪江大学，却因沪江大学客场作战，加上之江大学球场条件不济，多为沙砾，不利于客队技术的发挥，之江大学占据主场之利，得以逼平沪江大学，未能决出胜负。一周后，两队移师沪江大学球场，延请沪上西人兰藤为裁判员，到场观众数百人，大多是沪江大学在校学生。观众虽少，不过两方队员个个奋勇异常，激烈比拼。上半场沪江大学便攻入三球，下半场前锋线更是打入六球，后卫线一球未丢，以9∶0的超大比分战胜之江大学③，晋级下一轮。乙组另一支球队金陵大学因学校事务，宣布弃权本届足球联赛。④如此，沪江大学闯入甲组，与静候多时的南洋公学争夺决赛名额。

---

① Review of football season. *The St. John's Echo*, 1918, 29(2): 31.
② Football match. *The St. John's Echo*, 1918, 29(8): 5.
③ 《沪江与之江比赛足球》，《申报》1917年11月26日，第10版。
④ Fong F S. Athletic: Football. *The Students' Magazine*, 1918, 4(1): 67.

二、东吴大学与圣约翰大学争夺决赛权

东吴大学与圣约翰大学之间的比赛将产生另一个决赛名额。该场比赛定于12月15日在东吴大学场地进行。赛前,华东足球界一致认为,即使圣约翰大学客场作战,获胜应在情理之中。圣约翰大学足球队一行于比赛前一日乘火车抵达苏州。两校在华东六大学足球联赛中从未有过交手记录。圣约翰大学极度渴望第一次杀进冠军争夺赛,队员为此背负了巨大压力。是夜,球员辗转难眠,没有很好地调整至临战状态。第二天比赛时,到场观众大多是来助威东吴大学球队。下午两点三十分,裁判员一声哨响,比赛开始。果不其然,重压之下,圣约翰大学球队的技战术水平很难正常发挥,球队迟迟无法得分;反观东吴大学,众志成城,守住阵地后,伺机反攻。圣约翰大学畏首畏尾,既想攻出去,又害怕守不住而丢分,虽占据场上局面主动,却得势不得分。常规时间内两队互交白卷,战成平局。比赛不得不进入加时赛(上下半场各十分钟)。加时赛一开始,携主场观众之威势,东吴大学球队越战越勇,逐渐占据了上风。圣约翰大学依旧无法攻破对手的球门。下半时开始后,东吴大学队员的体能消耗严重,防线破绽百出,即使如此,场上球员气势不减,竭尽全力抵御圣约翰大学进攻。眼看比赛就要以平局结束,场上形势突变,圣约翰大学队员突然找到进攻感觉,七分钟内接连射入三球。东吴大学终因体力不支,抵抗不住圣约翰大学的狂轰滥炸,败下阵来。[1]在艰难战胜东吴大学后,圣约翰大学首次进入华东六大学足球联赛锦标争夺赛。

三、圣约翰大学与南洋公学冠军赛

历经四届足球联赛,代表华东大学足坛最高水平的两所大学终于相遇在冠军争夺赛上。对双方而言,战胜对手,夺取锦标是唯一目标。圣约翰大学兵强马壮,沈嗣良(队长)、冯建维、余衡之等均是上海足球界的翘楚;南洋公学携三连冠之威风,本届在保留冠军班底的一些老队员后,又补充了实力不俗的新人。强强对决,未知鹿死谁手。两校为争夺上海滩足球霸主,剑拔弩张的态势一触即发。

双方第一场比赛于1918年1月5日在南洋公学进行。原以为南洋公学球场必然会是人声鼎沸,车水马龙的盛况,却没想到上海连日严寒,仅有不足千人来观赛,观众骤减,南洋公学主场不见往日喧闹,毫无主场优

---

[1] Football. E. C. I. A. A. series, St. John's 3. Soochow 0. *The St. John's Echo*. 1918, 29(1): 25-26.

势而言。下午三点整比赛开始。上半场圣约翰大学自南向北进攻,因打逆风球,便很难攻入南洋公学阵地,皮球多在圣约翰大学门前盘旋。南洋公学队员抖擞精神,借助风势,全力进攻,无奈得势不得分,虽然逼得一粒点球,却在主罚时因队员犯规在先,进球无效。下半场两队更换场地后,圣约翰大学顺风进攻,逐渐占据场上优势。终场结束前五分钟,圣约翰大学前锋冯建维突破防线传球,唐树屏遂乘势将球打进南洋公学球门,圣约翰大学学生欢声雷动。此后双方再无建树,圣约翰大学以一球小胜南洋公学。①

南洋公学居然在主场输掉了比赛!这是华东六大学足球联赛的头一遭,落败消息一出,顿时在学校炸开了锅。依照往届比赛来看,南洋公学深知作客圣约翰大学凶多吉少,输掉主场把自己逼到绝境,不得不背水一战。南洋公学试图在客场营造主场氛围,就需要全体学生的支持。为此,南洋公学校长唐文治连夜召开会议,号召全体学生到客场为球队加油助威。比赛当日,南洋公学学生自发乘车至圣约翰大学球场。反观圣约翰大学,客场取胜,占据先手,若在主场拿下对手,就能够捧得本届足球联赛锦标,全校为此都积极行动,学生组织了强大的啦啦队阵容,甚至圣约翰大学隔壁的圣玛利亚女子学院也积极动员起来,全员到场为主队加油。待到比赛开始时,圣约翰大学球场汇集观众六千人之多②,与双方第一场仅千人来观战的气势不可同日而语。

> 是日天气较首次和暖,自下午二点四十分,两校球员入场开赛,先约翰位列逆风,兼南洋球员取攻甚猛,故球每入约翰门前,幸约翰守门者手足敏捷,屡招挥出。至三点三十五分,为上半节比赛之告终,双方未分胜负,休息一刻,于三点五十分,易地再比。两方约赛十五分之久,后南洋球门被约翰球员袁庆祥于五分钟内踢入二次,此二次俱踢自由球。是时两方愈踢愈猛,至四点三十五分,为下半节之告终,结果约翰胜,为二与零之比。③

城头变幻大王旗!圣约翰大学主客场双杀宿敌南洋公学,首次捧起华东六大学足球联赛奖杯,全校师生及南洋公学校友难掩激动心情,赛后举行了盛大的庆祝活动,先是簇拥球队环绕学校游行,后又回到球场,燃起

---

① 《东方六大学足球初赛纪》,《申报》1918年1月6日,第10版。
② St. John's won football championship. *The English Student*, 1918, (2): 150.
③ 《东方六大学续赛足球记》,《申报》1918年1月13日,第10版。

篝火，载歌载舞，欢庆喜悦，师生、校友踊跃发言，彻夜狂欢，意犹未尽。

蝉联失利的南洋公学，自然是不服气。学校原以为本赛季足球队实力强劲，"除旧有老将丁、顾、黄、李、何等外，复新添自金陵转来之何君信道，攻守健将之多，实为历年来所仅见"①，却没想到以冠军班底组建的球队会连场败给圣约翰大学，其难过之心情可想而知。南洋公学校长唐文治听到球队落败的消息，痛哭流涕，视为南洋公学足球耻辱的一页。全校自上而下总结失利之原因，试图在来年赛事中，一雪前耻，再取锦标。

第五节　华东六大学第五届足球联赛（1918～1919年）

华东六大学第五届足球联赛始于1918年12月7日，止于翌年1月11日。因上届赛制复杂，华东六大学足球联赛组委会经讨论后把赛制改为分组赛。即南洋公学、之江大学与东吴大学为一组，圣约翰大学（图3-1）、沪江大学与金陵大学为一组，各小组第一名进入最终锦标争夺。分组的原则依照各队实力，两两分开，如此可以避免强队过早相遇，使实力最强的队伍能够进入决赛。历经五年探索实践，华东六大学足球联赛的赛制趋于公平合理。

图3-1　圣约翰大学足球队（1919年）
资料来源：《本校一九一九年足球队》，《约翰声》1919年第30卷第3期。

南洋公学去岁失利，本赛季厉兵秣马，誓言夺回华东六大学足球联赛锦标，小组赛与之江大学和东吴大学的交手，均轻松胜出。另一小组中，

---

① 杨恒：《本校足球编年史》，《南洋周刊》1923年第3卷第11期。

圣约翰大学轻松战胜沪江大学，金陵大学因故未赛，圣约翰大学顺利小组出线。如此，角逐华东六大学第五届足球联赛锦标的两支队伍与上届相同（表3-6）。

表3-6　华东六大学第五届足球联赛（1918～1919年）成绩一览表

场次	时间	学校	地点	比分	胜者
1	1918.12.07	东吴大学—之江大学	东吴大学	6∶4	东吴大学
2	1918.12.07	圣约翰大学—沪江大学	沪江大学	3∶0	圣约翰大学
3	1918.12.09	南洋公学—之江大学	南洋公学	12∶0	南洋公学
4	1918.12.14	南洋公学—东吴大学	东吴大学	4∶1	南洋公学
5	1919.01.04	南洋公学—圣约翰大学	南洋公学	1∶0	南洋公学
6	1919.01.11	南洋公学—圣约翰大学	圣约翰大学	1∶0	南洋公学

一、圣约翰大学与南洋公学第一次比赛

两校本赛季的首次交手在南洋公学球场进行。双方学生组织穷尽其用，积极动员观众前来助威，军乐队、啦啦队、校友、友校及上海热爱足球人士纷纷前往球场，临场围观者，约有4000人。[1]两校学生先后高唱校歌，后由南洋公学军乐队演奏军乐，比赛还未开始，场下气氛已然热闹起来。下午三时比赛开始，南洋公学球员即向前猛进，尤以前锋线左翼李树本最为灵捷。圣约翰大学方面，球员个人技术强，却在战术方面稍逊对手。南洋公学队员借助风势，把圣约翰大学压制在半场，然而，南洋公学的进攻雷声大雨点小，无法攻破圣约翰大学的后卫线。中场休息后，两队交换场地。南洋公学前锋线便全力猛攻圣约翰大学防线，不及十分钟，圣约翰大学终于阵地失守，被南洋公学打入一球。此后两队均创造了不少机会，皆被双方后卫线英勇化解，1∶0的比分保持到终场。[2]忆想去年主场失利之耻辱，南洋公学学生对此次胜利无不喜形于色，大肆庆祝，一些学生燃放爆竹以壮声势，赛后久久不离场地，齐声高唱校歌，煞是壮观。

二、圣约翰大学与南洋公学第二次比赛

南洋公学深知作客圣约翰大学凶多吉少，便号召全体学生，到场观战，

---

[1] Ling, Z Y. Athletic notes: football. *The St. John's Echo*, 1919, 30(1): 29-30.
[2] 《南洋约翰比赛足球》，《申报》1919年1月5日，第10版。

以壮声势，南洋公学学生满立圣约翰大学球场东、南两看台，圣约翰大学学生占球场西侧，双方啦啦队依靠阵势，标语开展，锦旗挥舞，泾渭分明。沪上前来观看球赛者众多，一场龙虎斗即将开始。午后两点五十分，随着西人裴来脱一声哨响，比赛开始。圣约翰大学自北往南进攻，占据有利地形，南洋公学球员则采取防守战术。圣约翰大学进攻极为猛烈，南洋公学众志成城，全力抵御对手进攻，上半场力保城门不失。待到下半场，南洋公学虽占据地形优势，依旧采取防守策略。赛至三点五十二分，南洋公学前锋李庭三抓住圣约翰大学后场的防守漏洞，依靠个人速度，盘带飞奔至圣约翰大学禁区，大力抽射，打入一球。此后，双方你来我往，鏖战甚力，南洋公学队员以攻为守，圣约翰大学难以首尾相顾。南洋公学将一球领先优势保持到终场。①

南洋公学重新夺回锦标，实属不易。上赛季结束后，一些球员因毕业离校，球队失去了主力架构，虽有新人补充，实力不免减弱。为此，本赛季伊始，球队即选举确定老将李树本为球队队长，卓观潮为球队管理，重整队伍，以图锦标。去年在主场被圣约翰大学击败而痛失冠军，南洋公学球队深感羞愧难当，全队励精图治，球队在赛前进行了多场热身赛，以调整状态。

> 时届冬令，沪上各校多举行比赛足球。兹将近日徐家汇工业专门学校（即南洋公学）比赛足球消息录后。十月十九日与跑马厅上海足球队比赛，南洋胜四球，上海球队胜一球；十月二十六日与圣芳济球队比赛，南洋全胜四球；十月二十七日南洋乙部与犹太球队比赛，各胜二球；十一月二日与上海西人跑马会球队比赛，各胜三球；十一月十六日（即今日）下午三点半，南洋公学在该校草场约定与美孚洋行球队比赛；十一月十七日（明日）下午三点钟南洋乙部约定惠洛斯球队比赛云。②

南洋公学再执华东六大学足球联赛牛耳，全校师生喜形于色，南洋公学师生从梵王渡步行出来，一路欢歌笑语，摇旗呐喊，一年来的压抑得以释放。游行队伍回到学校后，在球场上点起了篝火，微微寒冬，一股暖意上心头，绚丽多彩的烟花升起，照亮了整个夜空。大家围绕着篝火，欢呼鼓舞，高唱校歌。一些教师在临时搭建的讲台，慷慨激昂地为此次胜利

---

① 《南洋约翰比赛足球纪》，《申报》1919年1月12日，第11版。
② 《南洋公学赛球纪》，《申报》1918年11月16日，第11版。

做即兴演讲。①庆祝足球队夺得华东六大学足球联赛锦标成了南洋公学一年来最大的盛典活动。

第六节 华东六大学第六届足球联赛
（1919~1920年）

华东六大学第六届足球联赛于1919年11月开赛，次年1月1日结束。杭州之江大学因故弃权。本届联赛改为单循环赛制，即一校至少需要选择三校进行比赛，若全胜，就可以夺得锦标。东吴大学异军突起，逐一击败沪江大学、金陵大学、南洋公学，夺得华东六大学的足球冠军，打破了沪上双雄对冠军的垄断，成为华东大学足坛的新擂主（表3-7）。

表3-7 华东六大学第六届足球联赛（1919~1920年）成绩一览表

场次	时间	学校	地点	比分	胜者
1	1919.11.27	圣约翰大学—沪江大学		5∶0	圣约翰大学
2	1919.12.12	南洋公学—圣约翰大学	圣约翰大学	1∶1	平
3	1919.12.12	东吴大学—沪江大学	东吴大学	7∶0	东吴大学
4	1919.12.20	东吴大学—金陵大学	东吴大学	5∶0	东吴大学
5	1919.12.23	南洋公学—圣约翰大学	南洋公学	3∶1	南洋公学
6	1919.12.30	南洋公学—沪江大学	沪江大学	7∶3	南洋公学
7	1920.01.01	东吴大学—南洋公学	南洋公学	2∶1	东吴大学

一、圣约翰大学与南洋公学比赛

圣约翰大学与南洋公学两队的比赛于12月12日进行。听闻沪上双雄再次比赛，上海观众接踵而来，四千余人涌入圣约翰苏州河北的球场。双方延请上海公共租界警务处长白勒脱为裁判员，以示公平。比赛过程波澜不惊，两校各进一球，未分胜负②，首次在华东六大学足球联赛中战成平局。原本隔周在南洋公学球场再行比赛，却遭遇降雨，场地无法进行比赛，不得不延期至12月23日（周二）进行。结果，南洋公学借主场之势，以3∶1

---

① Fong F. Sec: Athletics: football Nanyang wins championship. *The English Student*, 1919, 5(2): 147.
② 《六大学足球比赛开始纪》，《申报》1919年12月14日，第11版。

击退圣约翰大学。①南洋公学只需击败东吴大学就可蝉联冠军（图3-2）。

图 3-2　圣约翰大学足球队（1919～1920年）
资料来源：The Football Season 1919-1920: The Varsity Football Team. *The Johannean*, 1920: 233

二、东吴大学冠军之旅

东吴大学本赛季表现极为强势，以三战全胜战绩获得锦标，令华东足球界大跌眼镜。主场与沪江大学一役，东吴大学展现出极高竞技水准，上半时攻入三球，其中，右中锋打入一粒头球，殊为精彩，东吴大学前锋线下半场再接再厉，又打进四球，以 7∶0 大比分赢得比赛。②从比赛分析来看，东吴大学前锋线体能充足，相互之间配合流畅，队员技术灵活，尤其中锋敏捷迅速，跑位飘忽不定，沪江大学防线难以招架。一场酣畅淋漓的进球大战使得到场千余名观众一饱眼福。

东吴大学在主场大胜金陵后，携两连胜的气势，对阵南洋公学。获胜者将夺得本届足球联赛锦标。从两队此前交手记录来看，东吴大学对阵南洋公学已经五连败，实力差距明显，且又客场作战，赛前一致不被看好。待比赛开始，东吴大学场上的表现却令到场的沪上球迷惊讶不已，尤其是东吴大学前锋线，五前锋个个奋勇争先，开场便连续冲击南洋阵地，南洋公学后防线疲于奔命，防备不及，让东吴大学前锋趁机攻入两球，这在双方以往比赛中难得一见。下半时，东吴大学全力防守，龟缩不出，任凭南洋公学前锋线狂轰滥炸。此时，东吴大学门将许寿鹏大显神通，高接低挡，防住南洋公学进攻，球门好似铜墙铁壁，难以打破。百密一疏，比赛结束前，东吴大学被南洋公学前锋打入一球，但为时已晚。东吴大学以 2∶1 的比分首次击败南洋公学，捧起华东六大学足球联赛奖杯。

---

① 杨恒：《本校足球编年史》，《南洋周刊》1923年第3卷第11期。
② 《沪江与东吴比赛足球纪》，《申报》1918年12月20日，第11版。

客场击败南洋公学获得锦标的消息传到东吴大学,已经入夜多时。当夜得知这一消息,东吴大学学生欢喜雀跃,即刻就推定两名学生作为代表到上海,以示慰问。球队因当天已经没有了返程列车,于是就连夜里在上海开了个庆祝会。第二天全体同学到火车站恭迎球队,学校前街上有几家商店也悬旗燃竹来庆贺队伍夺冠,整个苏州城都沸腾了,全城欢庆夺得足球锦标。东吴大学上海校友会也于夺冠后的第二天晚上,假座永安公司大东旅馆欢迎宴请得胜球员。与宴者有司马德,球队球员10人,校友会会员24人,先由全体唱校歌,入席后再由同学会主席起致祝贺词,随后,司马德指出,此次之胜利,由于球员精神上之合一,球员代表陈宝珊答谢后,全体摄影留念,在欢呼歌唱声中散会。①

胜者欢喜,败者自责。南洋公学输给从未胜过自己的对手,自是很不服气,但总结败因,却又有前车之鉴。南洋公学在比赛中轻视对手,懈怠比赛之举,已经在先前几届足球联赛中有所表现,骄者必败,南洋公学球队没有及时吸取教训。另外一个原因是,老校长唐文治因眼疾加重及学潮高涨而卸任南洋公学校长一职,这对南洋公学足球来说是一大损失。一年后,沪江大学足球崛起,足球实力不俗的复旦大学加入华东八大学。南洋公学校务更迭后,从争夺锦标转向注重学校体育的普及,足球不复一统华东大学足坛的超然地位,逐渐走向没落。

华东六大学足球联赛历经六届,至东南大学和复旦大学加入后,华东八大学足球联赛取而代之。华东六大学足球联赛是华东地区大学校际足球运动的开局阶段,实现了华东四大学足球联赛的设想,为华东八大学足球联赛在足球赛程赛制、文化等方面做了有益尝试和多方面积累。

华东六大学足球联赛开创了大学足球运动竞技制度化先河。联赛以赛季形式进行,从分区赛到分组赛,校际足球联赛不断调整赛制。考虑到圣约翰大学与南洋公学两大学的足球渊源,灵活确定两校的主客场赛制,待发现强强对话难以发生在决赛时,便把赛制调整为按照球队实力分组进行。这些做法推动了公平竞赛,保证了竞赛水平,使得各大学都能够参与足球锦标的争夺。六届比赛中,南洋公学、圣约翰大学及东吴大学分别夺得锦标,有四所大学进入到决赛争夺,如此,各大学球队得以积极训练,进而推动了足球运动的普及,吸引了更多大学参与到校际足球赛事中来。当然,华东六大学足球联赛面临诸多挑战,交通不便、战事频繁、学潮涌动都对赛事产生了不利影响,联赛安排在冬季进行,经常受到不良天气影响而不

---

① 《东吴同学会欢宴得胜球员》,《申报》1920年1月4日,第11版。

得不推迟比赛。

华东六大学足球联赛初步形成了以赛事为中心的做法。联赛能否生存持续，很大程度上依靠有竞争力、水平高的赛事。从联赛的观众数量来看，少则上千人，多则七八千人，大学足球赛事对观众的吸引可见一斑。考虑到当时学生校园生活娱乐方式较为匮乏，作为摩登事物的足球联赛，观众络绎不绝来到现场观看倒也不足为怪。然而，若赛事水平低下，比赛场面难看至极，也很难持续吸引到如此之多的观众前来观赛。赛事水平的高低是联赛能否持续良性发展的关键。华东六大学足球联赛充分调动各大学积极性，为其创造公平竞赛的环境，又通过主客场及中立场加赛的做法，把圣约翰大学与南洋公学之间的比赛打造为经典赛事，在华东地区大学之间产生了广泛的影响力，进而带动了整个联赛水平的提升。

作为华东六大学足球联赛的霸主，南洋公学足球实力之所以强盛，一个原因是学校开展足球运动较早，学校自上而下都十分重视足球运动，校长唐文治亲自动员，聘请高水平教练员，学生团体组织以各种方式来支持球队。另外一个重要原因是，南洋公学是华东六大学中唯一一所非教会大学，参加体育运动竞赛能够培育学生的爱国意识，在弱国弱民时代表现得尤为明显，赢得比赛即便无法改变落后的现实状况，但是能够培养知识精英阶层重视身体，以竞技比赛来提升爱国爱校的情感意识。南洋公学足球长期称霸华东地区大学，除了校方孜孜以求之外，其内核在于南洋公学师生的爱国主义情结。

第四章　华东八大学足球联赛

　　1920年冬，华东六大学改组为华东八大学。在此之前，新加入的南京东南大学与上海复旦大学已经参加了网球、足球、篮球和棒球校际比赛。华东八大学足球联赛于1920年开赛，至1926年结束，共进行了六届足球联赛，除了第六届因圣约翰大学"国旗事件"仅有三校参赛外，其余五届赛事规模稳定，参赛大学数均在七校以上。由于赛制采取循环赛，华东八大学足球联赛的比赛数量大大增加，六届比赛共计八十余场。这一时期，足球运动在各大学广受欢迎，加之对校际竞赛的重视，各大学足球队的水平越来越接近，对华东八大学足球联赛锦标争夺极为激烈。除第二届三校并列冠军，第四届空缺之外，其余四届足球锦标被圣约翰大学、南洋公学、沪江大学与金陵大学夺取，加上获得并列冠军的沪江大学，有五所大学加冕华东八大学足球联赛锦标。鉴于参赛大学增多，其中又有国立、私立和教会不同类型大学，为此，华东八大学成立了足球委员会来负责足球联赛的具体工作，在联赛规则制定上，形成了较为成熟的方案。其中，在足球规则制定上，需要经过执行委员会各常置委员会之同意，并与国际规则接轨，采用远东运动会规则。足球委员会明确足球联赛的规定，包括加时赛，替补球员更换，以及参赛运动员资格审查等，从而保证华东八大学足球联赛顺利进行。

　　即便如此，华东八大学足球联赛在运行过程中出现各种问题。所举办的六届足球联赛中，之江大学因校务及路途缘由，仅参赛三次；第六届足球联赛仅有金陵大学、沪江大学、东吴大学三校参加。弃权、罢赛、停赛事件时有发生，比赛常常因为各种原因而被迫取消，所谓华东八大学足球联赛，实则空有其名。造成华东大学足球联赛命运多舛的根源在于，缺乏稳定的社会环境。华东八大学的权力之争也随着"非基督教运动"而显现。正当整个校际竞赛朝向积极方向发展时，因圣约翰大学"国旗事件"，华东八大学即刻间分崩离析，足球联赛在运行六届后遗憾终止（表4-1）。

表 4-1　华东八大学足球联赛成绩一览表

届次	时间	冠军	亚军	赛制
1	1920.10～12	圣约翰大学	南洋公学	单循环
2	1921.11～12	沪江大学、南洋公学、圣约翰大学		单循环
3	1922.11～1923.01	南洋公学	复旦大学	单循环
4	1923.11～1924.01			单循环
5	1924.11～1924.12	沪江大学	南洋公学	单循环
6	1925.12	金陵大学	沪江大学	单循环

第一节　华东八大学第一届足球联赛（1920年）

华东八大学第一届足球联赛于1920年10月23日开赛，至12月22日结束。之江大学因故未参赛，比赛采取单循环赛制，每支球队需要进行六场比赛，每场比赛间隔一周，赛季共有六周。不过，各大学会根据实际需求相互协商来进行比赛，加之日程安排紧张，导致所有的参赛球队都没有踢满六场比赛（表4-2）。

表 4-2　华东八大学第一届足球联赛（1920年）成绩一览表

场次	时间	学校	地点	比分	胜者
1		沪江大学—东南大学		6∶0	沪江大学
2		沪江大学—金陵大学		3∶0	沪江大学
3	10.23	东吴大学—东南大学		2∶0	东吴大学
4	10.25	东吴大学—金陵大学		2∶0	东吴大学
5	11.13	南洋公学—复旦大学	南洋公学	3∶0	南洋公学
6	11.20	东吴大学—沪江大学		4∶3	东吴大学
7	11.27	南洋公学—圣约翰大学	南洋公学	1∶1	平
8	11.27	复旦大学—东吴大学	复旦大学	1∶0	复旦大学
9	12.03	南洋公学—东吴大学	东吴大学	2∶0	南洋公学
10	12.04	圣约翰大学—沪江大学	沪江大学	5∶3	圣约翰大学
11	12.04	南洋公学—东吴大学	东吴大学	2∶0	南洋公学
12	12.09	复旦大学—金陵大学	复旦大学	2∶0	复旦大学

续表

场次	时间	学校	地点	比分	胜者
13	12.14	圣约翰大学—金陵大学	圣约翰大学	3∶0	圣约翰大学
14	12.16	南洋公学—圣约翰大学	圣约翰大学	1∶1	平
15	12.18	南洋公学—沪江大学		10∶2	南洋公学
16	12.18	圣约翰大学—东吴大学	东吴大学	3∶1	圣约翰大学
17	12.22	圣约翰大学—南洋公学	麦根路球场	2∶1	圣约翰大学

一、复旦大学初入大学校际足坛

在尚未加入华东八大学之前，复旦大学已经对外进行足球联赛，其中不乏与华东六大学球队交手的记录，如1919年复旦大学与东吴大学进行友谊赛，结果4∶0大胜当年的华东六大学冠军[①]，实力可见一斑。不过，这毕竟是友谊赛，双方实力有所保留。华东八大学足球联赛开赛后，复旦大学即刻认识到华东各大学足球的真正水平。第一场客场对阵南洋公学，面对五年四冠的沪上霸主，比赛难度可想而知。到场观众仅数千人，南洋公学主场气势不可与他日门庭若市相比，但场上实力远超对手，下半场十五分钟内连进三球，闪电般击溃复旦大学。初登华东大学足坛，复旦大学在实力和经验方面与其他球队有所差距。好在球队能够及时总结经验得失，随后复旦大学坐镇主场迎战东吴大学的挑战，因在友谊赛时大胜对手，复旦大学球员在赛前的自信心要比对手略强。开场后便屡次攻入东吴腹地，无奈东吴大学防线扎实，复旦大学未能得分。下半场后，复旦大学强攻，球员勇气百倍，几乎呈围攻态势，后由复旦大学球员秦竞从左翼攻进一球，以1∶0小胜东吴大学。[②]复旦大学队员在比赛中展现出的拼搏进取的精神品质，令人为之振奋（图4-1、图4-2）。

二、东吴大学、金陵大学、沪江大学赛季表现

华东八大学第一届足球联赛开始之前，东吴大学信誓旦旦，试图卫冕。赛季开始后，球队却未尽如意，面临极大挑战。在轻松战胜东南大学及金陵大学后，东吴大学却在客场与复旦大学的比赛中失利，从而丧失了争冠主动权。与南洋公学一役，东吴大学唯有取胜，方才保留争冠希望。队员

---

① 涂骏声：《运动会消息》，《复旦》1920年第8期。
② 《东方八大学比赛足球消息》，《申报》1920年11月28日，第11版。

图 4-1　复旦大学足球队（1916 年）
资料来源：《复旦公学足球部摄影（民国五年上学期）》，《复旦》1916 年第 1 卷第 2 期

图 4-2　复旦大学足球队（1920～1921 年）
资料来源：《体育：足球队》，《复旦年刊》1920 年第 2 期

爆发出强烈的求胜欲，常规时间内逼平对手，终因实力不济，在加时赛时落败，彻底退出本年度华东八大学足球联赛锦标争夺。赛季结束后，东吴大学分析失利原因所在：一是因为本年度足球队整体合作的精神却不甚好，未能尽全力应对；二是比赛场场硬仗，人员不整。例如，在与圣约翰大学比赛前一天，球队队长因盲肠炎而不能出战，实力固然受损。[1]东吴大学在本届足球联赛某些场次展现出冠军水准，却因发挥不够稳定，告别锦标。东吴大学上届夺冠有如昙花一现。

---

[1]　《足球》，《东吴年刊》1921 第 1 期。

金陵大学在华东六大学时期多被忽视，即使曾有晋级决赛的经历，相关报道也寥寥无几。因地处南京，与其他五所大学相隔较远，弃赛司空见惯，受关注度低也就不足为奇。然而，等到东南大学加入后，金陵大学对华东八大学足球联赛顿时积极起来，甚至客场征战，饱受天气困扰也无弃赛之举[1]，面临伤病减员之困境时，也极力拼搏进取，球员精神风貌与先前大不相同。例如，本赛季金陵大学与复旦大学一战，虽以0∶2落败，金陵大学场上球员斗志勇猛，上半场未过半小时，金陵大学球员已有两人负伤，下半场又有三人受伤，乃由替补队员上阵，继续比赛。[2]金陵大学队员不服输、不放弃的拼搏精神令人赞叹。

沪江大学足球队（图4-3）因在上赛季一些优秀球员毕业离校，队伍在赛季初受到了严重挑战。本赛季初在教练Kelhofer的努力下，沪江成功组建了一支实力颇为强大的队伍，本赛季沪江大学虽然负多胜少，不过队伍展现出不俗的团队合作意识。除了参加华东八大学的校际足球联赛，沪江大学还与上海的一些球队进行了友谊赛（表4-3）。总的来看，沪江大学足球队本年度踢得还算不错，为下赛季成为一支更强大的球队蓄力。[3]

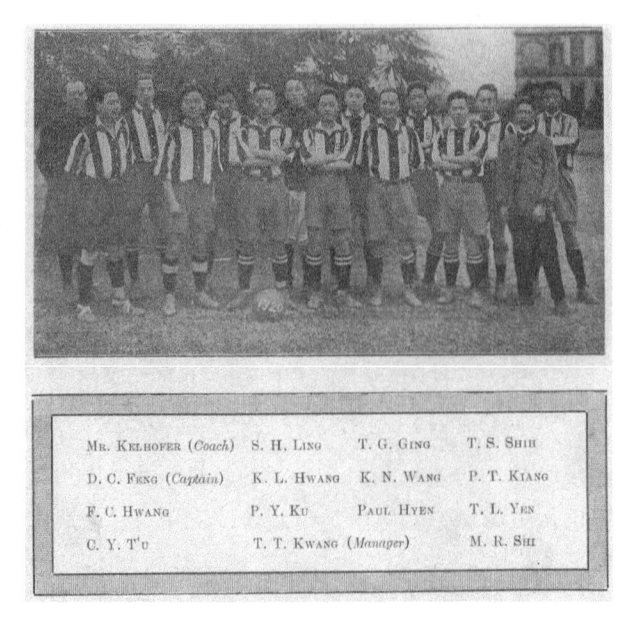

图4-3 沪江大学足球队（1920年）
资料来源：《足球队》，《沪江年刊》1921年第6期

---

[1] 《约翰与金陵赛球改期》，《申报》1920年12月7日，第11版。
[2] 《金陵与复旦赛球记》，《申报》1920年12月11日，第11版。
[3] Football season of 1920. *The Shanghai*, 1921, 6: 77.

表 4-3　沪江大学比赛（1920 年）一览表

场次	学校		比分	胜者
1	沪江大学	St. Xavier's	0：11	St. Xavier's
2	沪江大学	St. Xavier's	5：9	St. Xavier's
3	沪江大学	流浪者	3：2	沪江大学
4	沪江大学	流浪者	4：2	沪江大学
5	沪江大学	上海联合俱乐部	2：10	上海联合俱乐部
6	沪江大学	东吴大学	3：4	东吴大学
7	沪江大学	金陵大学	0：3	金陵大学
8	沪江大学	东南大学	6：0	沪江大学
9	沪江大学	圣约翰大学	3：5	圣约翰大学
10	沪江大学	南洋公学	2：10	南洋公学
11	沪江大学	震旦大学	12：0	沪江大学
12	沪江附属学校	美国学校	2：0	沪江附属学校
13	沪江附属学校	金陵附属学校	1：2	金陵附属学校
14	沪江附属学校	农业学院	1：0	沪江附属学校
15	沪江附属学校	南京高师	1：0	沪江附属学校

三、圣约翰大学冠军赛季

圣约翰大学在本届华东八大学足球联赛中，表现极为强势。时隔两年，再次夺得华东地区大学校际足球联赛冠军，第一个华东八大学足球联赛锦标对圣约翰大学来说意义重大，本届足球联赛值得大书特书。

圣约翰大学第一场比赛便是强强对话，作客南洋公学球场对阵宿敌。该场比赛吸引了四千余名观众到场。比赛于 11 月 27 日下午两点半开始，双方公请西人霍尔敦作为当值裁判员。比赛开始阶段，南洋公学积极进攻，创造出不少得分良机，几次角球都没能够转化成进球，场上得势不得分。圣约翰大学则坚持反击战术，上半场二十分钟左右，由左边锋陈忠贤攻入一球。顿时，观众台上欢呼雷动。失球之后，南洋公学随即加强进攻力度，创造出几次极佳的得分机会，圣约翰大学守门员发挥神勇，加之后卫线防守坚如磐石，南洋公学无法攻破对手的大门。此时，霍尔敦一声哨响，进入中场休息。下半场比赛哨声一起，南洋公学便疯狂围攻圣约翰大学球门，至三时五十分，经过一次娴熟的团队配合，南洋公学队员杜荣棠从右方打进一球，终于攻破圣约翰大学的城池，扳回一城。随即引得场下观众一阵喝彩。两队在余下的时间都创造了不少机会，无奈运气欠佳，没有取得进球，1∶1 握手言和。[1]客场战平对圣约翰大学来说是个不错的结果，已然处于争冠的有利位置。

圣约翰大学第二场比赛作客沪江大学球场。赛前一晚，天降大雨，致使场地积水严重，难以比赛，沪江大学便通告圣约翰大学，申请更换至沪江大学新修场地。不过，该场地要比正规足球场略小，勉强可以进行比赛，经双方商议后，比赛在沪江大学新球场进行。下午三点整，裁判员鸣哨开赛，因场地湿滑泥泞，两队队员技术难以发挥，无法组织有效进攻和防守，比赛节奏缓慢。不过，随着比赛进行，圣约翰大学队员在战术上的优势逐渐显现出来，舍弃地面进攻，采取高举高打的策略，上半场便取得三球领先。下半场开场不久后又进一球，手握四球领先优势，本以为能够轻松拿下比赛，然而场上却风云突变，沪江大学突然发力，连扳三球，逼近比分。不过，圣约翰大学还是展现出超强实力，随即又攻破沪江大学球门，最终以 5∶3 的比分赢得比赛。

一周后，圣约翰大学坐镇主场迎接南洋公学挑战，本场裁判员仍旧是霍尔敦。由于客场一平一胜，圣约翰大学队员在两回合比赛中占有优势。赛前，队员反复分析对手本场比赛的策略，认定南洋公学会以反击战术为主。比赛开始后，南洋公学却采用先入为主的战术，开场便对圣约翰大学展开狂攻。圣约翰大学队员极不适应，十五分钟内很难逾越本方半场，任凭对手压制球门前进攻。南洋公学的闪电战术随即取得效果，依靠一次右侧角球，率先打破场上僵局。支持者不顾场边童子军的阻拦，兴奋地冲进场地中，与球员欢呼雀跃，裁判员不得不吹停比赛。圣约翰大学方才缓过神来，队员没有被失球及对方肆意庆祝的场景所吓倒，反倒是展现出韧劲和勇气，有序组织进攻。携主场助威气势，圣约翰大学对南洋公学把守的球门狂轰滥炸，前锋线抓住一次得分机会，扳平了比分。支持者兴奋不已，同样也不顾童子军的再三劝阻，纷纷冲入场地与队员一起庆祝，以示回应。裁判员耗费了些许时间才把观众清出场地，比赛得以继续。下半场一开始，圣约翰大学持续对南洋公学阵地进行猛烈进攻，队员不惜体力，全场飞奔，放眼望去，满场似乎都是圣约翰大学的队员。然而，任凭圣约翰大学前锋线，无论施展个人技术能力，还是团队配合，都无法攻破南洋公学球门。南洋公学队员以守待攻，不甘示弱，在比赛最后阶段，创造了几次极佳的得分机会，也没能绝杀对手，双方握手言和。

[1] Tyau, C H. Athletic news: football. *The St. John's Echo*, 1920, 31(9): 30-37.

圣约翰大学主场迎战金陵大学是赛季第四场比赛。原本安排在 12 月 6 日，因天气原因延迟到 12 月 14 日下午两点半进行。随着比赛进程的深入，金陵大学队员逐渐体力不支，抵抗不住圣约翰大学的攻势，球门前风声鹤唳。好在金陵大学占据风向的有利优势，能够抵御住圣约翰大学接连不断的进攻，守住城池。下半场开始后，圣约翰大学则借助地形优势，完全控制了场上局面，连下三城，轻松终结比赛。

马不停蹄！圣约翰大学球队一行于 12 月 18 日拜访东吴大学。东吴大学是华东六大学足球联赛冠军，实力不容小觑。比赛过程跌宕起伏。东吴大学挟主场之利，开场十分钟即取得进球。随后，蓝黑武士①开始全面压制东吴大学，牢牢控制住球权，屡经门前轰炸，扳平比分。下半场圣约翰大学展现出强大的实力，连入两球，3∶1 逆转东吴大学。②

南洋公学击溃沪江大学后，虽比圣约翰大学少赛一场，也是全胜战绩。根据规则，两校要经过加赛一场来决出胜者。第三次"麦根路之战"应运而生（详见本书第二章内容）。圣约翰大学以 2∶1 的比分首次赢得"麦根路之战"，加冕华东八大学第一届足球联赛桂冠。

总结圣约翰大学本届足球联赛的强势表现，浓厚的足球底蕴及全校上下对夺得足球冠军的渴望，是圣约翰大学赢得华东八大学第一届足球联赛锦标的关键所在。赛季开始前，学校即刻着手召集球队候选人，进行测试选拔，建立校队大名单。③每天下午四点进行练习，球队制定专门的训练日程表，从联赛开始之初就严格执行。④圣约翰大学在足球方面的诸多措施，是取得锦标的重要保障（图 4-4）。

南洋公学今年动荡不安。首先，校长唐文治因目疾加重，于 1920 年秋电呈辞职，虽经交通部电告挽留，全校师生恳切留之，唐文治去志坚决，无从挽回。⑤失去了热爱并支持足球运动的校长，对南洋公学足球队打击甚大。其次，该年度南洋公学两度爆发学潮，波及学校的正常教学秩序。经凌竹铭代理校务，加之同学自治能力颇强，学校工作恢复如常。即便如此，学潮依旧对校务各方面的工作带来麻烦，足球队的备战工作也深受影响。多事之秋，南洋公学自然也无暇顾及校际比赛了。

---

① 因圣约翰大学足球队队服是蓝黑相间，新闻报道中常把圣约翰大学足球队员称为"蓝黑武士"。
② Tyau, C H. Athletic news: football. *The St. John's Echo*, 1920, 31(9): 30-37.
③ Tyau, C H. Athletic news: football. *The St. John's Echo*, 1920, 31(7): 43.
④ Zung, T I. News column: football season. *The St. John's Echo*, 1920, 31(7): 6.
⑤ 《校闻：校长辞职》，《南洋学报》1921 年第 3 卷第 3 期。

图 4-4 圣约翰大学足球队（1920~1921 年）
资料来源：《民国九年东方八大学足球优胜队》，《约翰声》1920 年第 31 卷第 9 期

第二节　华东八大学第二届足球联赛（1921 年）

华东八大学第二届足球联赛时间为 1921 年 11 月 17 日至 12 月 31 日，八所大学校悉数参加。因圣约翰大学与交通大学①两校在赛季开始前，球队面临诸多问题，以往两强相争的局面发生了变化。圣约翰大学方面足球队主力队员，如刁庆欢、冯建维等毕业者计五人，不免见弱；至于南洋公学，因改组为交通大学，一部分入京，一部分奔赴唐山，球队不免势力分散。其他各校，金陵大学声势赫赫，球员硕大无朋；东吴大学方面，持一度锦标之余威，亦颇不弱；沪江大学方面，崛起一隅，所向靡不望风而溃；复旦大学方面，又有所谓哼哈之将，旦夕习练，亦曾言有锦标希望。统观而言，今年校际足球联赛锦标，鹿死谁手，难以预料，可以说是华东八大学足球联赛史上未曾出现过的局面。联赛最后一役结束后，交通大学、沪江大学、圣约翰大学胜负积分相等，形成三角鼎立之势，不得不重新再赛，以定锦标得主。然而，因时间局促，华东八大学联合会仓促做出决议："将十年度锦标，由南洋、约翰、沪江平分。"②

早在赛季开始前一个月，各大学纷纷摩拳擦掌，备战新赛季，争夺足球锦标。圣约翰大学足球队于 10 月中旬集结，马德泰为队长，曾学鲁为球队管理，卜威廉教授与克列福为教练员③，厉兵秣马，勤加练习。复旦大学足球队于赛季开始前积极热身，成绩颇为可观。④第二届足球联赛首次排出

---

① 1921 年夏，南洋公学改组为交通大学。
② 杨恒：《本校足球编年史》，《南洋周刊》1923 年第 3 卷第 11 期。
③ 《约翰大学消息》，《申报》1921 年 10 月 23 日，第 14 版。
④ 《复旦大学近闻》，《申报》1921 年 12 月 12 日，第 15 版。

并公布各场次时间表，提醒各队做好赛前安排（表4-4）。

表4-4 华东八大学第二届足球联赛（1921年）成绩一览表

场次	时间	学校名称	地点	比分	胜者
1	11.17	交通大学—金陵大学	金陵大学	0∶0	平
2	11.19	交通大学—东南大学	东南大学	6∶1	交通大学
3	11.26	沪江大学—之江大学	之江大学	7∶0	沪江大学
4	11.26	圣约翰大学—金陵大学	金陵大学	1∶0	圣约翰大学
5	11.27	东吴大学—交通大学	交通大学		东吴大学
6	11.28	圣约翰大学—东南大学	东南大学	10∶0	圣约翰大学
7	12.01	东吴大学—东南大学	东吴大学	8∶0	东吴大学
8	12.03	沪江大学—东南大学	沪江大学	8∶0	沪江大学
9	12.03	圣约翰大学—交通大学	圣约翰大学	0∶0	平
10	12.03	东吴大学—金陵大学	东吴大学	2∶1	东吴大学
11	12.07	沪江大学—圣约翰大学	圣约翰大学	3∶0	沪江大学
12	12.15	复旦大学—东南大学	复旦大学	3∶0	复旦大学
13	12.17	圣约翰大学—交通大学	交通大学	2∶0	圣约翰大学
14	12.17	沪江大学—东吴大学	东吴大学	2∶0	沪江大学
15	12.17	复旦大学—金陵大学	金陵大学		平
16	12.24	复旦大学—东吴大学	未赛		
17	12.31	交通大学—沪江大学	沪江大学	3∶0	交通大学

一、复旦大学意外事件

复旦大学在本年度华东八大学各项校际竞技比赛中表现强势，获得了三项锦标，更有足球、越野赛跑及排球计五名队员代表中国参加了远东运动会。赛季开始前，足球队加紧训练，历经华东八大学第一届足球联赛的洗礼，技战术逐渐成熟，试图在本届联赛中更进一步。然而，赛季进行期间，复旦大学发生意外事件，学校爆发天花，校方不得不在12月16日封闭学校，以防传染。[1]复旦大学足球队因在15日与17日分别对阵东南大学和金陵大学，一行人员提前出发至南京，躲开了封校，甚为确幸。事实上，复旦大学足球队外出比赛之前，球员均接种牛痘，并由医生验明无病，

---

[1] Futan University football XI an explanation. *The North China Herald and Supreme Court & Consular Gazette*, 1921-12-31: 910.

方才前往南京征战。抵达南京后，球队战胜东南大学，逼平金陵大学。随后复旦大学与东吴大学约定于 12 月 24 日①赴苏比赛。不料先一日，接到东吴大学电报，仅有四字："无赛勿来"（No Game, Don't Come）。东吴大学如此回复，略显轻蔑，引发复旦大学足球队不满。显而易见，东吴大学校方担心复旦大学校内天花因比赛传染至己方，因此拒绝复旦大学球队前来。

与东吴大学比赛不成，复旦大学便与华东八大学足球联赛委员会沟通，向圣约翰大学写信约期比赛，提出在 26 日与 31 日之间比赛两场球，圣约翰大学原本回复 24 日可以比赛，后又因赛程过于紧密否决了比赛。复旦大学又提议，来年 1 月 4 日比赛，圣约翰大学方面再次拒绝。不免引起两校争执，乃在上海某西报上大打笔墨官司。由于本届比赛规则与上届相比有所变化：一所学校必须和其他学校比赛四次以上，才有可能获得锦标。复旦大学终究因为比赛次数不足，而退出锦标争夺。《复旦年刊》不无惋惜地指出，今年绝无希望，可养精蓄锐，以待来年（图 4-5）。②

图 4-5　复旦大学足球队（1921~1922 年）
资料来源：《足球队》，《复旦年刊》1922 年第 4 期

---

① 《申报》记载为 12 月 24 日，《复旦年刊》中记载是 12 月 21 日。参见《今年东方八大学之足球锦标》，《申报》1922 年 1 月 4 日，第 14 版。
② Fuh-tan Athletic Association. *The Fuh-Tan Banner*, 1922, 4: 137-138.

二、圣约翰大学与交通大学比赛

南洋公学本年度改组交通大学后，足球队实力受损，为提升竞技水平，让新队员能够快速提升技战术，赛季开始前便积极热身。例如，与上海美孚公司外国职员足球队、上海英国海军足球队、跑马厅足球队、犹太人足球队进行友谊赛，地点均在该校操场。①根据热身情况，积极调试状态，以待赛季开锣。交通大学与圣约翰大学的比赛于12月3日下午二时半在圣约翰大学球场进行，到场观众有六七千人，圣约翰大学校友莅场观看者亦有不少。②比赛进程激烈有余，双方互不相让，寸土必争，场上局面势均力敌，九十分钟内不分胜负。乃由裁判员决定，上下半场加时各十分钟，两队皆体力不支，没有取得进球，以平局收场。

主场被交通大学逼平后，圣约翰大学又以0∶3的比分完败给沪江大学，接连丢失两个主场，令人大呼意外。客场对阵交通大学的比赛被视为破釜沉舟一役，若不胜，圣约翰大学就直接退出冠军争夺。比赛于12月17日下午在交通大学球场进行，到场观众五六千人。二时许，比赛开始，交通大学主场作战，队员颇为踊跃，努力进攻，足球常常盘旋于对方球门附近，却得势不得分，前锋线被圣约翰大学后防纠缠得毫无脾气，交通大学场上队员的气势逐渐减弱。下半时，前锋线屡攻不下的急躁情绪蔓延至整队，交通大学防守稍有松懈，就被圣约翰大学连进两球。终场哨起，交通大学在主场完败于圣约翰大学（图4-6）。③

三、沪江大学崛起

沪江大学于本届足球联赛异军突起，展现出不俗实力。先是以7∶0和8∶0的大比分战胜之江大学与东南大学，尔后对阵圣约翰大学时，沪江大学全场占据优势，客场3∶0挑落圣约翰大学，令上海足球界为之一振，惊讶不已，认为颇有夺得此次锦标之希望。④随后沪江大学再接再厉，客场轻取东吴大学，连战连捷，成绩骄人。如若加冕华东大学校际足球联赛王冠，则只剩主场与交通大学一战了。

12月31日，时值除岁最后一日，交通大学足球队作客沪江大学球场，争夺本年度华东八大学足球联赛锦标。若打成平局，沪江大学即可获得本

---

① 《交通大学今明两日之球战》，《申报》1921年10月22日，第15版；《南洋操场之球战》，《申报》1921年11月12日，第15版。
② 《约翰大学消息》，《申报》1921年12月4日，第15版。
③ 《沪校及约翰校赛球志盛》，《交通大学月刊》1922年第1期。
④ 《沪江大学比赛足球之三胜》，《申报》1921年12月9日，第15版。

图 4-6　交通大学主场与圣约翰大学比赛（1922 年）

资料来源：《本会第一次照片比赛成绩之一：本校操场比赛足球之摄影》，《南洋学报》（上海），1922 年第 1 期

年度足球锦标。交通大学只有取胜，才能获得加赛机会，再图冠军。比赛当日，天阴微风，寒意顿起，到场观众不足千人。下午二时许，比赛开始，双方进攻防御表现俱佳，至上半场二十分钟后，交通大学左翼攻入沪江一球，十分钟后，交通大学冲锋，又攻进一球，后双方再无建功。裁判员鸣笛结束上半场，进入中场休息。下半场初起，沪江大学奋勇猛攻，而交通大学队员虽然个人防守技术不错，防线整体却有松动，数分钟后，交通大学因犯规被罚点球，若点球踢进，沪江大学大有追分之势。场上气氛霎时紧张起来，然而沪江大学主罚的点球角度不够刁钻，被交通大学守门员奋勇扑出，沪江大学队员大受打击，眼看追分无望，又在片刻后，被交通大学从右翼攻入一球，沪江大学以 0∶3 败下阵来[①]，输掉了与交通大学的关键一战。

沪江大学在本赛季强势崛起，使得两强争霸演变成三足鼎立，沪江大学足球的崛起源自球队长年累月地坚持训练和比赛。本赛季沪江大学足球队参加了大量的比赛，以赛代练来提升竞技水平。

四、足球锦标归属问题

由于赛程没有考虑到积分相同后如何处理，却出现了交通大学、圣约翰大学与沪江大学积分相同的局面。华东八大学足球联赛委员会先是认为："三校决不能平分此锦标、必再有三次比赛、一沪江与约翰、一约翰与南洋、一南洋与沪江、而三次比赛之地点、大约在麦根路之沪宁铁路操场、比赛

---

① 《八大学足球比赛之昨闻》，《申报》1922 年 1 月 1 日，第 15 版。

之时间、决不出旬日内。"①再进行迷你"三角赛",无疑给三大学增加了比赛负担。正当三校准备比赛之际,足球委员会又因时间紧迫,难以安排比赛,宣布三校同获得锦标。这一做法引发争执,尤其是沪江大学,抗议这一决定。②有鉴于此,华东八大学足球联赛干事部三人组织交通大学李思廉、圣约翰大学劳勃脱、东吴大学纳许于1922年1月5日开会决议,本年度足球锦标由此三校均分,讨论理由如下:"一、各校已至学期末考试阶段,因足球联赛而荒废学业,不符合八大学的理念;二、比赛时间安排过紧,三次比赛需要五到十天,难以使各大学球队劳逸均衡,有失公平;三、三次比赛若仍分胜负,又需要重新比赛,时间不足,不能再延。"③由于赛制缺陷,联合会同时商议下赛季将更改赛制,避免出现积分并列致使锦标难产的状况。

第三节　华东八大学第三届足球联赛（1922～1923年）

华东八大学第三届足球联赛开始于1922年11月18日,止于1923年1月6日,各大学悉数参赛。为避免上届三校并列锦标的尴尬局面,本届比赛方法更改为每校须与各校比赛一次,胜者得二分,平局各得一分,负者得零分,南洋大学④与圣约翰大学则依旧进行主客场比赛。⑤历经近十年的摸索,华东地区大学校际足球联赛形成了较为合理的赛事制度(表4-5)。

表4-5　华东八大学第三届足球联赛（1922～1923年）成绩一览表

场次	时间	学校名称	地点	比分	胜者
1	1922.11.18	复旦大学—东吴大学	东吴大学	2∶2	平
2	1922.11.20	沪江大学—之江大学	沪江大学	5∶0	沪江大学
3	1922.11.24	金陵大学—沪江大学	金陵大学	1∶1	平
4	1922.11.25	圣约翰大学—东吴大学	东吴大学	1∶0	圣约翰大学
5	1922.11.25	东南大学—沪江大学	东南大学	1∶0	东南大学
6	1922.12.02	南洋大学—圣约翰大学	南洋大学	1∶0	南洋大学

---

① 《今年东方八大学之足球锦标》,《申报》1922年1月4日,第14版。
② E K. Chinese football: A judgement of solomon on the championship question. *The North China Daily News*, 1922-01-09(16).
③ 《八大学足球锦标决定　南洋沪江约翰三分之》,《申报》1922年1月6日,第14～15版。
④ 1922年6月,交通大学改名为交通部南洋大学,简称南洋大学。
⑤ 《今年东方八大学之足球锦标》,《申报》1922年1月4日,第14版。

续表

场次	时间	学校名称	地点	比分	胜者
7	1922.12.02	沪江大学—东吴大学	沪江大学	2∶1	沪江大学
8	1922.12.09	复旦大学—金陵大学	复旦大学	3∶1	复旦大学
9	1922.12.09	圣约翰大学—沪江大学	沪江大学	4∶0	圣约翰大学
10	1922.12.11	金陵大学—圣约翰大学	圣约翰大学	1∶0	金陵大学
11	1922.12.16	复旦大学—东南大学	复旦大学	4∶0	复旦大学
12	1922.12.16	南洋大学—圣约翰大学	圣约翰大学	4∶1	南洋大学
13	1922.12.18	南洋大学—东南大学	南洋大学	6∶0	南洋大学
14	1922.12.23	复旦大学—圣约翰大学	圣约翰大学	1∶0	复旦大学
15	1922.12.23	南洋大学—东吴大学		东吴大学弃权	南洋大学
16	1922.12.30	南洋大学—沪江大学	南洋大学	6∶0	南洋大学
17	1923.01.06	南洋大学—复旦大学	南洋大学	3∶1	南洋大学

一、复旦大学强势表现

上赛季复旦大学因为校内发生天花事件，仅在南京比赛两场，苏州及上海各队避而远之，拒绝与之比赛，且回复态度傲慢，引发复旦学子的不满。本赛季复旦大学全校上下励精图治，球队刻苦训练，以图锦标。根据赛程，复旦大学需要比赛四场，分别对阵圣约翰大学、金陵大学、东南大学及东吴大学。首战作客东吴大学球场，与对手打成平手，在接连战胜金陵大学与东南大学后，复旦大学于12月23日分乘汽车前往梵王渡挑战圣约翰大学。下午三时许，裁判员阮志珍一声哨响，比赛开始。双方势均力敌，你来我往，互有攻守，上半场不分胜负。下半场开场未及一分钟，复旦大学由中锋王振升打入一球，梵王渡顿时鸦雀无声，圣约翰大学队员备受打击。最后十分钟，借观众呐喊助威，圣约翰大学全力狂攻，足球常在复旦大学方面，屡次逼近球门，无奈复旦大学守门员高水准发挥，拒球于门外，1∶0的比分得以保持到终场。[①] 上赛季复旦大学球队遭遇拒赛之耻，本赛季抖擞精神，大有具备竞争足球锦标的实力。值得一提的是，复旦大学足球队主力队员张锡恩于1923年夏天加入中国足球队，远赴澳大利亚各大埠比赛，常获胜利。张锡恩足球技艺尤为澳大利亚人士所鉴赏。《申报》曾言："故彼方各大公司及名人特备奖品多种，分赠我国球队及优秀

---

① 《东方大学足球比赛之一幕 复旦与约翰》，《申报》1922年12月14日，第14版。

球员，而以张君得奖为最多。"①复旦大学本赛季成绩突出，与这批竞技水平高的运动员密不可分（图4-7）。

图4-7　复旦大学足球队（1923年）
资料来源：《体育运动：足球队》，《复旦年刊》1923年第5期

二、南洋大学夺得锦标

1922年夏，交通大学重新改组，管理科迁回上海校区，改名为南洋大学，于是球队得以精神大振，生机勃发，秋季开学时，球队选出徐相、朱翘两人为管理，陈毓琳为队长。②在充实队员，理清球队管理后，南洋大学足球较上赛季更为强势。根据赛程，南洋大学本赛季第一场比赛于12月2日主场迎战圣约翰大学。适值天气晴和，围场观众不下万余人，自华东地区大学校际足球运动开展以来，从未有过如此壮观场面。两校学生皆组织啦啦队，以壮声势。军乐队锣鼓齐天，奏乐不止，倍加热闹。鉴于本场比赛的重要性，华东八大学足球联赛在遴选裁判员时，异常谨慎，免生纠纷，选请西人威尔逊作为主哨，裁判员赏罚分明，两队皆听号令。下午二时四十分，随着裁判员一声长笛，比赛开始。双方队员迅速进入状态，前锋线骁勇奋发，力谋进攻得分，而后卫线竭尽防守，力保城门不失，结果双方在球场中心你来我往，极力周旋，很难攻入对方腹地。二十分钟后，南洋大学队员因在本方区域防守时犯规，被罚任意球，此时南洋大学门前，回旋纷乱，场面颇为危险，幸有南洋大学守门员周家骐，矫悍敏捷，化险为夷，赢得场外阵阵掌声，南洋大学队员士气大振，奋力进攻。不十分钟，

---

① 《复旦大学消息并纪》，《申报》1923年12月12日，第15版。
② 杨恒：《本校足球编年史》，《南洋周刊》1923年第3卷第11期。

南洋大学进攻便取得效果，圣约翰大学防守时用手触球，被判罚任意球，罚球处距离圣约翰大学球门约五十米，南洋大学队员丁人夔主罚，只见皮球疾如鹰隼，速度奇快，圣约翰守门员措手不及，应声入网。①此后双方再无建树，南洋大学以一球小胜圣约翰大学。南洋大学足球队因日常操练勤恳，故场上球员皆敏捷无伦，尤以申国权、陈靖宇二人，技艺精湛，引发全场观众注意，叹为观止。

相隔十余天，南洋大学前往梵王渡回访圣约翰大学。下午二时，观众席上黄蓝小旗纷纷满场，欢呼声中，两队相继入场，双方啦啦队之声犹如雷动。本场比赛南洋大学锋线状态奇佳，宁树藩、李庭三、陈虞添经连续配合打入一球，南洋大学方面欢呼不已。不十分钟，李庭三、陈虞添两人配合后再度进球。下半场刚开场两分钟，李庭三便梅开二度。后因南洋大学队员犯规，被罚一球，圣约翰大学追回一分。然而，不及五分钟，南洋大学前锋线五将奋力进攻后打入一球。此后两队相持一刻钟至比赛结束，南洋大学以 4∶1 大胜圣约翰大学（图 4-8）。②

图 4-8　圣约翰大学足球队（1922～1923 年）
资料来源：Varsity football team. *The Johannean*. 1923: 204.

本年度华东八大学足球联赛锦标的最后决赛在南洋大学、复旦大学两校进行。华东八大学足球联赛委员会议决定该场比赛于 1923 年 1 月 6 日在南洋大学进行。主裁判由委员会提出三人，经双方同意，请跑马厅西人

---

① 《约翰南洋第一次比赛足球志》，《申报》1922 年 12 月 3 日，第 17 版。
② 《东方八大学足球比赛丛纪》，《申报》1922 年 12 月 17 日，第 14 版。

威尔逊担任,边裁二人,则由主裁指定与两方无关系者担任。比赛于下午二时三十分起赛,如果不分胜负,则延长二十分钟,如再不分胜负,则再延长十分钟,倘一再延时而仍胜负未分,则由华东八大学足球联赛委员会决议处理。①南洋大学终究技高一筹,上半时便两球领先,以3∶1的比分击败复旦大学,赢得本赛季华东八大学足球联赛冠军。

以往圣约翰大学、南洋大学两校相争的局面,去年已被沪江大学打破,复旦大学本赛季快速崛起,预示着足球运动在华东各大学已生根茁壮,各校实力均见提升,从此竞争更加激烈,比赛精彩纷呈。华东八大学足球联赛既有圣约翰大学与南洋大学传统强队,亦有沪江大学、复旦大学新贵,赛事安排趋于合理,影响力逐渐扩大。

第四节　华东八大学第四届足球联赛(1923~1924年)

华东八大学第四届足球联赛于1923年11月17日开哨,之江大学因校事未能参加。本届足球联赛可以说是华东地区举办大学校际足球联赛以来,规则最为混乱的一年,在赛程方面屡次引发争执,原本趋向合理的赛制出现反复。其中,争议之一是改变了单循环赛制,改由学校自己选择对手。华东八大学认为,南洋大学、圣约翰大学、复旦大学、金陵大学足球实力强劲,照章每校至少须战败四强球队中的两支(两支球队可由各校自由接洽选择)及其他两校,方合锦标手续(如有两校均战败,两支球队及其他两校,则须行最后之决赛,以定锦标)。复旦大学由于接洽过迟,与圣约翰大学、南洋大学等强队相约时均未得其同意,因南洋大学、圣约翰大学等强队锦标赛之手续已完备,无须再与复旦大学比赛,多此一举。所以复旦大学只有三校比赛,手续上未能完备。东吴大学亦有同样之困难情形。复旦大学、东吴大学特为此事,上报华东八大学足球联赛委员会商酌办法。②另一争议是赛制修改后导致锦标难产。原定1924年1月12日圣约翰大学与南洋大学的冠军争夺赛,因两校队员受伤及期末考试在即,迟迟未能比赛。后由华东八大学开会决议,本届足球联赛没有锦标。联合会此等决议与华东八大学第二届足球联赛三校并列冠军无异,有违体育精神。四届足球联赛,两次因赛制产生争执,华东八大学足球联赛委员会的组织工作任重道远。

---

① 《八大学最后之足球锦标比赛》,《申报》1923年1月3日,第15版。
② 《东方八大学足球比赛丛志:八大学足球比赛规则及日程》,《教育与人生》1923年第8期。

在各大学招生人数渐增态势下,华东八大学足球联赛委员会于 1923 年对足球参赛资格做了新的规定,凡是附属中学及预科学生不得加入。①这样,各学校多形成了两支队伍(大学、中学)。以南洋大学为例,大学队参加华东八大学足球联赛,中学队由该校张松亭联络上海各中学,组成上海中学足球联合比赛。②东八大学足球联赛委员会对参赛条件的限制客观上催生了华东地区中学生足球联赛(表 4-6)。

表 4-6　华东八大学第四届足球联赛(1923～1924 年)成绩一览表

场次	时间	学校名称	地点	比分	胜者
1	1923.11.17	东吴大学—金陵大学	金陵大学	3∶2	东吴大学
2	1923.11.19	东南大学—东吴大学	东南大学	2∶1	东南大学
3	1923.11.24	南洋大学—沪江大学	沪江大学	3∶0	南洋大学
4	1923.11.24	圣约翰大学—金陵大学	金陵大学	1∶0	圣约翰大学
5	1923.12.01	圣约翰大学—南洋大学	圣约翰大学	2∶1	圣约翰大学
6	1923.12.01	沪江大学—东吴大学	东吴大学	6∶0	沪江大学
7	1923.12.03	复旦大学—东南大学	东南大学	5∶1	复旦大学
8	1923.12.08	沪江大学—东南大学	沪江大学	7∶2	沪江大学
9	1923.12.08	复旦大学—金陵大学	金陵大学	2∶1	复旦大学
10	1923.12.10	圣约翰大学—东南大学	圣约翰大学	6∶0	圣约翰大学
11	1923.12.15	南洋大学—圣约翰大学	南洋大学	3∶0	南洋大学
12	1923.12.15	复旦大学—沪江大学	沪江大学	5∶4	复旦大学
13	1923.12.21	金陵大学—南洋大学	东南大学	1∶0	金陵大学
14	1923.12.22	圣约翰大学—沪江大学	圣约翰大学	1∶0	圣约翰大学
15	1923.12.23	南洋大学—东南大学	东南大学	3∶1	南洋大学
16	1924.01.09	南洋大学—复旦大学	麦根路球场	4∶2	南洋大学

一、复旦大学持续强势

上赛季复旦大学夺得亚军,却不在赛制所述的四支足球实力强劲球队

---

① 根据《南洋周刊》记载:"本年因八大学履行新章,凡八大学足球各比赛,各校附属中学及预科学生不得加入,吾校球队老将如云,新进辈出,从容之间,竟成大学、中学二队,旗鼓相当,无自不凡。大学队则参与八大学比赛,中学队则由本校张松亭先生联络上海各中学,组成上海中学足球联合比赛。"参见杨恒:《本校足球编年史》,《南洋周刊》1923 年第 3 卷第 11 期。

② 杨恒:《本校足球编年史》,《南洋周刊》1923 年第 3 卷第 11 期。

之中，令人惊讶。本赛季复旦大学的表现依旧强劲。客场征战南京，复旦大学以5：1的比分大胜东南大学。之后与金陵大学的比赛由麦克乐主哨，上半时开场后，复旦大学反客为主，主打进攻，约十分钟，由中锋吴炎章打进一球，球队士气大振，乘势进攻。金陵大学主场作战，在观众助威下，球员皆奋力作战，两队相持三十余分钟未有进球。中场休息后，双方互换球场。下半时双方攻守皆勇，无隙可乘。随着比赛的进行，金陵大学队员逐渐体力不支，防线稍有疏忽，便被复旦大学队员抓住，由王振声踢入一球。金陵大学队员不得不放手一搏，全力攻打复旦大学球门。比赛行将结束时，复旦大学队员王振声以为球已越界端线，在小禁区内用手触球，但裁判员出界哨声未响，结果被判罚点球，金陵大学左后卫张远西罚进一球。复旦大学以2：1的比分艰难获胜。①两校球员，均以凶勇著称，比赛过程甚为惨烈，致使一些队员比赛时受伤。

  复旦大学与沪江大学两校比赛于12月15日下午三时举行。裁判员一声哨响后，双方即展开对攻。开场不到五分钟，沪江大学后防稍有疏忽，即被复旦大学中锋吴炎章攻进一球。沪江大学队员乃奋力反攻，复旦大学屡濒于危，奋力扛住沪江大学进攻，沪江大学抓住复旦大学防线漏洞，由中锋黄叔筠打入一球，扳平比分，这时开场不到十五分钟。随即，沪江大学右翼徐焕明罚球得分，比分反超。此后，双方你来我往，都没有攻破对方球门，比分保持到上半场结束。易地而战，沪江大学队员鼓余勇力，竭力进攻，左右冲锋，联络传递，先由左内锋攻入一球，后由徐焕明打进一球，沪江大学手握三球领先优势，复旦大学气势顿然衰竭，阵型纷乱，若不是守门员身手灵敏、临危镇静的话，沪江大学锋线便可扩大比分。是时，沪江大学气势大起，进攻浪潮不减，反观复旦大学方面，大有一蹶不振之势。观众也认为复旦大学此战必败无疑。然而，足球联赛的魅力在于不可预知。眼看比赛行将结束，复旦大学中后卫王振声，抖擞精神，威势大振，抵挡住沪江大学进攻后，由中锋吴炎章凭借个人能力打进一球。又五分钟，王振声左右盘旋，先后连入两球，扳平比分。终场哨响，两队战平，不得不进入二十分钟加时赛。加时上半场，两队各不相让，互有攻守，均没有得分；加时下半场，沪江大学队员逐渐体力不支，守门员虽然极力抵抗，仍被复旦大学右冲锋潘克明用躯干撞入一球，复旦大学以5：4的比分绝杀沪江大学。②双方上演了一场惊心动魄的对攻大战，比分交替领先，常规

---

① 《复旦与沪江》，《教育与人生》1923年第10期。
② 《纪昨日本埠四大学之足球战》，《申报》1923年12月16日，第13版。

时间战成平局，加时赛方才决出胜负。比赛过程可以说是焦灼万分，跌宕起伏，荡气回肠。

二、圣约翰大学与南洋大学的表现

本赛季圣约翰大学与南洋大学的比赛，在赛程安排上，圣约翰大学先主后客，赛期相隔两周。"又两校为鼓励球员起见、均于前晚各开大会、校长主导员致勉励辞云。"[①]各项传统，均有表现。双方第一场比赛在圣约翰大学球场举行。天气不甚寒冷，风亦温和，围场观者多达五千余人。延请郁克为主裁判，两旁边裁为琼斯与伊利亚脱。南洋大学居北，圣约翰大学居南。哨笛一鸣，双方皆不相让。圣约翰大学以主场之威率先向对手发难，前十分钟球常盘旋于南洋大学方面，南洋大学虽多次受困，仍全力防守，力保城门不失。约二十分钟，圣约翰大学在左路发起进攻，猛扑对方球门，却先因手球犯规，错失良机，球被南洋大学解围至圣约翰大学方。不一分钟，圣约翰大学通过后卫线发起进攻。由右卫队员传给右内锋，然后转移至左路，左翼锋得球后即刻吊向球门前右侧区域，右翼锋拍马赶到，攻入一球。此后，南洋大学转守为攻，圣约翰大学门前虽数经危险，因守门员身段灵敏，得以拒危险之球于门外，南洋大学队员不免急躁起来。未几，圣约翰大学左翼盘球疾进，至离底线不足二十米时，起脚传中，左内锋接球射门，再得一分。休息十分钟后，易地而战，双方攻守，均能各尽其能，圣约翰大学既不能攻破南洋防守阵势，南洋大学亦无法冲散圣约翰大学后防守卫，两队相持约半小时。后南洋大学前锋并线齐进，彼此传递，打入挽回颜面一球。圣约翰大学2∶1主场告捷[②]，占据先手。若客场击败南洋大学，本年度冠军归属帐下不在话下。

南洋大学客场落败后，球队及时总结经验教训，全队鼓足士气，誓要扳回比分。双方第二场交手延请威尔逊主哨，两名边裁与第一场相同。《申报》对本场比赛有精彩报道：

  二时二十分，南洋球员鱼贯入场，均改穿V字形蓝黄色新球衣，传闻此项服装该校中学部用以战胜多校，故此次比赛穿着此衣，所以取其吉利也。最后结果果能获胜，一雪前耻亦称佳话。二时二十五分，约翰球员亦相继而至，服蓝黑条纹球衣。是时双方观者均鼓掌欢呼，以壮声势；来宾亦起踵瞻望，若以一观健儿为快者然。二时三十分，

---

① 《今日南洋与约翰比赛足球》，《申报》1923年12月1日，第15版。
② 《南洋约翰球战纪》，《申报》1923年12月2日，第14版。

比赛开始。两旁锣鼓齐鸣，声闻数里，夹以拉拉之声，尤为热闹。此种比赛，几与战争无异。前五分钟阵势平均、不分高下。至十分钟时，南洋球员以远踢法猛攻约翰球门，守门偶不经心，未能将球接住，致球落于左柱前旁，被南洋中锋在拥挤中乘势将球踢进。南洋观者欢呼助威，于是气势益壮。不二分钟，左翼梁铭浩又攻进一球。当此之时，爆竹之声起于北部高楼；锣鼓则噪于球场。三点零六分，中锋宁君攻进第三球，南洋拉拉队长延边奔跑，领导狂呼。此时情景，非亲临参观者所能猜想也。此后约翰尽力反攻，以图恢复，无如气势太衰，终难如愿。上半时结果为三与〇比。柠檬时间后，约翰球员仍能于仗败之时，坚忍奋攻。故前二十分钟，球常盘旋于南洋阵地，屡频于危。终以南洋队长周家骐君守门得法，未致失败。将了之际，局势均衡，可记者：四点一刻比赛终了，南洋以三对〇得胜。①

从本场比赛双方队员表现，南洋大学宁树藩、梁铭浩、周家骐三人球场技艺精湛，观众为之折服。圣约翰大学队员以张福星、董小培两人表现最佳，只可惜守门员临场发挥欠佳，丢了第一球，打乱了球队赛前部署，不得不采取追分策略，使得圣约翰大学在场面上较为被动。

本赛季复旦大学战绩优异，对锦标虎视眈眈。圣约翰大学、南洋大学、复旦大学三巨头分头进行，过关斩将。联赛进行到12月底，结果三校战绩相同，形成三足鼎立的局面。依照赛程，三校需要加赛决出本年度锦标。然而，赛制却起争端。

三、足球锦标难产

对于三大学谁先进行比赛，三校各持己见，僵持不下。华东八大学足球联赛委员会屡次召开会议加以讨论，仍未有定论。圣约翰大学与南洋大学皆主张与复旦大学先赛，然后再定决赛方法；而复旦大学则坚持要与南洋大学、圣约翰大学两校的优胜者比赛。由于三校无法达成共识，于是电告华东八大学体育会长龚士，以求解决方法。②在东八大学足球联赛委员会协调下，决定由南洋大学、圣约翰大学两校在收得电报后次日即先行比赛。但两校教练员得知消息后，认为时间过于局促，议定于1月9日下午在麦根路球场比赛，其他办法，亦均商定。③正当圣约翰大学与南洋大

---

① 《纪昨日本埠四大学之足球战》，《申报》1923年12月16日，第13版。
② 《八大学足球决赛之局势》，《申报》1924年1月4日，第14版。
③ 《八大学足球决赛局势之更变》，《申报》1924年1月5日，第13版。

学两校积极准备第四次"麦根路之战"时,华东八大学足球联赛组委会却更改了先前所定办法:"复旦须先与南洋比赛,以决胜负,然后优胜者再与约翰决赛,至于比赛日期,由复旦弊南洋自定,而优胜者与约翰决赛。"①南洋大学与复旦大学不得不即刻着手比赛事项。两校1月5日达成决议,定于1月9日下午二时半在麦根路球场比赛。旋即却又收到龚士电报,言南洋大学、复旦大学明日(1月6日)必须比赛。两校因时间局促,难以遵行华东八大学决议,不得不再次重申:"故必待9日始可比赛。至与约翰最后之决赛,现亦已决定于12日下午二时半,亦在麦根路球场举行云。"②

华东八大学足球联赛组委会为何反复更改原定的赛期,这成了华东八大学足球联赛史上的一桩悬案。从比赛场次上看,复旦大学与南洋大学各赛三场,圣约翰大学已经比赛五场,因此,复旦大学、南洋大学需先赛一场方才与圣约翰大学比赛场次接近。华东八大学却先让圣约翰大学与南洋大学比赛,其中原因令人费解。定例后又让南洋大学与复旦大学先赛,更是吊诡。各校为了锦标,也不断地给华东八大学施加压力。而华东八大学对比赛日期的反复更改,导致该年度足球赛事虎头蛇尾,无疾而终。

四、圣约翰大学与南洋大学比赛日期争执

南洋大学与复旦大学于1924年1月9日在麦根路球场比赛,南洋大学获胜。三天后便要对阵圣约翰大学,南洋大学球队显然不满,认为圣约翰大学以逸待劳,颇不公平。加之与复旦大学一役,南洋大学球员受伤三四人,因此,球队欲将与圣约翰大学比赛之期延后一周进行。为此,南洋大学教练员李思廉,队长周家骐,干事员袁丕烈,特地在10日晚到访圣约翰大学,与圣约翰大学教练员沈嗣良、队长、干事,以及华东八大学足球联赛委员会委员罗卜德等磋商。自晚上八时至十一时,历三小时之久,可见当时商讨之激烈。南洋大学认为,因球员与复旦大学比赛时受伤,要求与圣约翰大学比赛于下星期内举行。圣约翰大学则提出反对意见,理由有以下两点:"一)依照东方八大学体育会会长龚士博士之电,复旦南洋二校中胜利者,须在12日与约翰决赛;二)约翰于下星期二(15日)起将举行大考,凡学生在寒假大考,如有十小时学力时间不及格者,下学期即

---

① 《八大学足球决赛局势之更变》,《申报》1924年1月5日,第13版。
② 《八大学足球决赛之昨讯》,《申报》1924年1月6日,第13版。

不准到校肄业，故不愿延期。"①双方因无法达成协议，而没有形成解决方案。

次日，南洋大学特由教授李松涛与足球干事袁丕烈，代表球队，乘车赴南京与华东八大学足球联赛委员会磋商。委员会则应允将比赛延期。②最终，华东八大学会长龚士，足球委员会会长卢颂恩，委员叶雅谷，三人发函圣约翰大学与南洋大学，提出两大学足球联赛，须在1月16日或27日以前举行。然而，圣约翰大学方面坚决不允更改前定日期，指出自1月15日起，学校即须举行考试，无暇再进行比赛。故12日下午将详细实情函告足球委员会，静候解决适当之方法。③

在赛程安排上，南洋大学因连续作战，提出延期比赛情有可原。圣约翰大学因期末考试将近，顾及学生学业，不安排比赛也未尝不可。华东八大学提出的方案中，比赛虽处于期末考试期间段，但也可以进行比赛。由于此前足球联赛有并列冠军的先例，不免让人感觉圣约翰大学有畏惧南洋大学足球实力，拒绝比赛而得锦标之心。两校各执己见，因赛期而相持不下，本年度华东八大学足球联赛决赛一延再延。

为此，华东八大学体育行政会于1月30日召开特别会议，做出最后决议：本届足球联赛无锦标！理由则系依照委员会议决，圣约翰大学与南洋大学足球锦标比赛，须于1月12日举行，但南洋大学队员因与复旦大学比赛，球员被踢受伤，不能届时比赛；而圣约翰大学则因即有考试，在12日之后，不能再比，故足球委员提出本届无锦标。④一波三折的比赛日期之争告一段落。在各队均有夺冠希望的情形下，针对赛程及赛期安排上，变得相当计较，唯恐丧失了自己的权益，错失冠军，这也为联赛增加了诸多变数，导致没有锦标得主之结果，想是始料未及。

第五节 华东八大学第五届足球联赛（1924年）

华东八大学第五届足球联赛原定于1924年11月1日开始，至12月20日结束，却因受战事影响，交通阻隔，延迟至11月15日才得以正式开

---

① 《两大学足球比赛之延期》，《申报》1924年1月12日，第13版。
② 《两大学足球比赛之延期》，《申报》1924年1月12日，第13版。
③ 《约翰南洋之足球决赛问题》，《申报》1924年1月13日，第14版。
④ 《昨晚东方大学体育会开会纪》，《申报》1924年1月30日，第13版。

赛①，是华东八大学足球联赛有史以来最为短暂的赛季。本届联赛。除之江大学因故弃权外，其余七校均参加比赛。

鉴于四届赛事中有两届出现锦标争议，本届华东八大学足球联赛委员会圣约翰大学沈嗣良（委员长）、南洋大学李松涛和金陵大学叶雅谷，制定了详尽规则来尽可能地避免争议。②具体内容为："一）比赛日期：规定之比赛日期，若经双方同意，亦得更改，但须与其他比赛日期无冲突及妨碍方可，惟须在本年12月20日前完全结束，不得延长。二）比赛期限：自11月1日开始，至12月20日完毕，倘若规定期限已满，而锦标未判，须举行决赛，委员会得另定日期比赛，场地及评判员等问题，委员会亦得解决之。三）比赛地点：如去年甲在乙之球场比赛者，则今年须至甲之球场比赛，双方同意者例外。四）评判员③及球：关于比赛之各项设备及一切必须（需）之品，须归主队员负责办理，评判员由主队聘请而得客队之许可者任之。球由主队供给，其重量大小，均须合乎规则，倘双方疑为不合规者，则由评判员解决之。五）比赛时间：上下半时各四十五分钟，中间休息十分钟，十分钟再换场一次，中间概不得休息。如仍无胜负，须再延长十分钟，交换场地，继续比赛，五分钟再换场一次，中间不得休息。万一依旧不分胜负，即为和局，和局后，二校须再比赛与否，委员会得解决之。锦标比赛（即最后之比赛），倘无特殊情形，须待胜负判分而后已，不得宣告和局。六）比赛规则：所用规则，须为史巴尔亭Spalding（美国著名运动器具公司）最近出版之足球规则，但"替补员"一条除外，华东八大学对于替补员一层，绝无限制。此外，足球联合会规定每校至少需与其他六校中之五校各赛一次，方合锦标之手续，如与六校皆各赛一次，则听凭各校自便。本届比赛积分制为每胜一次得二分，无胜负各得一分，负者零分。以得分最多之一校为优胜。"④

从上述规则可以看出，七队要进行六场的单循环比赛，最大限度地避免了积分相同局面的发生。鉴于上一年度比赛日程所带来的争端，有关本年度的足球联赛之规程，华东八大学足球联赛委员会做了部分修订，从而使得本赛季在赛程上再无争端，赛事得以顺利进行。沪江大学战绩全胜，第一次独享华东八大学足球联赛锦标（表4-7）。

---

① 《八大学足球今日比赛》，《申报》1924年11月15日，第14版。
② 中华全国体育协进会：《中华全国体育协进会年刊》，上海，中华全国体育协进会，1927年，第169~170页。
③ 即裁判员。
④ 《本年大学足球队比赛之规程》，《申报》1924年11月10日，第14版。

表 4-7　华东八大学第五届足球联赛（1924年）成绩一览表

场次	时间	学校	地点	比分	胜者
1	11.15	圣约翰大学—复旦大学	复旦大学	3∶1	圣约翰大学
2	11.15	东吴大学—东南大学	东吴大学	5∶1	东吴大学
3	11.17	南洋大学—东南大学	南洋大学	2∶0	南洋大学
4	11.19	复旦大学—东南大学	复旦大学	0∶0	平
5	11.20	金陵大学—东吴大学	东吴大学	0∶0	平
6	11.20	圣约翰大学—金陵大学	圣约翰大学	4∶0	圣约翰大学
7	11.22	沪江大学—东吴大学	沪江大学	2∶0	沪江大学
8	11.24	南洋大学—金陵大学	南洋大学	2∶0	南洋大学
9	11.27	沪江大学—东南大学	东南大学	2∶1	沪江大学
10	11.28	圣约翰大学—东吴大学	东吴大学	3∶1	圣约翰大学
11	11.29	沪江大学—金陵大学	金陵大学	3∶1	沪江大学
12	11.29	复旦大学—南洋大学	复旦大学	1∶1	平
13	12.06	南洋大学—东吴大学	东吴大学	5∶1	南洋大学
14	12.06	金陵大学—东南大学	东南大学	2∶0	金陵大学
15	12.06	沪江大学—圣约翰大学	沪江大学	3∶2	沪江大学
16	12.13	沪江大学—南洋大学	南洋大学	4∶0	沪江大学
17	12.13	复旦大学—东吴大学	复旦大学	3∶2	复旦大学
18	12.20	南洋大学—圣约翰大学	中华棒球场	3∶2	南洋大学
19	12.20	沪江大学—复旦大学	复旦大学	2∶0	沪江大学

一、四校退出冠军争夺

复旦大学与圣约翰大学在复旦大学球场的比赛揭开了本届足球联赛的序幕。这是两队首次在华东八大学足球联赛上的交手，双方队员无不努力进攻，力图带走胜利。上半时不久，复旦大学后防线偶有松动，稍微不慎，被圣约翰大学右翼龚之祥攻入一球，圣约翰大学场上球势随即转盛，球员再接再厉，由中锋董小培打入第二球。复旦大学背水一战，不得不全力进攻，在上半时结束阶段攻进一球，扳回一城。中场休息后，双方重整旗鼓，为作最后决胜奋斗。无奈复旦大学场上球员实力不济，防线被打穿，圣约翰大学中锋再攻入一球。随后两队进入拉锯战，没有改变场上比分。

比赛结果3∶1，胜利属于圣约翰大学。①败走圣约翰大学后，复旦大学极图振作，坐镇主场迎接东南大学的挑战。当日天适坠雨，场地泥泞不堪，致使双方均未能尽其所长。直至规定时间终了，未分胜负。经双方同意，延长二十分钟，每十分钟互易位置，但双方仍未取得进球，比赛得以平局收场。②一负一平后，复旦大学退出了本年度锦标争夺。复旦大学在上届比赛还能与南洋大学、圣约翰大学两队相抗衡，本届联赛的成绩可谓惨不忍睹。

金陵大学、东南大学与东吴大学，在球艺上均略逊于上海各校，因此，本届足球联赛屡尝败绩。金陵大学在第一轮比赛中，分别以0∶4和0∶2的比分输给圣约翰大学与南洋大学。东南大学则首战败给南洋大学，次与复旦大学踢平，后败走沪江大学。东吴大学先以0∶2输给沪江大学，继之以1∶3败于圣约翰大学之手。③如此，金陵大学、东南大学、东吴大学三校已然无缘本年度足球锦标。四校退出冠军争夺后，锦标将在南洋大学、圣约翰大学及沪江大学中产生。三大学实力坚强，各具夺标希望。

二、沪江大学冠军之旅

本赛季沪江大学足球实力强劲，面对东吴大学、东南大学、金陵大学三大学，连战连捷，虽没有大比分取胜，但球队在场上所展现的控制能力，令人赞叹。12月6日，沪江大学坐镇主场对决圣约翰大学。下午二时半，随着西人雅谷的一声哨响，比赛开始。开场不足八分钟，圣约翰大学便遭受打击，场上大将伍纯武受伤无法坚持比赛，沪江大学乃趁圣约翰大学人员不整，心态不稳，连进两球，取得领先。后圣约翰大学稳住局面，全队努力进攻，由前锋扳回一城，上半场宣告结束。下半场沪江大学主打进攻，狂攻之下取得效果，再入一球。此后，虽然圣约翰大学依靠反击打入挽回颜面一球，却没能够翻盘成功，沪江大学以3∶2击败圣约翰大学④，豪取四连胜，从而掌握了夺冠的主动权。圣约翰大学是华东地区大学足坛的超强队伍，连年征战，可以说是非冠即亚，本赛败于沪江大学之手，若非自身实力下降，便是沪江大学已迎头赶上（图4-9）。

---

① 《八大学足球比赛志》，《申报》1924年11月16日，第14版。
② 《东方八大学足球锦标比赛消息》，《申报》1924年11月20日，第14版。
③ 《八大学足球锦标比赛消息》，《申报》1924年11月23日，第15版。
④ 《八大学足球夺标比赛消息》，《申报》1924年12月7日，第14版。

图 4-9 沪江大学与圣约翰大学比赛（1924年）
资料来源：Football season of 1924. *The Shanghai*, 1925, 10: 213.

间隔一周，沪江大学作客南洋大学。接连对阵沪上双雄，对沪江大学球员体能带来极大挑战。此前比赛，南洋大学与复旦大学 1∶1 战成平局，沪江大学在心理上略微占优。本场比赛是一场天王山之战，将决定冠军归属。倘若沪江获胜，本届足球锦标大概率属其所得。赛前，不仅两校把这场比赛视为重要之举，球队努力训练，啦啦队各团体积极动员，一般热心足球人士，亦纷纷谈论两队孰强孰弱。

12月13日，双方比赛鸣锣开赛。两大学的对决吸引了大批观众，徐汇道上，车水龙马，颇极一时之盛。前往参观者，须购券入场，分普通和特别两种，普通售小洋二角，特别售小洋四角，观者人山人海，粗略估计，当在五六千人以上。场边啦啦队皆使出浑身解数，倾全力演出，场内场外，热闹异常。下午二时四十分，西人威尔逊一声长笛，比赛开始。双方队员皆抖擞精神，各显身手。是时南洋大学方面，呼声雷动，锣鼓声、洋铁筒声、呐喊声等，霎时齐鸣，声震球场内外。啦啦队队员，均手执号筒，身穿黄蓝制服，沿边奔跑，指挥歌唱，加油助威。

沪江大学进攻甚为猛烈，开场阶段便压制住南洋大学，足球常盘旋于对手门前，南洋大学后防线虽尽力抵抗，却很难将球踢出，场面甚是被动。相持一刻钟，南洋大学将球解围出边界，沪江大学获得角球。角球开出，沪江大学左内锋黄克练抢点成功，大力头球攻门，率先取得进球，于是沪江大学气势益盛，进攻更为猛烈。此时场外甚是热闹，沪江大学欢呼助兴之男女学生，由校门鱼贯而入，听闻进球消息，无不高举小旗，喜悦若狂，一时欢呼歌唱之声，轰动全场。

南洋大学见对方进攻猛烈，气势汹涌，也不甘示弱，稳住局势，力图反攻，场上顿成相持局面至上半场结束。休息十分钟，互换阵地，继续比赛。下半场开球后，南洋大学队员甚为奋勇，全力进攻，意图扳平比分，顿时沪江大学门前风声鹤唳,南洋大学队员带球疾进,沪江大学内部空虚,已成单刀之势,至离球门附近,大力射门,球碰触球门横梁弹出,沪江大学守门员惊出一身冷汗。当时全场观众,无不为南洋大学没有把握住此次绝佳得分机会而痛惜。沪江大学逐渐稳住局势,未几便攻入对方腹地,也觅得良机。此后双方势均力敌,皆无隙可乘。南洋大学队员逐渐体力不支,气势不足,沪江大学右翼徐焕明带球长驱直入,徐焕明速度奇快,南洋大学队员无人能追赶,带球迫近端线时,传球至门前,左内锋黄克练接球调整后,冷静射门,再下一城,沪江大学队员精神益振。不数分钟,右内锋凌宪扬又打进一球,沪江大学啦啦队欢声齐起。三球落后,南洋大学仍拼力攻守,绝不稍示怯弱,也创造了不少得分机会,无奈落后太多,场上队员性急而心慌,射门把握均欠准成,要么打高,要么打偏。反观沪江大学队员,手握领先优势,精神镇定,传球精准,射门力道足、方向好。终场阶段,黄克练又进一球,上演帽子戏法。沪江大学客场4∶0大胜南洋大学(图4-10)。①

图 4-10 沪江大学与南洋大学比赛(1924 年)
资料来源:Football season of 1924. *The Shanghai*, 1925, 10: 213.

拿下天王山之战,沪江大学夺取锦标只剩与复旦大学一战。本场比赛定于 12 月 20 日在江湾复旦大学操场举行。下午二时半比赛开始。上半场开场阶段,复旦大学球势颇佳,球常在沪江大学方面,沪江大学守门员巢纪梅抵御有方,均化险为夷。正当复旦大学进攻觅得良机时,沪江大学解围球突飞至复旦大学防守的右路区域,右翼苏炳春突然倒地,防守不及,沪江大学王建言乘虚而入,打入一球。但复旦大学并不因失球而挫其威风,仍旧是高举进攻。惟后防线队员技术欠佳,防守不甚得力,上半场行将结

---

① 《八大学足球夺标比赛纪》,《申报》1924 年 12 月 14 日,第 11 版。

束时，又被沪江大学黄克练射进一球，两球领先进入半场休息。下半场双方再接再厉，势甚猛烈，至最后五分钟，复旦大学虽猛力进攻，沪江大学坚守无懈可击。复旦大学0∶2败下阵来。①沪江大学以六战全胜夺得本赛季足球锦标，继华东八大学第二届足球联赛与南洋大学、圣约翰大学并列冠军之后，首度独享足球锦标。多年为之努力，终至收获之时。

时值该年度取得上海华人足球联合会锦标的乐群队，与华东八大学新贵沪江大学相约进行比赛。两大冠军之师的对决，无异于上海华人足球界的超级决赛。乐群队球员多为以前各大学之明星，如申国权、陈虞添、吴炎章等，"经验既当、资格亦老"②。比赛于元旦下午三时在第一棒球场举行。李思廉为主裁判，沈嗣良及耆荷福为边裁，往观者三千余人。结果沪江大学以2∶1击溃乐群队，遂得全沪华人足球锦标。本赛季沪江大学足球实力超群，球员中有徐焕明、顾福元、陆钟恩、黄锦涛、黄克练五人入选沪上华人足球强队华东队③，大有一统上海足坛之势。

本赛季结束后，沪江大学同学会在北四川路海军青年会开庆祝大会，庆祝学校获得华东八大学网球、足球锦标及上海中等学校足球锦标。到会者百余人。首先，请校长祈祷，旋即聚餐，餐毕后，主席起立报告欢迎之意，继以音乐及陈庆华之演说，颇博大众欢迎，后由足球队、网球队代表起立答谢同学会，并以银盾两座相赠作为纪念。④

无论是在组织上，还是在规则制定上，本届华东八大学足球联赛臻于完善。华东地区大学校际足球运动发展至此，已然摆脱初期规则混乱不堪之境地。赛事报道、商业开发、赛事文化与影响力日渐成型。然而，正当赛事稳定发展之时，华东八大学却分崩离析，导致华东大学足坛一分为二。

第六节　华东八大学第六届足球联赛（1925年）

1925年10月，华东八大学内部出现组织危机，圣约翰大学"国旗事件"成为华东八大学分崩离析的导火索，南洋大学要求取消圣约翰大学在华东八大学中的会员资格提案被否决后，宣布退出联合会。圣约翰大学也自动停赛一年。复旦大学与东南大学因事关民族大义，学生拒不参加比赛，相继退出了华东八大学。之江大学因路途较远，于年初函请退出照准后，

---

① 《沪江获得本届八大学足球锦标》，《申报》1924年12月21日，第20版。
② 《沪江与乐群决赛本埠足球锦标纪》，《申报》1925年1月3日，第10版。
③ 《足球》，《沪江年刊》1925年第10期。
④ 《沪江大学同学会庆祝大会纪》，《申报》1925年1月3日，第10版。

参与本年度足球联赛只剩下东吴大学、金陵大学、沪江大学三校。在风雨飘摇中举办完本届足球联赛后，华东八大学宣告解散（表4-8）。

表4-8　华东八大学第六届足球联赛（1925年）成绩一览表

场次	时间	学校	地点	比分	胜者
1	11.14	东吴大学—沪江大学	东吴大学	4∶2	东吴大学
2	11.23	沪江大学—金陵大学	沪江大学	1∶0	沪江大学
3	12.05	金陵大学—东吴大学	东吴大学	1∶0	金陵大学
4	12.12	金陵大学—沪江大学	金陵大学	3∶2	金陵大学
5	12.19	沪江大学—东吴大学	沪江大学	东吴大学弃权	沪江大学

本赛季只有三校参加足球赛事，因此，比赛采取循环赛。上届冠军队伍沪江大学，本届表现不佳。赛前，沪江大学与东吴大学约定各自中学也进行足球联赛。于是，沪江附中足球队一同前往东吴大学。下午一时半，两大学中学组先行比赛，至三时半再进行大学组比赛。东吴大学虽占据主场优势，不料沪江大学来势甚猛，东吴大学不太适应对手三板斧式的打法，顿时门前风声鹤唳。东吴大学后经调整，连入两球，得以稳住局势，上半场以2∶1领先。下半场双方你来我往，又打入几粒进球，结果东吴大学以4∶2获胜。[①]败给东吴大学后，沪江大学坐镇主场迎战金陵大学的挑战。上半时沪江大学顺风，占据有利之势，前锋线配合默契，故进攻颇为猛烈。金陵大学队员防守严密，使对手无隙可乘，不过并不适应沪江大学场地，被沪江大学中锋攻入一球。下半时，金陵大学亦屡有进球机会，无奈进攻配合稍显生疏，错失良机，以0∶1败走沪江大学。[②]如此一来，使得本届最后一场金陵大学对阵东吴大学的比赛很有可能会出现三校积分相等的局面。结果东吴大学在主场输给了金陵大学，三校各一胜一负，战绩相等。经三校体育部议决，再行比赛。[③]首战由金陵大学出战东吴大学，金陵大学球队先期抵达东吴大学，准备比赛。此时，东吴大学球队内部忽然出现异见，不愿比赛，后由该校体育指导纳许正式具函，向金陵大学球队说明原委并自愿以弃权认输。[④]如此一来，本赛季的足球锦标将在金陵大学与沪

---

① 《沪江赴苏与东吴比赛足球补志》，《新闻报》1925年11月19日，第3版。
② 《华东各大学足球比赛成三角局势》，《申报》1925年11月24日，第10版。
③ 《华东各大学足球比赛成三角局势》，《申报》1925年11月24日，第10版。
④ 《华东大学体育会足球经赛消息》，《申报》1925年12月8日，第12版。

江大学之间产生。

华东八大学足球联赛锦标争夺战首次来到南京，南京各界人士莅场参观者达四五千人，颇极一时之盛。先由双方公请东南大学体育教授卢颂恩为裁判员。下午三时，开始比赛，裁判员银角一鸣，双方均勇猛前进。沪江大学前锋线配合颇为流畅，传球迅速，球员气势甚猛；金陵大学队员在场上的配合也较为娴熟，两方你来我往，打入三球，沪江大学以一球领先进入下半场。下半时金陵大学携主场助威声势猛力反攻，连进两球，转败为胜。[①]历经两轮比赛，金陵大学获得最后一届华东八大学足球联赛冠军。

第七节　华东四大学体育会足球赛

1928年5月，金陵大学、沪江大学、之江大学、东吴大学四所教会大学成立了华东四大学体育会，开展校际竞赛。华东四大学体育会仅存在四年，较为短暂。其中，足球竞赛安排在每年的10~12月进行，采用单循环的集中赛制，即在一所大学的球场进行比赛。华东四大学第一届体育会足球赛冠军为东吴大学，第二届冠军为沪江大学与金陵大学并列，第三届冠军为沪江大学（表4-9）。

表4-9　历届华东四大学体育会足球赛成绩一览表

届次	年份	比赛日期	冠军	赛制
1	1928	12.07~12.09	东吴大学	单循环
2	1929	12.27~12.30	沪江大学、金陵大学	单循环
3	1930	11.28~12.01	沪江大学	单循环

一、华东四大学第一届体育会足球赛（1928年）

华东四大学第一届体育会足球赛于1928年12月7~9日在东吴大学进行，之江大学由于本学期停办，故暂不参加比赛。[②]东吴大学、沪江大学、金陵大学三校间两两交手，决出该年度足球锦标。经过三天的较量，东吴大学以7∶0胜金陵大学，3∶2胜沪江大学，连胜两场夺得锦标

---

① 《金陵获得华东体育会足球锦标》，《新闻报》1925年12月14日，第2版。
② 《华东四大学体育会将开会》，《申报》1928年10月19日，第11版。

（表 4-10）。①时隔三年，三校再度进行足球竞赛，倍感珍惜，赛后各校队员之间纷纷交流，三支球队共同合影留念（图 4-11～图 4-13）。

表 4-10　华东四大学第一届体育会足球赛（1928 年）成绩一览表

场次	时间	学校	比分	胜者
1	12.07	东吴大学—金陵大学	7∶0	东吴大学
2	12.08	东吴大学—沪江大学	3∶2	东吴大学
3	12.09	沪江大学—金陵大学	7∶1	沪江大学

图 4-11　沪江大学足球队（1928～1929 年）
资料来源：《大学足球队》，《沪江年刊》1929 年第 14 期

图 4-12　华东三大学足球队（1928 年）
资料来源：《大学足球队》，《沪江年刊》1929 年第 14 期

① 《东吴得华东体育会足球锦标》，《申报》1928 年 12 月 9 日，第 12 版。

图 4-13　东吴大学足球队（1928 年）
资料来源：《大学足球队》，《沪江年刊》1929 年第 14 期

二、华东四大学第二届体育会足球赛（1929 年）

华东四大学第二届体育会足球赛于 1929 年 12 月 27～30 日在金陵大学举行。经过三轮循环比赛，沪江大学与金陵大学两校积分相等，没有进行加赛，两校并列冠军。[1]四天之内在同一场地比赛六场，开赛数日前，南京普降大雪，比赛当日仍旧雨雪不止。沪江大学与之江大学的揭幕战，双方队员"如作雪战，以故均未能入大逞斯，为球则匝地环旋，弗克畅然直进"[2]。中场休息时，"落汤鸡似之球员群赴体育馆取暖"[3]。比赛时雨雪不止，队员备尝艰辛。紧跟金陵大学对阵东吴大学比赛，经揭幕战两队踩踏后，场地状况已经十分恶劣，两校参赛球员身受其苦，球技难以发挥，能够完赛，实属不易。

等到两场比赛踢完，场地犹如泥地一般，已然糟糕不已，却还有四场比赛要进行。第二天鸣哨开赛时，球场积水严重，泥泞难行，严重影响了比赛进程。金陵大学与沪江大学一役，金陵大学左内锋凌远扬由半场断球后一路冲锋盘过对手数人，瞬息间单刀赴会，面对守门员，凌远扬见良机已至，用足全力在门前扫射，然而，皮球因着水太重，射出后绵软无力，被沪江大学守门员韦干贻拍出[4]，场地恶劣之状况使得比赛双方技战术难

---

[1]　《华东四大学足球赛沪江金陵并分锦标》，《申报》1930 年 1 月 1 日，第 18 版。
[2]　《四大学足球赛之第一日》，《申报》1929 年 12 月 29 日，第 11 版。
[3]　《四大学足球赛之第一日》，《申报》1929 年 12 月 29 日，第 11 版。
[4]　《华东四大学足球赛第二日大战记》，《中央日报》1929 年 12 月 29 日，第 4 版。

以发挥。

赛事进行到最后一天时已经连日雨雾，球场低洼处积水成沼，冰雪相间，湿滑非常，球员一踢一跤，泥浆周身，已然分不清场上队员属于哪支球队。球员却乐此不疲，奋身冲锋，进行了一场泥地大战。无奈皮球着水后，弹性减少，很难踢远，技战术无从发挥。为此，第一场东吴大学与沪江大学约定缩减比赛时间为二十分钟一次，分上下半场。第二场金陵大学与之江大学之战，两队约定缩短比赛时间为上下半场各三十分钟一次。历经三轮雨雪大战后，金陵大学与沪江战绩相等，各为二胜一平，积五分，并列本届华东四大学体育会足球锦标（表4-11）。

表4-11　华东四大学第二届体育会足球赛（1929年）成绩一览表

场次	时间	学校	比分	胜者
1	12.27	沪江大学—之江大学	7∶1	沪江大学
2	12.27	金陵大学—东吴大学	1∶0	金陵大学
3	12.28	之江大学—东吴大学		平
4	12.28	金陵大学—沪江大学	0∶0	平
5	12.30	金陵大学—之江大学	3∶0	金陵大学
6	12.30	沪江大学—东吴大学	2∶1	沪江大学

三、华东四大学第三届体育会足球赛（1930年）

华东四大学第三届体育会足球赛于1930年11月28日至12月1日在之江大学举行。冠军争夺战在沪江大学与之江大学之间展开。适日上午气候严寒，雪花飞舞，且金陵大学、东吴大学均因淘汰，于黎明时分奔离赛场，故下午前往观战者少于第二比赛日。下午一时一刻，裁判员一声号令，双方队员立即进入状态，互不相让，寸土必争。沪江大学队员，处处注意，步步不松，左右翼位置技战术颇占优势，无奈皮球屡次过门不入，雷声大雨点小。反观之江大学球队，防守扎实，尤以内卫陈尧圣，防守能力极强，后在中坚廖世明娴熟盘带之下，连过数人，冲锋前进，旋即传球至前卫，向沪江大学球门猛攻，沪江大学两翼亦拼力反攻。两队你来我往，好生热闹，但都没有取得进球。下半时开场后，沪江大学全体队员向前猛攻，首由沪江大学黄椒衍进一球，打破场上僵局。之江大学乃借助主场助威，加之场地之利，趁沪江大学后防空虚之时，由中卫夏宗本大力抽射得分，是时之江大学啦啦队鸣炮助威。此后双方守住阵地，再无得分机会，两队各得一分。①沪江大学两胜一平,以不败战绩夺得最后一届华东四大学体育会足球锦标(表4-12)。

表4-12 华东四大学第三届体育会足球赛(1930年)成绩一览表

场次	时间	学校	比分	胜者
1	11.28	东吴大学—之江大学	3∶2	东吴大学
2	11.28	沪江大学—金陵大学	2∶2	沪江大学
3	11.29	金陵大学—东吴大学	3∶2	金陵大学
4	11.29	金陵大学—之江大学		平
5	11.29	沪江大学—东吴大学	5∶0	沪江大学
6	12.01	沪江大学—之江大学	1∶1	平

华东八大学足球联赛是华东地区大学校际足球运动承上启下的阶段,是校际足球运动史上的巅峰。华东八大学足球联赛以竞赛为中心作为办赛理念,三种类型大学首次同场竞技,扩大了校际足球运动在地域上的传播,把足球运动的社会影响力推向了一个新高度,使足球运动在华东各大学深入人心。

华东八大学足球联赛赛事方面成就表现在:首先,比赛场次数量稳定,除第六届足球联赛外,赛事规模始终保持在十五场以上。其次,赛事安排合理,在遵循单循环赛制下,突出了圣约翰大学与南洋大学的比赛,把两校的足球联赛打造成经典赛事。再次,比赛竞争激烈。由于各大学对足球锦标的重视,华东八大学足球联赛的竞争极为激烈,六届足球锦标没有一所大学能够卫冕,这与华东六大学时期的圣约翰大学和南洋大学两强争霸,以及后续江南大学时期的暨南大学一枝独秀截然不同。最后,以赛事为中心同时注重学生的学业需求。华东八大学足球联赛为不影响学生学业,严格限定比赛日程,全部赛事要在新年之前结束,从而出现了并列锦标和无锦标的届次。

虽然华东八大学足球联赛有着成熟的章程和组织,但是它没有把大学足球在制度建设方面推向一个高度,而仅仅是在原有的基础上进行了修补,且在执行过程中遇到诸多掣肘,产生新的问题又不能及时解决。赛制上采取单循环,但执行上遇到很多困难。每一届赛事都试图对上届赛事的漏洞进行补充完善,往往事与愿违。例如,第二届规定一校必须与其他四所学

---

① 《沪江获华东四大学足球锦标》,《申报》1930年12月2日,第8版。

校比赛，才能有夺得锦标的希望，因此，每所学校不需要赛满七场，却没有考虑到积分相等后的情形如何处理。第三届开始改为每校需与他校各赛一次，第五届时又改为每校至少需与其他六校之中的任意五校各赛一次，第六场比赛与否，则听凭各校自便。此外，圣约翰大学与南洋大学的赛制又不同于其他学校，两校需比赛两次，第五届联赛时两校改为一场。由此来看，华东八大学足球联赛赛程制定随意，反复无常，以致各校在比赛中问题层出不穷：金陵大学常因与其他各校路途相距甚远而弃权；复旦大学因学生染上天花，各校惧怕传染而拒绝与之比赛。华东八大学足球联赛组委会对赛程设计不足，致使比赛强度高，因学生学业及假期缘由，甚至出现了三校并列冠军而草草收尾的决议。华东八大学足球联赛的规则制度试图解决实践中所出现的问题，建构稳定的联赛体系，却因华东八大学的分裂而没有实现。

  华东四大学体育会足球赛存在时间短，赛事影响力弱。受收回教育权运动的影响，加之教会大学注册法案的出台，教会大学在国内高等教育体系的合法性地位受到质疑，国立、私立大学的纷纷建立也对教会大学在体育领域中的主导地位带来冲击。华东四大学体育会在如此背景下能够坚持进行比赛，实属不易。虽然华东四大学体育会不在江南大学体育协会的序列，不过大学之间仍能够以足球联赛来沟通友谊。当时，两大联盟的一些学校存有足球互通往来的比赛。后因金陵大学主动加入江南大学体育协会，华东四大学体育会告一段落。东吴大学、之江大学、沪江大学也退出了华东地区大学校际竞技体育的历史舞台。

第五章　江南大学体育协会足球联赛

南洋大学、复旦大学、光华大学响应中华全国体育协进会提出的"中国事应当由中国人办"[①]，于1926年春发起成立江南大学体育协会，宣告了华东地区体育界从教会大学手中收回竞技赛事主导权。江南大学体育协会足球联赛自1926年开赛，至1936年结束，历经十年百余场次的比赛，是华东地区大学校际足球运动史上存在时间最长、比赛场次最多的联赛。江南大学体育协会足球联赛延续了华东八大学足球联赛做法的同时，进行了创新和完善，设置足球委员会来负责足球联赛的具体事务，制定了详细的联赛制度，包括赛程、赛制、分组方式、比赛场次、裁判安排等。联赛大多采取单循环赛制，并有四届比赛设置了甲乙组。参赛校上，每届联赛参赛数量不一，大多数赛季维持在五六所学校，参赛学校仅来自上海与南京地区。江南大学体育协会并不排斥教会大学参与，金陵大学于1933年加入江南大学体育协会足球联赛。锦标方面，复旦大学获得首届足球锦标，第二届三校共举奖杯，末届冠军空缺（原本光华大学获得冠军，因违规而被取消），暨南大学连续夺取八次冠军，江南大学足坛形成了一超多强竞争格局。赛事宣传方面，江南大学体育协会足球联赛是华东地区体育新闻的重点报道对象，《申报》《新闻报》《中央日报》等新闻报纸对一些重要赛事进行了全方位报道，足球新闻日渐活跃。

虽然，江南大学体育协会足球联赛有着较为完善的组织体系和赛事制度，然而在联赛运行过程中，退赛、罢赛、弃赛行为时有发生，每届联赛都会出现球场暴力事件，足球委员会通过各种惩罚手段，仍未能制止住球场暴力行为。锦标主义与球场暴力几乎绑架了江南大学足坛，加之日益动荡的社会局势和战争影响，江南大学体育协会于1936年被新成立的上海各大学体育协会取代，江南大学体育协会足球联赛至最后一届时只剩下三校参赛，在风雨飘摇中结束了历史进程。华东地区大学校际足球运动告一段落（表5-1）。

[①] 蒋湘青：《国人对于中国全国体育协进会应具有的态度》，《教育与人生》，1924年第39期。

表 5-1　江南大学体育协会足球联赛比赛成绩一览表

届次	赛季起止时间	冠军	亚军	季军	赛制
1	1926.11.13～12.30	复旦大学	暨南大学	南洋大学	单循环
2	1927.11.12～12.10	暨南大学、光华大学、南洋大学并列			单循环
3	1928.11.24～12.20	暨南大学	交通大学	光华大学	单循环
4	1929.11.16～1930.01.10.	暨南大学			单循环
5	1930.11.15～12.13	暨南大学	交通大学	光华大学	单循环
6	1931.11.28～12.09	暨南大学	交通大学		分组赛
7	1932.11.19～12.31	暨南大学	交通大学	复旦大学	单循环
8	1933.11.11～12.28	暨南大学	交通大学	复旦大学	单循环
9	1934.11.17～12.22	暨南大学	复旦大学	金陵大学、光华大学	单循环
10	1935.12.07～1936.06.06	光华大学（后被取消）	暨南大学	复旦大学	单循环

第一节　江南大学体育协会第一届足球联赛（1926年）

江南大学体育协会第一届足球联赛有六所大学参加。为保证赛事顺利进行，江南大学体育协会足球联赛委员会委员李惠堂、丁人鲲、费毓洪三人于联赛开始前，假借中华全国体育协进会办公处开会商讨比赛规则、分组、日期、记分方法、球场及比赛秩序等事项。①具体为："一）夺标法：采单循环比赛制。二）记分：胜一次两分，和局两队各得一分，负者零分。三）分组：每校加入两队，分为甲乙两组（乙组作次要运动）。四）球场：每次比赛球场，由与赛双方临时商定。五）裁判：每次比赛裁判员，经双方同意方可聘请。六）规则：采用远东运动会足球规则，准有预备员两人。七）比赛时间：甲组半场四十五分钟，乙组半场三十五分钟，甲乙组同日举行。八）开赛日期：1926年11月13日开始比赛②。九）比赛秩序：用抽签方法排定。"③根据预定赛程，比赛打五轮，每轮六支队伍分三组进行，考虑到冬季时节华东地区多雨雪，如遇到恶劣天气，则两队协商比

---

① 《江大体育会今日开足球委员会》，《新闻报》1926年10月23日，第2版。
② 彭文馀：《江南大学体育协会历届成绩报告书》，上海图书馆藏，1933年。
③ 《江大体育会足球委员会开会记》，《新闻报》1926年10月24日，第4版。

赛延后举行。①随后的几届联赛基本上延续了上述赛制安排。此外，华东八大学足球联赛组委会赛前排出轮次表，各校需按照比赛轮次进行（表5-2～表5-4）。

表5-2　江南大学体育协会第一届足球联赛甲组比赛（1926年）成绩一览表

场次	日期	学校	场地	裁判员	比分	胜者
1	11.13	复旦大学—光华大学	复旦大学	冯建维	5∶0	复旦大学
2	11.13	南洋大学—持志大学	南洋大学	周家骐	10∶0	南洋大学
3	11.13	暨南大学—中国公学	中国公学	梁官松	16∶0	暨南大学
4	11.20	暨南大学—光华大学	中华棒球场	梁玉堂	6∶2	暨南大学
5	11.20	复旦大学—持志大学	复旦大学	李惠堂	7∶2	复旦大学
6	11.20	南洋大学—中国公学	中国公学	丁人鲲	6∶1	南洋大学
7	11.27	南洋大学—光华大学	南洋大学	沈嗣良	5∶0	南洋大学
8	11.27	持志大学—中国公学	中国公学	张恒	4∶1	持志大学
9	12.03	复旦大学—中国公学	中国公学	汤武杰	9∶0	复旦大学
10	12.04	光华大学—持志大学	持志大学			
11	12.09	复旦大学—南洋大学	中华棒球场	冯建维	5∶4	复旦大学
12	12.11	光华大学—中国公学	光华大学			
13	12.25	复旦大学—暨南大学	中华棒球场	沈嗣良	4∶1	复旦大学
14	12.30	暨南大学—南洋大学	中华棒球场	梁玉堂	3∶2	暨南大学

表5-3　江南大学体育协会第一届足球联赛乙组比赛（1926年）成绩一览表

场次	日期	学校	场地	裁判员	比分	胜者
1	11.13	复旦大学—光华大学	复旦大学	冯建维	4∶0	复旦大学
2	11.20	暨南大学—光华大学	中华棒球场	张钟藩	3∶1	暨南大学
3	11.27	南洋大学—光华大学	南洋大学	周家骐	0∶0	平
4	12.20	复旦大学—南洋大学	中华棒球场	吴邦伟	1∶0	复旦大学
5	12.25	复旦大学—暨南大学	中华棒球场	蒋湘青	5∶2	复旦大学
6	12.30	南洋大学—暨南大学	中华棒球场			

---

① 《江大协会足球比赛定期开始》，《申报》1926年10月24日，第7版。

表 5-4　江南大学体育协会第一届足球联赛（1926 年）分组赛程一览表

场数	第一轮	第二轮	第三轮	第四轮	第五轮
第一场	复旦大学—光华大学	复旦大学—持志大学	复旦大学—暨南大学	复旦大学—中国公学	复旦大学—南洋大学
第二场	持志大学—南洋大学	暨南大学—光华大学	中国公学—持志大学	南洋大学—暨南大学	光华大学—中国公学
第三场	暨南大学—中国公学	中国公学—南洋大学	南洋大学—光华大学	光华大学—持志大学	持志大学—暨南大学

较之华东八大学足球联赛，江南大学体育协会足球联赛的规定变化不少。首先，比赛分为甲乙两组，甲组为夺标比赛，乙组则没有锦标争夺。其次，启用国内足球裁判员，其中包括"亚洲球王"李惠堂、体育实践家周家骐、体育理论家蒋湘青等沪上知名体育人士，都曾主哨过江南大学体育协会足球联赛。最后，赛事除延续华东八大学足球联赛合理规定之外，对一些规则解读更加明确，各校需遵守约法。即便如此，联赛过程中仍旧是问题重重。

本届参赛的六所大学中，光华大学承袭圣约翰大学的体育传统，师生对校际竞赛热情高涨；持志大学（图 5-1）刚成立不久，百废待兴；中国公学办学规模小，重在参与。[1]因此，六校中以复旦大学、南洋大学及暨南大学足球队实力相当，都有夺得锦标的实力。三大学对各自主场比赛毫不相让，组委会不得不决定：三校比赛时，选择在中立场地——中华棒球场进行，以示机会均等。[2]

一、南洋大学与复旦大学争议之战

南洋大学、复旦大学、暨南大学都有实力问鼎本赛季足球冠军。南洋大学与复旦大学率先交手，两校此前比赛均以大比分战胜对手。因此，这场比赛对双方而言，唯有取胜，方才有夺标的希望。裁判员冯建维一声哨响后，比赛开始。上半场开场仅过三分钟，南洋大学便通过前锋之间的精妙盘带配合，由左内锋沈葆昌打进一球，取得完美开局。南洋大学啦啦队

---

[1] 根据有关持志大学足球队史略一文记载："吾校各项运动多属幼稚，尤以足球为甚，足球为最普通之运动，我校不应如此不振也。良以场所缺乏，练习太迟，遂有此失。去岁中华体育协进会有足球合比赛会之组织，分甲乙二组，我校虽自知球艺逊人远甚，入乙组或可悻胜。然为增进经验起见，毅然加入甲组，胜败初非所计也。前后凡八战，仅一胜岭南体育会，余均落后。"参见《大学足球队史略》，《持志年刊》，1926 年第 1 期。
[2] 《今日南洋复旦举行江大足球夺标》，《申报》1926 年 12 月 9 日，第 8 版。

图 5-1　持志大学足球队（1926 年）
资料来源：《大学足球队史略》，《持志年刊》1926 年第 1 期

欢呼声、锣鼓声并起，一种热烈之精神，殊非笔墨所能形容。复旦大学队员不甘示弱，不到五分钟，球队依靠任意球配合，由中锋余顺章扳平比分，两队站在同一起跑线上。此后南洋大学主攻，复旦大学主防，南洋大学前锋线对复旦大学腹地频频进攻，复旦大学守门员沈永言发挥精彩，多次化解险情，力保球门不失。这一时间段的比赛进程极为惨烈，先是复旦大学黄炳坤受伤离场，后南洋大学左、右前卫金建璠、张翼藩也因伤，不得不退出比赛，两队走马换将，此时比赛尚未进行到三十分钟。随后，复旦大学稳住防守阵脚后，开始进攻，得分良机频出，无奈射术不佳，没有转化成进球。南洋大学在上半时结束前，则利用复旦大学进攻致使后防空虚的时机，通过反击战术由前锋打入一球，以 2∶1 的比分进入中场休息。

下半时一开场，复旦大学即刻猛烈围攻南洋大学球门，却被南洋大学反击得手，前锋戴麟经单枪匹马，长驱深入，射门得分，南洋大学两球领先，球员越踢越轻松，发挥技术水平的同时，也容易放松走神。反观复旦大学，球员没有因为丢球而失去信心，振作精神，继续围攻，中锋余顺章再入一球，梅开二度，追回一分。不五分钟，南洋大学再次打入一球，以 4∶2 领先。南洋大学高效的进攻使观众多以为复旦大学取胜无望。然而，距离终场结束还有十五分钟时，场上突然风云变幻，先是南洋大学送点，由复旦大学胡仁阶罚进点球，扳回一城；继而南洋大学内卫吴佐新于球门前解围，弹在复旦大学左内锋徐日琨腿上，守门员扑救不及，反射进门，复旦大学幸运扳平比分。最后五分钟，复旦大学越战越勇，南洋大学门前风声鹤唳，复旦大学大施攻击，肉搏前进，南洋大学门将周贤言奋力卧地阻挡射门，虽触碰到球，但已跃进门线，裁判员鸣笛，宣布进球有效，复旦大学绝杀南洋大学，上演惊天大逆转。这时南洋大学队员、教练员及场下支持者的心思已经不在球赛上了。

  当复旦攻入第五球后，南洋守门周贤言即执球奋至场之中心点发球处，而南洋体育主任兼足球教练丁人鲲君亦即进场，同时南洋拉拉队队长亦偕同大队学生蜂涌入场，于是秩序大乱、球赛不克进行。此时离终局约尚有四五分钟左右，至结果何即另有裁判员决定。时裁判员系双方所公请，按足球规例，双方既承认其为裁判，则其判决为正式之判决，亦即最后之判决，旁人以非球规所许，未应置喙。①

本以为是一场荡气回肠的比赛，却因南洋大学球员、教练员及观众的加入，演变成了一场闹剧，造成比赛中断。这一行为在先前的比赛中虽时有发生，裁判员还能够把控局面。这场比赛却因对判罚有异议，与裁判员争执，多数学生涌入比赛场，阻碍比赛进行，裁判员无从执行裁判职务。②对此，江南大学体育协会在持志大学特别召开执行会议，以昭郑重。江南大学六校均派教员与学生代表各一人，南洋大学丁人鲲、赵柏成，复旦大学汤武杰、黄炳坤，暨南大学梁官松、杨仿儒，光华大学秦大钧、王志圣，持志大学江道章、李祖祺，中国公学张恒，足球委员长李惠堂亦到会。③首先，江南大学体育协会主席容启兆发言，指出此次双方因比赛而生问题，殊为本会不幸。之后，南洋大学代表丁人鲲、赵柏成相继说明经过，希望重赛。复旦大学代表认为裁判员由两校请定，其判决似无否认理由。随后由其他四校代表各自发表意见。最后，会议决议四点：

  ㈠裁判员系双方同意所公请，其判决当然须绝对服从，无变更之可能。㈡抗议裁判员应于比赛后提出，方合正当手续。㈢南洋守门员不应挟球至球场中心向裁判员理论。一队中除队长外，无论何人概无向裁判员质问之资格。㈣当日南洋学生纷纷入场，扰乱秩序致碍比赛之进行，此种精神殊为不合。综合以上四点，南洋理屈，比赛结果仍应以裁判员之裁判为最后之判决，断无重赛之可言。南洋作弃权论，

---

① 《南洋复旦甲组足球赛未终局》，《申报》1926年12月10日，第8版。
② 《江大体育协会开执行委员会》，《新闻报》1926年12月11日，第4版。
③ 《南洋复旦足球赛争执问题已解决》，《申报》1926年12月13日，第8版。

全体通过。一场争端遂告解决。①

事后，江南大学体育协会致函裁判员冯建维，表明态度。②而南洋大学对这场比赛的经过和判罚有着自己的看法。南洋大学认为，复旦大学攻入第三球是越位球，对比赛的走势造成影响，复旦大学打进第五球时，"其时裁判员距离太远，误认为球已入门，宣告负球。本校方面及观众群以为殊欠公允，不愿继续比赛，遂无结果而散"③。不论如何，比赛结果不可更改。南洋大学经此一役，终于走下神坛，唐文治、李思廉二人离校对南洋大学足球发展影响甚大，虽然聘请素负大名的香港足坛功勋人物梁玉堂为名誉足球教练员，依旧无法改变南洋大学足球日渐式微的困局，未能恢复昔日荣光。螳螂捕蝉，黄雀在后，暨南大学趁机击败士气低落的南洋大学，取得第二名，一跃成为沪上足坛的劲旅（图5-2、图5-3）。

图 5-2　南洋大学足球队（1926 年）
资料来源：《南洋大学之足球队》，《图画时报》1926 年第 195 期

图 5-3　复旦大学足球队（1926 年）
资料来源：《复旦大学之足球队》，《图画时报》1926 年第 285 期

---

① 《南洋复旦足球赛争执问题已解决》，《申报》1926 年 12 月 13 日，第 8 版。
② 《江大体育协会致冯建维函》，《申报》1926 年 12 月 18 日，第 10 版。
③ 《校闻：体育消息》，《南洋旬刊》1926 年第 3 卷第 10 期。

二、复旦大学夺得锦标

复旦大学击败南洋大学后,信心大增,与暨南大学之役,事关锦标归属,两校假天文台路棒球场,大战一触即发。双方队员齐整,球艺精良,努力练习,蓄意争胜已非一日。若复旦大学胜,便可加冕本届江南大学体育协会足球联赛锦标;若暨南大学胜,则尚需与南洋大学再决一战,以分高下。赛前分析来看,两队实力,颇为均衡,谁执牛耳,不易推测,必有一番激烈竞争。鉴于复旦大学与南洋大学比赛中的争议事件,沪上媒体不无担心,"深望二队于奋斗之际,各具清正纯洁之精神以赴之"[①]。

本场对决,约有四千人前往现场观看。双方精神奋发,欢呼之声,始终不绝于耳。下午两点一刻,裁判员沈嗣良银笛一鸣,宣告比赛开始,两队队员鼓起精神与勇力,开始驰骋,双方时进时退,极少袭击之机会,十五分钟内不分高下。随即,复旦大学突然发力,暨南大学队员犯规,被罚点球,由复旦大学右翼胡仁阶主罚,却偏出球门,丧失良机。暨南大学如此幸运,颇有观众认为其有得胜希望。不料五分钟后,复旦大学胡仁阶带球疾进,深入暨南大学腹地后果断射门,暨南大学守门员奋力扑出,球刚好落在复旦大学左内锋徐日琨之前,乃趁势抢起一脚,球进落网,复旦大学取得领先。嗣后暨南大学主打进攻,中锋钟连基,运球反攻,冲过数道防线,猛力射门,被复旦大学守门员扑出,差点扳平比分。暨南大学继续围攻,复旦大学仍受包围,争战多时,复旦大学解围球至中路,反击至暨南大学球门,却被防守球员化解。不久,暨南大学亦有同样之反攻,互有危险数次,双方皆应付有方,悉能化险为夷。

下半场开始五六分钟间,双方各有进攻机会,均因守门员一再化险为夷。至十分钟时,复旦大学由左路进攻,传球到球场中部,右内锋钟俊修,快速启动抢点,巧妙地用脚后跟射门,暨南大学守门员张璞防备不及,复旦大学又进一球。此后十余分钟内,暨南大学力图反攻,无奈复旦大学防守阵型严密,而暨南大学前锋线阵型凌乱,未能得手。旋即,暨南大学获得点球机会,由右翼陈镇和主罚,扳回一城。此后时间,暨南大学求胜之心至切,传球多次失误。复旦大学抓住机会,乃由陈锦江踢角球传中,被左内锋徐日琨头球破门,梅开二度。又过八九分钟,徐日琨乘累累得胜之余威,接得后方送来之球,顺势再射中一球,上演帽子戏法。复旦大学乃以4∶1战胜暨南大学,获得江南大学体育协会足球联赛锦标。[②]

---

① 《今日暨南与复旦行足球夺标赛》,《申报》1926年12月25日,第10版。
② 《复旦昨获江大足球锦标》,《申报》1926年12月26日,第12版。

华东八大学时期，复旦大学足球虽强劲有余，但难以夺取锦标。此次以全胜战绩夺魁，球队大涨威风。一方面，虽然老将王振声、吴炎章、张锡恩都已毕业，球队后辈辈出，却也着实厉害，正所谓初生牛犊不怕虎，球队铜筋铁骨，斗志十足，配合默契；另一方面，复旦大学聘请李惠堂作为主教练员，得其指点江山，球队技战术水平进步飞速。更为重要的是，复旦大学把足球的胜利归因于复旦大学精神的体现。所谓复旦大学精神应用于比赛的时候，是指起先不露声色，持之以恒，继之以忍，及至最后的刹那，方始显出光荣的精神。[1]不过，一些复旦学子借机吹捧球队，大书特书学校足球队光荣史的同时，不乏挖苦圣约翰大学与南洋大学足球的内容。校际足球联赛成为学校之间相互攻击的把柄，体育精神在江南大学时期开始凋落。

第二节　江南大学体育协会第二届足球联赛（1927年）

江南大学体育协会第二届足球联赛只有上海地区的六所大学参加，赛事采用单循环积分。组委会在赛前拟定了比赛细则，并通告各参赛校，内容具体为："一）足球锦标自11月12日开始，每逢星期六举行，至12月10日止。二）仍分甲乙组，乙组于一点二十分开始比赛，七十分钟。甲组三点开始比赛，九十分钟。三）如遇天雨或其他不得已情形，应由主队征求客队同意延期举行。四）延期之比赛日期由双方自定，但至迟于12月24以前结束。五）比赛取分数制，胜者得二分，负者得零分，和局各得一分，如遇两队或两队以上分数相等须有决赛时，其日期地点及方法均由委员会决定。六）裁判员由主队商得客队同意后聘请。"[2]鉴于上届比赛南洋大学与复旦大学的争议事件，本赛季在裁判规定上有所改动（表5-5、表5-6）。

表5-5　江南大学体育协会第二届足球甲组比赛（1927年）成绩一览表

场次	日期	学校	场地	裁判员	比分	胜者
1	11.12	暨南大学—复旦大学	复旦大学	舒鸿	3∶1	暨南大学
2	11.12	交通大学—持志大学	交通大学	周家骐	14∶0	交通大学

---

[1] 周有蓉：《十年前的回忆》，见陈麦青、杨家润主编：《老复旦的故事》，江苏，江苏文艺出版社，1998年，第107~109页。
[2] 彭文徐：《江南大学体育协会历届成绩报告书》，上海图书馆藏，1933年。

续表

场次	日期	学校	场地	裁判员	比分	胜者
3	11.12	光华大学—中国公学	中华足球场	吴邦伟	5∶1	光华大学
4	11.19	光华大学—持志大学	光华大学		7∶1	光华大学
5	11.19	交通大学—暨南大学	交通大学	乐秀荣	3∶1	交通大学
6	11.26	持志大学—中国公学	中国公学弃权		1∶0	持志大学
7	11.26	交通大学—复旦大学	复旦大学	王复旦	3∶1	交通大学
8	12.03	暨南大学—中国公学	中国公学弃权			暨南大学
9	12.03	光华大学—交通大学	光华大学	冯家声	3∶2	光华大学
10	12.03	复旦大学—持志大学				
11	12.10	交通大学—中国公学	中国公学弃权		1∶0	交通大学
12	12.10	光华大学—复旦大学	光华大学	宋君复	6∶2	光华大学
13	12.10	暨南大学—持志大学	暨南大学			暨南大学
14	12.17	暨南大学—光华大学	暨南大学	沈嗣良	2∶0	暨南大学

表 5-6　江南大学体育协会第二届足球乙组比赛（1927 年）成绩一览表

场次	日期	学校	场地	裁判员	比分	胜者
1	11.12	复旦大学—暨南大学			1∶1	平
2	11.19	交通大学—暨南大学	交通大学			
3	11.26	交通大学—复旦大学	复旦大学			
4	11.26	暨南大学—光华大学	暨南大学	梁官松	7∶0	暨南大学
5	12.01	复旦大学—中国公学			1∶1	平
6	12.03	光华大学—交通大学	光华大学			
7	12.10	复旦大学—光华大学	光华大学		2∶1	复旦大学

　　复旦大学去岁夺冠犹如昙花一现，本赛季极速衰落，引发群雄争锋。暨南大学、交通大学和新崛起的光华大学[①]，成为竞逐足球锦标的三支劲旅。循环赛完毕后，三校均为四胜一负，积分相等。因此，组委会决议三校再行决赛，以定锦标归属，比赛采用淘汰制。按照规定，交通大学与光华大学的比赛，胜者与暨南大学争夺赛事锦标。然而，两大学在比赛结束后发生严重的暴力冲突，于是，江南大学组委会随即决定，取消该场比赛结果，本年度不再进行足球联赛，三校并列锦标。组委会如此临时更改规则做出草率决定，加之第一届赛事对球场暴力事件处罚不够严厉，引发各

---

① 赵百欢：《体育消息：暨南甲组光华甲组》，《暨南周刊》1928 年第 93～94 期。

大学对组委会权力的质疑，为后来球场暴力丛生埋下了伏笔。

一、复旦大学表现低迷

复旦大学在江南大学体育协会足球联赛开始前，参加了上海中华足球联合会的锦标赛[①]，以此演练阵容，提升士气。由于江南大学体育协会规定，隶属体协的大学球队参加沪上足球联合会比赛，与江南大学体育协会之议决案相抵触，会长容启兆亲自致函复旦大学，复旦大学方才作罢，声明退出沪上足球联合会的比赛。[②]携去年夺冠阵容，在江南大学体育协会足球联赛开始前，复旦大学实力和气势都甚为强盛，大有卫冕锦标之势。

然而，等到联赛开打后，复旦大学却接连输于暨南大学、交通大学与光华大学，令人大跌眼镜。与暨南大学比赛时，开球后不久复旦大学即获一球，取得领先。此后，暨南大学反攻甚烈，球员善于运用身体，场面火爆，几致动武，比赛曾因暨南大学球员过分举动而停赛数分钟。重新开打后，复旦大学旋即被暨南大学攻入一球，扳平比分进入中场休息。下半时，暨南大学球员场上举动仍显粗蛮，复旦大学不幸，防守队员连续以手触球被罚入两球，以1：3受挫，败下阵来。[③]复旦大学极不适应暨南大学身体流的打法。纵观全场两队表现，暨南大学前锋，尤为奋勇，配合默契，前卫前后连接，体能充沛，后卫防守坚固，对手难有乘隙之际。复旦大学亦颇不弱，人才平均，但终究不如暨南大学配合娴熟。

与交通大学的比赛，是复旦大学正名之战，两校均有沪上足球名将，交通大学戴麟经、陈虞添、周贤言，复旦大学卞凤年，左、右翼陈锦江、胡仁阶。以全队实力而言，交通大学略逊一筹。然而，即便复旦大学坐镇江湾球场，实力上占优势，却依旧没有改变球队的颓势，1：3再次败下阵来。[④]

复旦大学希望以一场胜利结束本赛季不堪回首的征战，与光华大学一役却依旧没有改变颓势，以大比分输给对手。开赛后复旦大学采用高举高打战术，光华大学防线因向阳，视线受到影响，被复旦大学陈锦江打入一球。未几，复旦大学又用同样方法，由中锋韩奎水攻进一球，取得完美开局。此后，夕阳西下，光华大学便没有光线困扰，力图反攻，先由伍纯武主罚点球，未能踢进。而右翼奚巧生得球飞奔前进，单刀赴会，扳回一城，

[①] 《体育会消息：足球队战胜乐群》，《复旦旬刊》1927年第2期。
[②] 《体育会消息：足球队退出足联会》，《复旦旬刊》1927年第3期。
[③] 《江大足球锦标赛昨日结果》，《申报》1927年11月13日，第11版。
[④] 《交大足球队三对一胜复旦》，《申报》1927年11月27日，第10版。

未几刁光辉又打入一球，辗转良久，奚巧生右路传中，左翼杨人伟球到人到，抢起一脚射门，砰然一声，球应声入网，光华大学反超比分。下半时，复旦大学队员心不在焉，体力逐渐不支，而光华大学则愈见精神抖擞，王敬琛、孙星岩又相继打入两球。后光华大学被罚点球，复旦大学叶福祥射门却被光华大学守门员王锦波卧地扑出，博得观众阵阵掌声。最后光华大学奚巧生再进一球，以6∶2大胜复旦大学。①复盘两队比赛，复旦大学全场受人压制，表现低迷，不复上赛季夺冠之勇。球队迅速滑落让人难以理解，赛季前信誓旦旦加入上海中华足球联合会的比赛，结果在江南大学足坛难得一胜，如此收场，不免让人唏嘘。

二、暨南大学与交通大学争议比赛

暨南大学上赛季首度参赛便夺得亚军，实力可见一斑，本赛季球队励精图治，厚积薄发，大有收纳锦标之势。南洋大学于1927年9月改组为交通大学，球员均系南洋大学球队健将，戴麟经、陈虞添、周贤言等技术超群，屡立奇功，名声在外。②两校对阵，引发上海足球界的广泛关注。该场比赛关系到江南大学体育协会足球联赛锦标归属，龙争虎斗之战必激烈至极。然而，比赛中又出现对当值主裁判员判罚之不满情绪，暨南大学学生竟向裁判员乐秀荣施以暴力手段，最后由裁判员宣告暨南大学弃权，交通大学获胜。后经江南大学体育协会决议，由暨南大学当局具函向裁判员乐秀荣道歉，并停止暨南大学行凶球员在江南大学体育协会各种运动比赛一年，此场纠纷始告一段落。③华东地区大学足球联赛史上，第一次因球场暴力而未能完赛。针对球场暴力，《沪江周刊》不无感慨地评论道："按本届足球联赛，开始至今，不下六七十次，发生此不幸之事，盖以昨日为第一次，从此为裁判员者，又将寒心，抑亦运动道德，未为运动者重视之遗憾也。"④

三、光华大学崛起

光华大学在去年足球赛季，除战胜持志大学与中国公学外，其余比赛都以失败告终。队长伍纯武认为有以下三个方面的原因：第一，队员没有机会练习，队员中每逢赛前患病，致不能全力出战；第二，比赛之前，没

---

① 《光华足球队昨胜复旦》，《申报》1927年12月11日，第11版。
② 《本星期六交大与暨南赛足球》，《申报》1927年11月16日，第8版。
③ 《江大体协会执行委员会议纪》，《申报》1927年11月25日，第7版。
④ 《体育消息：交大暨南足球赛无结果 中途发生问题》，《暨南周刊》，1927年第9期。

有场地练习，学校盖因校务繁忙，忽视球队十余次的场地请求，待到赛前，才借得林肯路旁地十余亩作为练习球场；第三，同学热心不够，球队没有同学的鼓励，也难增加练习的兴趣。①为了在本赛季能有所突破，联赛前一个月，光华大学就组建新赛季的甲乙两组两支球队。每日下午四时后，必至球场练习，并由球队指导员容启兆，教练员董小培、王复旦悉心指导。②赛季开始后，光华大学得以迅速进入状态，接连获胜。

光华大学对阵交通大学的比赛，决定了本赛季冠军的走向。交通大学足球队初曾打败持志大学，继则胜暨南大学，而顽强的复旦大学球队，亦受挫于交通大学，踪迹所至，所向披靡，诚有称霸江南大学之势。与光华大学一役，交通大学打平即可夺冠，心态上已然占据优势，加之今年两校友谊赛，交通大学以7∶3大比分获胜，当时观者，莫不以为今年江南大学体育协会足球联赛锦标必归交通大学。

比赛一开场，交通大学优势明显，前锋配合默契，约十分钟光景，光华大学即被陈虞添射入一球。观众倒不在意光华大学这么快就失球，而是感叹交通大学进球如此易如反掌。约十分钟后，皮球自左侧飞过交通大学球门向右侧，光华大学右翼奚巧生，快速插上，抬脚就是射门，球应声入网，扳平比分。下半时一开场，光华大学突然发力，球员奋勇进攻，交通大学门前风声鹤唳，光华大学右内锋孙星岩射入一球，反超比分。后交通大学曾一度反攻，却因光华大学防线坚固，未能得分，皮球忽又转向交通大学门前，光华大学前锋骁勇异常，又在人丛中冲进一球。交通大学屡次受压，未能得反攻之机，至比赛告终前十分钟左右，乃鼓其余勇，作背水一战，左内锋沈宝昌攻入对手挽回颜面一球③，光华大学以3∶2的比分翻盘成功。

交通大学败于光华大学，出人意料。交通大学健将戴麟经、陈虞添、周贤言等，均属一时之秀，无有出其右者，而昨日却难以施展所长，完全被光华大学压制。更有沪上球评人士指出，交通大学之败有因可循："一言以蔽之，在于轻敌。在昔与暨南未交锋前，天色方曙，晨光熹微中，吾人早见南洋十数健儿，奔驰于球场矣。比夫暨南复旦既胜，球场之踪迹亦遂稀，例当举行之预祝大会，至光华而亦废，其他若啦啦队之热度，亦由沸而温，由温而冰，盖大多数之意，以为南洋之胜，左券可操，初无需乎

---

① 伍纯武：《光华大学足球队解释》，《光华年刊》，1927年第2期。
② 《光华足球队甲乙组成立》，《新闻报》1927年10月24日，第2版。
③ 《光华足球以三对二胜交大》，《申报》1927年12月4日，第10版。

张扬也。士气既骄,人心复懈,盖以球场之简陋,光华之勇猛,南洋遂不得不败矣。"①这场比赛对交通大学打击甚大。光华大学是由圣约翰大学的爱国师生离校而建,教练员董小培亦是圣约翰大学足球名宿。因此光华大学与交通大学的比赛,某种程度上是圣约翰大学与南洋大学足球对抗赛的延续。此次落败,交通大学球员及支持者的失落心情可想而知。

四、三校之战因暴力事件取消

暨南大学、光华大学、交通大学互有胜负,遂成三足鼎立之势,江南大学体育协会足球联赛委员会于是开会决议,三校用淘汰制再行决赛,以定本届锦标。②首战光华大学与交通大学,于 12 月 24 日在中华棒球场举行,裁判员为沈嗣良,边裁为容启兆、周家骐。双方各具锣鼓啦啦队,锦旗招展,到场观众有两三千人,盛况空前。一番比拼,双方 2∶2 战平,比赛过程中裁判员处罚适宜。然而,赛后却发生了暴力事件。③江南大学执委会开会议决,取消重赛,维持暨南大学、光华大学、交通大学三队并列冠军,以防再次发生球场暴力事件。江南大学体育协会足球联赛委员会判决光华大学停止参加江南大学体育协会各项运动比赛半年,并增订两条规则以规范球场行为。光华大学则自请处分,退出江南大学体育协会一年。④光华大学足球备受打击,自此一蹶不振(图 5-4、图 5-5)。

图 5-4　光华大学足球队甲组(1927 年)
资料来源:《足球队甲组》,《光华年刊》,1928 年第 1 期

---

① 志政:《江大球话》,《申报》1927 年 12 月 11 日,第 17 版。
② 《江大足球锦标将决赛》,《申报》1927 年 12 月 21 日,第 10 版。
③ 有关事件详情见本书第八章第二节内容。
④ 《江大执委会议纪》,《申报》1928 年 3 月 10 日,第 11 版。

图 5-5　光华大学足球队乙组（1927 年）
资料来源：《足球队乙组》，《光华年刊》，1928 年第 1 期

第三节　江南大学体育协会第三届足球联赛
（1928 年）

复旦大学由于上届与持志大学篮球比赛发生球场暴力事件[①]，被江南大学体育协会禁赛本年度所有赛事。持志大学弃权，江南大学体育协会第三届足球联赛仅有四校（交通大学、光华大学、中国公学与暨南大学）参加。比赛自 11 月 24 日开始，至 12 月 22 日结束。暨南大学以全胜战绩夺得锦标，开启了对江南大学体育协会足球联赛锦标的垄断历程（表 5-7、表 5-8）。

表 5-7　江南大学体育协会第三届足球甲组比赛（1928 年）成绩一览表

场次	日期	学校	场地	裁判员	比分	胜者
1	11.24	中国公学—持志大学	持志大学		1：0	中国公学
2	11.24	暨南大学—光华大学	光华大学	宋君复	4：1	暨南大学
3	12.01	光华大学—中国公学	中国公学		10：1	光华大学
4	12.01	交通大学—持志大学	持志大学		1：0	交通大学
5	12.08	交通大学—中国公学	中国公学	黄文建	4：1	交通大学
6	12.08	暨南大学—持志大学	持志大学		1：0	暨南大学
7	12.15	暨南大学—中国公学	暨南大学			暨南大学

---

① 《复旦实行退出江大体育会》，《新闻报》1928 年 4 月 3 日，第 3 版。

续表

场次	日期	学校	场地	裁判员	比分	胜者
8	12.15	交通大学—光华大学	交通大学	李惠堂	5∶0	交通大学
9	12.20	暨南大学—交通大学	暨南大学	李惠堂	7∶1	暨南大学
10	12.22	光华大学—持志大学	持志大学		1∶0	光华大学

表 5-8　江南大学体育协会第三届足球乙组比赛（1928 年）成绩一览表

场次	日期	学校	场地	裁判员	比分	胜者
1	11.24	暨南大学—光华大学	光华大学球场		6∶0[①]	暨南大学
2	12.15	交通大学—光华大学	交通大学	余衡之	4∶0	交通大学
3	12.20	暨南大学—交通大学	暨南大学	蒋湘青	2∶0	暨南大学

一、交通大学复仇之战

交通大学与光华大学两大学交锋前夕，交通大学校方特准放假一天，誓师预祝胜利来临，盛况一时。双方组织啦啦队、锣鼓队，形形色色之助威动作，无奇不有，以致素称僻静的徐家汇，顿成热闹之地。[②]锣鼓喧天，爆竹连连，遐迩皆闻，为激烈比赛在赛前增添一番趣味。

双方队员列队出场，天气北风怒号，气候严寒，然而队员擦掌磨拳，雄赳赳，气昂昂，毫不气馁。随着裁判员李惠堂银笛一鸣，宣布比赛开始，霎时间球场两旁金鼓齐鸣，欢声雷动。两队摆开阵势，光华大学带球进攻，却被交通大学抢断成功，两三下简单传递，皮球已在光华大学门前，险象丛生，光华大学极力周旋，两队相持不下有十分钟之久。交通大学右翼卢济沧带球前进，挑传中央，被光华大学守卫俞佩恩解围至右路，卢济沧得而传中，左内锋龚以斌见机赶上，猛然一脚，破网而入。光华大学守门员王镜波，因注意力集中在右路，不料球突然自左路射来，即待挽救，奈地上泥滑，束手无策。于是，交通大学球势益盛，前锋出没敌阵，纵横无阻，只见戴麟经匹马单枪，一路盘带，有如飞将军之破空而下，如入无人之境，远射一球，应声入网。光华大学见机不佳，极力反攻，右翼奚巧生因被陈

[①]《校闻：本届足球部报告进行状况》，《暨南周刊》1929 年第 4 卷第 8 期。
[②]《交大足球队全胜光华》，《新闻报》1928 年 12 月 16 日，第 19 版。

璞严防死守，技艺施展不得，乃从中路进攻，孙星岩传球至门前，交通大学守门员周贤言脚下一滑，身先扑地，左翼杨人伟拍马赶上，随即射门，交通大学内卫王恭琛将球解围踢出后，陈虞添衔枚疾走，起脚打门，交通大学再入一球，上半场三球领先。下半场交通大学乘胜进攻，锐不可当。陈虞添梅开二度，戴麟经锦上添花，结果，交通大学以5∶0大胜光华大学。①

从本场比赛来看，交通大学在各个位置上实力均衡，攻守咸宜，前锋戴麟经与陈虞添，沙场老将，矫健无匹，右翼卢济沧，虽籍籍无名，但场上技术运用在上海足坛却不多见。光华大学头重脚轻，前锋实力可观，后防线问题颇多，尤其是守门员，其中的四个失球与之有关，或接而滑入，或踢而失足，守门员的低级失误引起观众席上阵阵喧哗。比赛结束后，光华大学数百名学生及球员出场返校，途经交通大学门口，交通大学数百学生，各执锣鼓、面盆、洋油箱等加以爆竹之声，欢送光华大学学生出校，一时声震云霄，好在没有酿成意外之事。

二、交通大学与暨南大学锦标争夺战

暨南大学坐镇主场对阵交通大学，沪上有足球迷者，不劳跋涉，乘车往观。此场比赛，胜者可夺得锦标，故交通大学学生教职员均全体前往客场为球队助威，附小学生与校工，也都随同出发，特由沪杭路在徐家汇站开专车三辆，运送队伍，再转乘沪宁铁路到暨南大学。真茹路上熙来攘往，成群结队，首尾相援，人头如蚁，争先恐后，如泉涌至。六七千观众把暨南大学球场团团围住，水泄不通。锣鼓喧嚣，爆竹噼啪，极盛一时。女子啦啦队绕场且行且歌，而莺声燕语，满园春色，观众为之神往。

为便利各报记者起见，比赛特设记者席。《时事新报》《新闻报》《申报》都对本场比赛进行了报道。其中，《申报》报道极尽详细，成为体育新闻报道的范本，内容如下：

  梅洪宝首建奇功　占图之下，暨南得先开球权。裁判员李惠堂动员令下，暨南即趋球进攻，盘旋交大区内，声势雄壮，交大为之一惊。陈镇和得球挑前，交大内卫失足，陈镇和陈家球锋涌而上，球（被）守门周贤言拍出左方。左翼梅洪宝见机火迅奔前，飞起一腿，球已破网而入。首建奇功，万众欢呼，如颠如狂，离开赛时仅三分钟耳。

---

① 《交大足球队胜光华》，《申报》1928年12月16日，第17版。

周贤言挽救危局 暨南获球之速，为观众意料不及。而老南洋何肯示弱，费福煦带球趋入，暨南门前忽现危险之状。内卫名将冯运佑确处之泰然，酿成角球，费挑送极送，卒被救出。梅洪宝得而一脚传中，交大门前忽现不安之状。梅踢角球，挑送极佳，落点适当。暨南前锋如潮涌进，周贤言在人丛中挽回残局。一波方去，一波又起。暨南又大兵侵入，梅洪宝二次角球，陈镇和猛力打门，虽未命中，然交大已饱受虚惊矣。

姜太公暗中帮忙 交大前卫陈璞在中线送球对方，越过众将，球在门前落下，为状至险，暨南守门梁官濂，打而失手，球落地弹回，越横木而过，暨南不负此球，可谓幸矣。暨南有好奇心者预先架电影界滑稽大王罗克之像，于球门之旁，言具"姜太公在此"之字样，谑者云。暨南有姜太公暗中帮忙，故球不能进，一笑，上半时结果，暨南乃以一对零胜。

周贤言名不虚传 观上半时之局势，暨南球势颇盛。交大区内踪迹不脱。交大前锋戴麟经陈虞添等被暨南前锋庄世鸿林贵澄等所监视，竟使英雄无用武之地。暨南梅洪宝之角球、三前锋之冲锋，交大内卫实防御为难，若非周贤言活泼之身手、敏锐之目光，声东击西、挽救残局，则所负奚止于此。

小黑炭毕竟利害 陈镇和面目黧黑，幸力顾大，奔跑迅速，冲锋守卫，无不专精。在沪上足球界中，固负名已久。提起"小黑炭"三字、莫不知为陈镇和；而提起陈镇和，则无有不晓得他的利害。在下半时开始后，数分钟间即被攻入一球，不五分钟又得陈秉祥之助，头顶入一球，乃成三与零之比，交大竟一蹶不振，前锋极难活动，观者无不咄咄称怪也。

天落馒头竟获一球 交大忽然得势，率重兵侵入，由右路而上。卢济沧踢任意球，一脚送到暨南门前；左翼费福煦身处门前，在无意之中球忽落在费之头上。事有凑巧，竟弹入网中。暨南内卫相顾失色，罔知所措，观众哄然，叹为奇事。

小黑炭连中三元 暨南前卫林贵澄送球门前，周贤言托出，陈镇和已逼近周贤言身旁，乘其不备，头顶而入。未几，符和萱在左角底线传中，陈镇和赶上几步，又顶入网中。暨南连获数球，声势益壮；交大则意见不支。陈镇和远射一球，低而急，周贤言扑地援救，奈球已入网矣。

定胜负暨南得锦标 先败暨南已攻入六球，交大仅获一球。胜负之分固在意中，但最后暨南杨保森得梅洪宝之助，造成七比一，得最后结果，夺得锦标。[1]

即使在当下大学竞技比赛中，也很难有对比赛过程如此详尽的足球新闻报道。通观全场，暨南大学球艺精湛，前锋线五人虽身材不高，却甚是勇敢，中卫线坚若磐石，盯人能力强，交通大学前锋受其严密监视，身手难展，尤其是内卫冯运佑，顾及四面之对手，堪称上将。交通大学足球队则良莠不齐，整体不如暨南大学。历经三载，暨南大学首次独得江南大学体育协会足球联赛锦标，举校欢庆。先是学校发布校长布告，全校放假一天，以表庆祝[2]，后有学校组织的各种游行庆祝活动。

第四节　江南大学体育协会第四届足球联赛（1929年）

持志大学上届弃权后，本届比赛复入江南大学体育协会，因球队人员不整，只能参加乙组比赛。复旦大学虽然禁赛期满，但亦决定放弃本年度足球赛事。南京中央大学和上海大夏大学新加入江南大学体育协会，大夏大学编入乙组足球联赛。这样足球甲组有五支球队，即暨南大学、交通大学、光华大学、中国公学及中央大学，乙组则有七支队伍，即暨南大学、交通大学、光华大学、中国公学、中央大学、持志大学及大夏大学。本届规则安排如下："一）每校可加入甲乙两组（两个锦标）。二）比赛日期自1929年11月16日起，迟至1930年1月4日结束。三）比赛制度：采取单循环计分制，得分最多者获锦标。四）计分：胜队计两分，和队各得一分，负得零分。五）比赛地点：去年为主队者，今年为客队。六）起赛时间：乙组定一时半起赛，甲组定三时起赛。七）比赛时间：乙组以三十五分钟为半场，甲组以四十五分钟为半场。八）裁判员：由主队聘请，须客队同意。九）延期赛，如遇天雨及特别情形，须由主队通知客队得其同意后方可，惟须在1月4日补赛完毕。十）分数相等：如遇结果分数相等，则再赛一次，并须在公共场地举行。十一）南京中央大学与上海六大学比赛之地点由抽签决定，结果计有暨南、交大、大夏三校奔赴南京与之比

---

[1]　《暨南得江大足球锦标》，《申报》1928年12月21日，第10版。
[2]　《校长布告：142号》，《暨南周刊》1929年第5卷第2期。

赛。"①如表 5-9、表 5-10 所示。

表 5-9　江南大学体育协会第四届足球甲组比赛（1929 年）成绩一览表

场次	日期	学校	场地	裁判员	比分	胜者
1	11.16	暨南大学—中国公学	暨南大学	吴炎章	12∶0	暨南大学
2	11.18	交通大学—中央大学	中央大学	Slud	3∶2	交通大学
3	11.21	大夏大学—中央大学	中央大学			
4	11.23	交通大学—光华大学	光华大学	李惠堂	5∶1	交通大学
5	11.28	中央大学—中国公学	中国公学	王建吾	1∶1	平
6	11.30	暨南大学—交通大学	交通大学	袁良初	2∶1	暨南大学
7	11.30	中央大学—持志大学	持志大学			
8	12.07	暨南大学—光华大学	暨南大学	李惠堂	7∶1	暨南大学
9	12.14	中央大学—光华大学				
10	12.21	中央大学—暨南大学	中央大学	卢颂恩		
11	12.21	交通大学—中国公学	交通大学		6∶1	交通大学
12	12.28	光华大学—中国公学	中华棒球场	关健安	6∶0	光华大学

表 5-10　江南大学体育协会第四届足球乙组比赛（1929 年）成绩一览表

场次	日期	学校	场地	裁判员	比分	胜者
1	11.16	大夏大学—中央大学	中央大学	徐绍武	1∶1	平
2	11.16	持志大学—光华大学	持志大学	王复旦	3∶2	持志大学
3	11.16	暨南大学—中国公学				暨南大学
4	11.23	交通大学—光华大学	光华大学	关健安	2∶0	交通大学
5	11.23	暨南大学—持志大学			8∶0	暨南大学
6	11.28	中央大学—中国公学	中国公学			
7	11.30	中国公学—大夏大学			1∶1	平
8	11.30	暨南大学—交通大学	交通大学	马德泰	2∶1	暨南大学

---

① 《体育会消息：江大足球定期开赛》，《暨南校刊》1929 年第 18 期。

续表

场次	日期	学校	场地	裁判员	比分	胜者
9	11.30	中央大学—持志大学				
10	12.07	暨南大学—光华大学	暨南大学	王复旦	6∶0	暨南大学
11	12.07	持志大学—大夏大学				
12	12.07	交通大学—中央大学	中央大学	Batty	5∶0	交通大学
13	12.14	持志大学—中国公学				
14	12.14	中央大学—光华大学				
15	12.14	交通大学—大夏大学	交通大学		8∶0	交通大学
16	12.18	暨南大学—中央大学			10∶0	暨南大学
17	12.21	交通大学—中国公学				
18	12.21	光华大学—大夏大学				
19	12.28	持志大学—交通大学				
20	12.28	暨南大学—大夏大学			1∶0	暨南大学
21	12.28	中国公学—光华大学				

一、中央大学首次参赛

自华东八大学分裂后，江南大学体育协会足球联赛只有上海地区的大学参加。本赛季中央大学的加入，对推广华东地区大学校际竞赛而言，意义不言而喻。中央大学江南大学体育协会足球联赛的首战即坐镇主场，对阵实力强劲的交通大学。本场比赛到场观众达万人以上，创造了华东地区大学校际足球联赛的上座纪录。操场四周，车水马龙，盛极一时。比赛开始后，中央大学占据优势，前锋姜静南进攻得法，未及五分钟便打进一球。交通大学队中球员陈璞、陈虞添两人为沪上著名足球健将，见比分落后，即勇猛前攻，十分钟后便攻进一球。此后，两队互有攻守，皆打入一球，胜负不分。下半场开始未几分钟，交通大学乘虚而入，攻进一球。后两队队员势均力敌，不相上下。最终，交通大学以3∶2客场获胜。[①]

中央大学本届最后一战是主场对阵上届冠军暨南大学。是场比赛大雪

---

① 《江南大学本届足球锦标赛》，《申报》1929年11月20日，第11版。

高积盈寸，但双方仍然精神抖擞，展开了一场雪中大战。比赛时雪球飞舞，一踢一滑，大显跌雪身手，倍见精彩，观众环立四周，以伞御雪。[①]暨南大学球风强悍，中央大学有队员先后受伤，学生心有不满。比赛结束后，中央大学学生蜂拥至队员休息之体育馆，与暨南大学交涉。幸经双方教练员极力解释，一场风波，始告平静。中央大学足球队在南京地区实力超群，加入江南大学体育协会前，获得了南京足球联合会甲组冠军。而从江南大学体育协会足球联赛的表现来看，中央大学与沪上大学的足球水平还是有不小的差距（图5-6）。

图 5-6　中央大学足球队（1929年）
资料来源：《获得首都足球联合会甲组锦标之国立中央大学足球队（十八年三月）》，《体育杂志》1929年第1期

二、交通大学击溃光华大学

此役争斗甚为激烈，双方在场外大打旗帜，整个光华大学校内布满各式各样的标语，甚为壮观。两校延请沪上足球名宿李惠堂执法。比赛开始后，光华大学携主场优势，迅速进入状态，即刻由杨人伟打入一球，首开纪录。嗣后，交通大学适应了光华大学三板斧式的打法，前场优势顿显。先是沈观澜传球，由卢济沧攻入一球，半小时后，陈虞添角球助攻，沈观澜头顶而入。两球领先进入下半场，交通大学声势益盛，陈虞添得安原生助攻，头球攻入一球，尔后方定堭在左翼区域似传似射，守门员始料不及，足球竟落入光华大学门内。比赛结束前七八分钟，费福煦得卢济沧之传球，

---

① 《江大足球锦标赛暨南得锦标》，《申报》1929年12月20日，第9版。

再入一球，结果交通大学以5∶1得胜凯旋。①两队场上队员表现，交通大学前锋活跃，前卫健将陈璞、安原生、方定埙三人实力非同一般，两后卫亦颇稳健，内外兼顾，使光华大学难以活动，守门员李传薪可谓后起之秀，履险如夷，稳静有加，方定埙之表现，颇见出色，亦甚可观。光华大学中卫线尚称不弱，后卫蒋鹏最佳，前锋除奚巧生、孙星岩外，其余实力平平，故进攻力量偏弱，难以攻破对手大门。

三、交通大学惜败暨南大学

暨南大学历经去岁夺冠，全校对足球运动极为狂热。比赛前，学校当局及学生会做了大量工作，召开动员大会，鼓励球队士气，学校体育会预租二十余辆运货大汽车，以备输送八百余名啦啦队前往赛场助威。②届时徐汇道上，浩浩荡荡，气势冲天。两校比赛消息传来，上海有足球迷者，远道跋涉，乘车前往者几塞于途，徐家汇原本偏僻之地区，赛前居然一登龙门，身贾十倍，轰轰烈烈，热闹异常，开近年来未有创举局面。当地居民，若非事前预知，必将彷徨，视为奇观。这场比赛值得关注的是双方啦啦队在赛前场外的表现，《申报》有如下描述：

> 广大之球场，几为人挤满，一个球门，东西对立，双方啦啦队南北相峙，场之北设特别座记者席，图书馆健身房上之可立足而得观览全场者，都无插足之地，健身房图书馆之上，各有竹布横额，一书"Good Luck to Nanyang"一书"交大之光"暨南啦啦队人如山积，并有女生幼生队之之组织，服装奇异，歌声抑扬，极为全场注目，旗帜甚多，文字奇突可观，中有五六丈黄绸一长幅者……此外尚有暨"南常胜军""气夺江南威震江山""马到成功"之标语，交大啦啦队精神激昂，鼓励士气，无不尽其所能，可与暨南，分庭相抗，然双方点缀，各有不同，暨南以富丽占胜，交大以雄伟见长，总之，当日球场光怪陆离，无奇不有也。③

暨南大学以2∶1的比分反败为胜。这场比赛可以说是两校在华东大学校际足坛的一次交接，自此之后，交通大学再无与暨南大学抗衡的实力。暨南大学连战连捷，成为华东地区大学足坛的新霸主（图5-7）。

---

① 《江大足球赛交大全胜光华》，《申报》1929年11月24日，第12版。
② 《体育会消息》，《暨南校刊》1929年第24期。
③ 《本校足球队全胜交大》，《暨南校刊》1929年第25～27期。

图 5-7 暨南大学与交通大学足球队全体摄影（1929 年）
资料来源:《暨南交大足球队，队员全体摄影》，《中国摄影学会画报》1929 年第 5 期

四、暨南大学完胜光华大学

　　力挫交通大学后，暨南大学迎战光华大学，倘得胜利，锦标将唾手可得。裁判员鸣哨后，暨南大学前锋线便迅速压上，五路疾进，梅洪宝、陈镇和、陈家球皆有射门，均未见效，要么射偏，要么被对方挡出，暨南大学进攻一浪高过一浪，几乎目不暇接。光华大学奚巧生也有两次带球反击的好机会，因暨南大学防守扎实，劳而无功。双方防线坚硬，上演了三十分钟的拉锯战。此后，光华大学球员逐渐体力不支，抵挡不住暨南大学的进攻，让对手连进四球：陈秉祥头球首开纪录，陈镇和打入第二球，陈家球扑地扫射中第三球，庄也鸿中场远射，皮球在球门前弹地而入。下半场暨南大学占据主动，好在光华大学守门员余新安累次挽回危局，力保球门。仅相持十分钟，陈秉祥、陈镇和二人仅用四脚传递，从左至右，长驱直入，由陈镇和打入一球。又十分钟，暨南大学大军在光华大学门前肉搏前冲，双方混乱之中，杨保森打入一球。光华大学虽然大比分落后，场下啦啦队却不示弱，锣鼓声起，一再呼喊，声嘶力竭。场上队员鼓足力气，右翼张长江带球直至禁区，扑地射门，打入挽回颜面一球。终场前五分钟，暨南大学杨保森单刀再入一球，以 7∶1 的比分大胜光华大学。①

　　连续夺魁的暨南大学已经不满足江南大学体育协会足球联赛锦标的争夺。赛季结束后，暨南大学加入上海西人联队的联赛，相互切磋球技，学习和借鉴各队技战术，足球队实力大涨。1930 年春，暨南大学足球队参加了上海市运动会，一路打入决赛，与乐华队争夺足球锦标。乐华队囊括了沪上大批足球高手，李惠堂、李宁、周贤言等足球名宿均是该队成员。结果，暨南大学前锋戴麟经独中两元，以 3∶0 力克乐华，夺得冠军②，震

---

① 《江大足球甲乙组锦标赛》，《申报》1929 年 12 月 8 日，第 11 版。
② 《暨南得足球锦标 昨以三对零胜华乐》，《新闻报》1930 年 3 月 19 日，第 12 版。

惊上海足坛（图 5-8、图 5-9）。

图 5-8　暨南大学与光华大学甲组比赛（1929 年）
资料来源：陈照元：《暨南乙组球员攻打光华球门》，《暨南周刊》1929 年第 2 期

图 5-9　暨南大学与光华大学乙组比赛（1929 年）
资料来源：陈照元：《暨南乙组球员攻打光华球门》，《暨南周刊》1929 年第 2 期

第五节　江南大学体育协会第五届足球联赛（1930 年）

复旦大学本赛季复归江南大学体育协会，中央大学与持志大学因校务原因没有参赛。赛程排定时仅有四校，后中国公学要求加入比赛，以致赛

前不得不变更秩序。①自本届开始，江南大学体育协会足球联赛不再分甲乙两组，取消乙组足球锦标比赛。②赛程具体规定如下："一）开始日期：11月15日开始比赛。二）比赛制度：采用单循环比赛法，以得分最多者为锦标。三）计分法：胜队得二分，负队得零分，和局各得一分，如遇两队平等时，则举行决赛一次，日期由委员会订定。四）比赛时间：下午三时起赛，比赛时间共九十分钟（每半场四十五分）休息十分钟。五）公证人：归主队聘请，惟须征客队同意。六）比赛用球：归主队供用新球。七）比赛规则：均照远东运动会足球规则施行。八）改期比赛：如遇天雨，场地不能适用或于万不得已时，得改期举行补赛，须征得对方同意，一切手续于事前由主队通知对方。九）弃权：如逾订定比赛时间十五分钟不出场，则作弃权论，惟球员于途中因车辆发生危险而至延误则不计。十）报告：每次胜队于比赛后，将结果当日送各报登载，并派至迟七日内通知书记处。十一）名单：各队全部队员姓名，须于11月14日以前寄交书记查核。"③如表5-11所示。

表 5-11 江南大学体育协会第五届足球联赛（1930年）成绩一览表

场次	日期	学校	地点	裁判员	比分	胜者
1	11.15	光华大学—中国公学	中国公学		3：2	光华大学
2	11.22	交通大学—中国公学	中国公学	何春辉	4：0	交通大学
3	11.29	暨南大学—光华大学	光华大学	陈吉祥	1：0	暨南大学
4	11.29	交通大学—复旦大学	交通大学	何春辉	1：1	平
5	12.03	光华大学—复旦大学	复旦大学	何春辉	2：1	光华大学
6	12.06	交通大学—光华大学	交通大学	乐秀荣	4：1	交通大学
7	12.06	暨南大学—中国公学	中国公学	何春辉	9：1	暨南大学
8	12.10	暨南大学—复旦大学	暨南大学		13：1	暨南大学
9	12.13	复旦大学—中国公学	中国公学		1：0	复旦大学
10	12.13	暨南大学—交通大学	暨南大学	何春辉	9：0	暨南大学

一、暨南大学小胜光华大学

两校比赛在光华大学主场进行。开场三十分钟后，暨南大学童荣文得

---

① 《江大体协会足球赛开始》，《申报》1930年11月15日，第12版。
② 《江大体协会执行会议》，《申报》1930年11月11日，第8版。
③ 《江南协会足球赛将举行》，《申报》1930年10月31日，第8版。

戴麟经传球后打入一球。下半时，互无胜负，不过暨南大学依靠技术优势，完全压制了光华大学的进攻，双方比赛成了半场攻防演练。因暨南大学前锋本场比赛脚头不准，加之习惯草地作战，而光华大学是硬地球场，且不平坦，以致暨南大学五前锋英雄无用武之地，比赛哨响，暨南大学仅以1：0小胜光华大学。该场比赛一大看点是双方啦啦队的表现。往年光华大学到暨南大学比球，虽两军相角，而谦逊有加，暨南大学校前必大书"欢迎光华大学球员"字样，以敦睦友谊。本年度却一改先前和气，居然在大厅前书一联："打倒南蛮，不费吹灰之力。""克服真茹，全凭脚上功夫。"[①]暨南大学莫不义愤填膺。进球后，暨南大学也不甘示弱，即有应和高呼："未倒南强，已尽吃乳之力。""克服真茹，岂是吹牛功夫。"[②]比赛后，双方更是大打笔战，互相嘲讽，无所不能。

上述戏谑嘲讽对手的标语，实则是球场暴力的一种形态，一旦因场上出现争议判罚及球员的过激动作，这些言语攻击极易煽动场下人员，引发观众群体加入到暴力行为中来。江南大学足坛屡禁不止的球场暴力，场下观众的口水战是一大温床。对此，江南大学体育协会召开执行会议，决定"各校教职员或学生如有在报端攻击本会者，须由该校当局负责惩罚"[③]。以此表明态度，来规范愈演愈烈的球场暴力行为。

二、交通大学与复旦大学握手言和

两校实力旗鼓相当。比赛于下午二时半在交通大学球场进行，裁判员何春辉。复旦大学球员因向阳进攻，视线不佳，交通大学得以取进攻优势，如是往返十余次，却因复旦大学防守稳健，交通大学前锋射门欠准，徒然浪费不少机会。复旦大学虽反击颇有力度，但前后场脱节严重，前锋线很难得到中后场的支持，大多孤军奋战。随着比赛进程，交通大学逐渐占据场上主动，创造了不少得分良机，其中的一次机会极为可惜。交通大学队员杨惺华传球至门前，左内锋万冕面对空门居然射失，场下观众惊讶不已。不足五分钟，交通大学再度发起进攻，由中锋刘希孟大力一脚抽射，首开纪录。复旦大学也不示弱，球队大举反攻，逼得角球，继由左前卫张维新传球左翼李彬，李挑送门前，顿时交通大学禁区内一阵混乱，皮球打在交通大学防守球员背部，正好落在复旦大学姚永炳脚下，便顺水推船，攻入

---

① 《热闹之足球战》，《新闻报》1930年11月30日，第11版。
② 《热闹之足球战》，《新闻报》1930年11月30日，第11版。
③ 《江大体协会执行会议》，《申报》1930年11月11日，第8版。

一球，扳平比分。未几，上半场宣告结束。下半场开始之初，两队略显散漫，均有疲乏状态。至十分钟后，复旦大学前锋线配合默契，数度攻入交通大学腹地，霎时间交通大学门前风声鹤唳，无奈复旦大学得势不得分，无法攻破对手城池。又过十分钟，交通大学起势，甚至连后卫线都前压至中圈附近。最后十五分钟内，两队先后门前遇险，均被化解。不久裁判员便哨响宣告比赛终了，双方握手言和。

三、暨南大学大胜交通大学

交通大学与暨南大学的对决，可谓每年一度的焦点之战。《申报》对两校即将到来的比赛评价为"又不啻昔日南洋约翰相逢麦根路之盛况也"①。比赛当天上午十时，暨南大学全校师生在学校大礼堂召开鼓励出阵将士大会。校长郑洪年、教练员吴炎章等纷纷发言，号召暨南学子为学校足球队加油助威。为方便观赛球迷，暨南大学特与北站车务处交涉，加开班次以疏解当日可能涌起的人潮。②比赛进程令人大跌眼镜，暨南大学全场占优，交通大学处处被动，暨南大学以9∶0的超大比分碾压交通大学，竞技水平完全不在同一层面。

《申报》对本场比赛进行了全方位报道，可谓江南大学体育协会足球联赛史，乃至近代体育新闻史上最为详尽的足球现场报道，从阵容分析、场上进程、比赛花絮三大方面详尽描绘了民国时期一场大学校际足球联赛的盛况，几乎囊括了20世纪30年代华东地区大学校际足球竞赛的所有细节，场上球员的表现，技战术分析，对比赛进程的描述，两校阵线的实力分析，以及比赛过程的精彩片段，场下观众的种种行为叙述，啦啦队、旗帜、标语、迷信行为、包厢、专门交通，等等，大学足球包罗万象，令人感慨万千（内容详见附录三）。

三度蝉联江南大学体育协会足球联赛锦标，暨南大学球队实力强盛，阵容益见完整。本届球队班底，可以说是暨南大学球队历史上最为鼎盛的阵容，戴麟经、梁树棠、罗海光从外校转学至暨南大学，至本届比赛时，均已获得参赛权，可以代表暨南大学征战江南大学体育协会足球联赛。本年度暨南大学足球队在参加江南大学体育协会联赛的同时，因以暨南大学名义参加上海西人会及上海中华会中字组足球联赛，与江南大学章程冲

---

① 《暨南保持江大足球锦标》，《申报》1930年12月14日，第11版。
② 《暨大交大足球战》，《申报》1930年12月12日，第10版。

突，故改为"真茹足球队"参加上海足坛的比赛①，成绩颇为可观（图 5-10、图 5-11）。

图 5-10　交通大学与暨南大学比赛（1930 年）
资料来源：《体育会消息：足球部甲组加入上海西人会　乙组加入上海中华会》，《暨南校刊》1930 年第 82 期

图 5-11　交通大学与暨南大学比赛时场外观众（1930 年）
资料来源：《体育会消息：足球部甲组加入上海西人会　乙组加入上海中华会》，《暨南校刊》1930 年第 82 期

---

① 《体育会消息：足球部甲组加入上海西人会　乙组加入上海中华会》，《暨南校刊》1930 年第 82 期。

第六节　江南大学体育协会第六届足球联赛（1931年）

江南大学体育协会第六届足球联赛是江南大学体育协会成立以来，参赛校数量最多的一届，共有八所大学，号称八路雄师会战江南。鉴于此，江南大学体育协会执委会决议把循环赛改为分组赛，通过抽签的形式分为两组，第一组为暨南大学、持志大学、复旦大学、大夏大学；第二组为中央大学、光华大学、交通大学、中国公学。

本届比赛规程规定如下："一）照江南大学体育协会执委会，议决分为两组比赛，各取单循环制，由两组之优胜队，再打夺标赛。二）每次比赛：胜队得二分，负队零分，和局各得一分，如遇两队总分相等，再赛一次，日期由足委会订定。三）比赛规则：均照远东运动会足球规则施行（今年修改之两条规则亦施行）。四）裁判员：由主队聘请，惟须得客队同意。五）如遇天雨，场地不适用，或于万不得已时，得改期举行，补赛日期，由主队通知客队，得其同意（补赛须在12月19日前举行）。六）如逾比赛时间十五分钟，不出场比赛者，作弃权论，惟确系于途中发生不测，而致延误者则不计。七）每次结果报告：由胜队限三日内，通知足委会主席。八）球员名单：须11月28日前寄足委会主席，转审委会审查。"[1]赛季开始前，组委会排出了本季比赛各大学的轮次顺序（表5-12、表5-13）。

表5-12　江南大学体育协会第六届足球联赛（1931年）分组赛程一览表

组别	第一轮 11月28日	地点	第二轮 12月05日	地点	第三轮 12月12日	地点
1组	暨南大学— 大夏大学	大夏 大学	持志大学— 暨南大学	暨南 大学	暨南大学— 复旦大学	复旦 大学
	持志大学— 复旦大学	复旦 大学	复旦大学— 大夏大学	大夏 大学	大夏大学— 持志大学	持志 大学
2组	光华大学— 中央大学	中央 大学	中央大学— 交通大学	交通 大学	中国公学— 中央大学	中央 大学
	中国公学— 交通大学	交通 大学	中国公学— 光华大学	光华 大学	交通大学— 光华大学	光华 大学

注：12月19日决赛

---

① 《本届江大足球锦标》，《申报》1931年11月18日，第12版。

表 5-13　江南大学体育协会第六届足球联赛（1931 年）成绩一览表

场次	日期	学校	地点	裁判员	比分	胜者
1	11.28	暨南大学—大夏大学	大夏大学		8：0	暨南大学
2	11.28	中央大学—光华大学	中央大学	徐绍武	4：1	中央大学
3	12.02	复旦大学—持志大学	复旦大学	汤澘	12：0	复旦大学
4	12.05	暨南大学—持志大学	持志大学		1：0	暨南大学
5	12.05	复旦大学—大夏大学			10：0	复旦大学
6	12.05	交通大学—中央大学	交通大学	何春辉	6：1	交通大学
7	12.05	中国公学—光华大学	光华大学	曹葆华	1：1	和
8	12.12	暨南大学—复旦大学	复旦大学	陈吉祥	5：1	暨南大学
9	12.12	大夏大学—持志大学			2：0	大夏大学
10	12.12	中国公学—中央大学	未赛			
11	12.12	交通大学—光华大学	光华大学	沈回春	6：0	交通大学
12	12.19	交通大学—中国公学	交通大学	何春辉	7：1	交通大学
13	12.26	暨南大学—交通大学	交通大学	何春辉	10：0	暨南大学

一、第一小组赛况

本组实力最强的两支球队属暨南大学与复旦大学，小组出线权在两校之间展开。复旦大学主场对阵暨南大学，大半观众为该校学生，上海球迷前往观赛人士亦属不少。裁判员陈吉祥一声哨响，复旦大学首先开球，两三回合后，暨南大学便持球一举前压至复旦大学门前，未及五分钟，复旦大学王树森救球不慎，将皮球误顶入自己把守球门内，乌龙进球。暨南大学喜出望外，复旦大学懊丧万分。又约五分钟，复旦大学被判罚点球，暨南大学陈镇和主罚中的。十分钟不到，暨南大学手握两球优势。复旦大学两个失球着实不走运，队员并未气馁，抖擞精神，试图扳回劣势，球队创造了几次良机。复旦大学传球至暨南大学球门附近，暨南大学丘东炎意欲救球外出，不料皮球打在冯运佑背上，守门员江宗锦扑救不及，复旦大学龚以恂见机前插，抢射得手，复旦大学队员为之一振。暨南大学失球后岂肯示弱，先是后卫线众志成城，防住复旦大学的进攻，后由梅洪宝带球传中，陈镇祥截停，与对方后卫近身肉搏之时，攻入球门，稳住领先优势。下半场开始后，暨南大学大举进攻，仅过三分钟，梅洪宝的射门刁钻，球打在横梁后弹入球门，守门员鞭长莫及。随后暨南大学陈镇和盘带至球门前约十米处,抬腿抽射,皮球穿裆守门员滚入网窝。①比赛结果暨南大学 5∶1 大胜复旦大学,以全胜战绩小组出线,晋级决赛。

二、第二小组赛况

本组比赛颇为曲折,发生了球场暴力、弃赛、补赛等各种赛前无法预料的事情。光华大学主场对中国公学之战,比赛进程中双方爆发冲突,不欢而散。上半时光华大学先进一球,随后中国公学扳平比分。之后双方队员场上动作加剧,光华大学前锋因与中国公学后卫冲撞激烈,双方一些场下学生甚是激动,叫骂声四起,结果大打出手,观众动武行为波及至中国公学球队管理及球员,一些人惨遭殴打,造成流血惨剧。裁判员随即取消下半时的比赛②,该场比赛未能完赛。交通大学对中国公学的比赛,先是因场地潮湿未能如期比赛③,后延至 12 月 16 日进行。待到比赛当日,中国公学却没有到场,也没有与对手提前商议。因此,裁判员何春辉宣布中国公学弃权,交通大学获胜。④岂料翌日,中国公学方才加以说明,队员多赴京请愿,以致无法到场,并恳请足委会裁决。江南大学体育协会足球联赛委员会经过讨论,认为不作弃权,12 月 21 日下午二时半,仍在交通大学球场补赛。⑤这场一波三折的比赛最终在 12 月 19 日开打,交通大学兵不血刃大比分战胜对手⑥,以小组全胜战绩晋级决赛。

三、交通大学与暨南大学争冠赛

暨南大学本年度参加上海市足球联赛,并在决赛中以 5∶1 的比分击败优游俱乐部,获得冠军⑦,实力冠绝沪上足坛,江南大学各校足球与之差距越来越大。暨南大学与交通大学的比赛是本年度上海足坛最后一项赛事,为此,上海球迷趋之若鹜,一睹两校队员风采。

比赛一开始,暨南大学迅速进入状态,对交通大学把守阵地展开狂攻,开场不足五分钟,梅洪宝连过两人后传球给陈镇和,陈镇和巧妙拨球,跟上的丘东炎飞起一脚,劲道十足,应声落网,交通大学守门员毫无反应,暨南大学取得完美开局。不五分钟,陈镇和、温鼎新、丘东炎三人在交通

---

① 《江大足球暨南得决赛权》,《申报》1931 年 12 月 15 日,第 10 版。
② 《江大足球交通胜中央》,《申报》1931 年 12 月 6 日,第 11 版。
③ 《中大四比一胜光华》,《申报》1931 年 11 月 29 日,第 11 版。
④ 《江大足球锦标交大暨南对决》,《申报》1931 年 12 月 17 日,第 10 版。
⑤ 《江大足球交大中公明日补赛》,《申报》1931 年 12 月 18 日,第 8 版。
⑥ 《江大足球赛交通大学获得决赛权》,《申报》1931 年 12 月 22 日,第 10 版。
⑦ 《足球锦标解决》,《新闻报》1931 年 9 月 20 日,第 12 版。

大学门前盘旋，陈镇和得球后传球给丘东炎，轻巧射门，再入一球，梅开二度。暨南大学依旧猛攻不止。二十五分钟时，庄世鸿传到门前，陈镇和、丘东炎齐头并进，丘东炎再入一球，上演帽子戏法。此后，丘东炎传球给梅洪宝，梅洪宝带球疾行至前场后传球至交通大学门前，交通大学后防李北华防守不及，用手触球，被判罚点球。丘东炎主罚命中，上演大四喜。仅过了两分钟，丘东炎得梅洪宝传球，又下一城，上半场独中五球。

下半时开始，一如前状，交通大学难以攻入暨南大学半场。丘东炎传顾尚勋，交通大学防守球出底线，形成角球。此时，裁判员发现交通大学守门员已换，却未曾报告，被判罚点球，陈镇和轻松罚进。约过二十分钟，梅洪宝传球给下半时替补上场的李保森，再传给丘东炎，丘东炎传球避过张箕曾，由陈镇和打入球门，配合极为流畅，观众阵阵喝彩。再十分钟，陈镇和射门中的，连中三元。临近尾声，丘东炎远射破门，打入本场比赛个人第六粒进球。①暨南大学全场占优，上下半场各进五球，以 10∶0 的大比分在客场战胜交通大学。

比赛结束后，暨南大学同学见已得胜，其中一人取所踢之球狂奔，交通大学同学以球不应取，不肯罢休。暨南大学童子军护送该同学离场，交通大学则于门口设岗搜索盘查，大门紧闭，按人搜索。于是两千多观众，不知有何变故，恐慌异常，争拥前往出口，幸好最后打开大门出口，若发生踩踏肇变，可谓不幸。②

暨南大学前锋丘东炎在这场比赛中，创造了华东大学足球联赛史的单场进球纪录，丘东炎、陈镇和两人各自打入三球（以上），这也是华东足球联赛史上的一个纪录。赛后分析来看，一言概之，交通大学球员在技术上与暨南大学队员差距太大，交通大学队员速度过慢，胆量又小，后卫及前卫失球太多，前锋射门把握机会能力差，队员普遍欠缺比赛经验。连续两届决赛交通大学都以大比分落败，对球队打击甚大。

第七节　江南大学体育协会第七届足球联赛
（1932 年）

江南大学体育协会第七届足球联赛还未开赛，中国公学因"一·二八

---

① 《江大足球连胜四年》，《申报》1931 年 12 月 27 日，第 10 版。
② 《江大足球连胜四年》，《申报》1931 年 12 月 27 日，第 10 版。

事件",校舍惨遭日军炮火波及被焚①,国破之下,焉存校园!"一·二八之浩劫,全校已为日人炮弹摧残殆尽,而历年账项,或有盈亏消长积累至今,又值社会金融十分枯竭之际,势非有若干巨款,不易打开校门。"②因此,中国公学于该年8月份决定停办,不得不退出江南大学体育协会。持志大学也因战事波及,大学部被日军焚烧③,暂时退出。如此,本届比赛只有六所大学参赛。没有稳定的社会环境,任何赛事都很难持续下去。本届足球联赛赛程安排如下:"一)用单循环制。二)每次比赛胜队得二分,负队零分,和局各得一分。如遇两队总分相等时,再赛一次,日期由足委会订。三)比赛规则:照全国运动会足球规则施行。四)裁判员:由主队聘请,惟须客队同意。五)如遇天雨,场地不适用,或于万不得已时,得改期举行,补赛日期,由主队通知客队,得其同意(补赛须在12月30日前举行)。六)如遇订定比赛时间十五分钟不出场比赛者,作弃权论,惟确系于途中发生不测,而致延期者则不计。七)每次结果报告:由胜队限三日内通知足委会主席。八)队员名单:须11月19日以前,寄足委会主席转审委会审查。九)秩序表列后(每次比赛在下午二时半起)。"④如表5-14、表5-15所示。

表5-14 江南大学体育协会第七届足球联赛(1932年)成绩一览表

场次	时间	学校名称	地点	比分	胜者
1	11.19	交通大学—大夏大学	大夏大学	3:0	交通大学
2	11.19	复旦大学—持志大学	持志大学	1:1	平
3	11.19	中央大学—光华大学		3:2	中央大学
4	11.26	复旦大学—中央大学	中央大学	5:0	复旦大学
5	11.26	暨南大学—大夏大学	暨南大学	11:0	暨南大学
6	11.26	交通大学—持志大学	交通大学	1:0	交通大学
7	12.03	大夏大学—光华大学	光华大学	2:2	平
8	12.03	暨南大学—持志大学		1:0	暨南大学
9	12.03	交通大学—中央大学	中央大学	5:0	交通大学

---

① 《中国公学被焚》,《新闻报》1932年3月18日,第7版。
② 《中国公学停办之因果》,《新闻报》1932年9月6日,第4版。
③ 《持志大学部被毁》,《新闻报》1932年2月12日,第1版。
④ 《行将开幕之江大足球赛》,《申报》1932年11月8日,第9版。

续表

场次	时间	学校名称	地点	比分	胜者
10	12.10	光华大学—持志大学		1∶0	光华大学
11	12.10	复旦大学—大夏大学	复旦大学	7∶0	复旦大学
12	12.10	暨南大学—中央大学		5∶0	暨南大学
13	12.17	暨南大学—光华大学	暨南大学	7∶0	暨南大学
14	12.17	复旦大学—交通大学	复旦大学	0∶0	平
15	12.17	中央大学—持志大学		1∶0	中央大学
16	12.24	暨南大学—复旦大学	暨南大学	4∶0	暨南大学
17	12.24	交通大学—光华大学	交通大学	5∶1	交通大学
18	12.24	中央大学—大夏大学	大夏大学	2∶2	平
19	12.26	中央大学—光华大学	光华大学	3∶2	中央大学
20	12.28	暨南大学—中央大学	暨南大学	5∶0	暨南大学
21	12.31	光华大学—复旦大学	光华大学	不明	复旦大学
22	12.31	暨南大学—交通大学	暨南大学	2∶2	平
23	12.31	大夏大学—持志大学		1∶0	大夏大学

表 5-15 江南大学体育协会第七届足球联赛（1932年）分组赛程一览表

时间	第一场	第二场	第三场
第一次（11.19）	复旦大学在持志大学	中央大学在光华大学	交通大学在大夏大学
第二次（11.29）	大夏大学在暨南大学	复旦大学在中央大学	持志大学在交通大学
第三次（12.03）	大夏大学在光华大学	暨南大学在持志大学	交通大学在中央大学
第四次（12.10）	大夏大学在复旦大学	持志大学在光华大学	中央大学在暨南大学
第五次（12.17）	交通大学在复旦大学	持志大学在中央大学	光华大学在暨南大学
第六次（12.24）	光华大学在交通大学	复旦大学在暨南大学	中央大学在大夏大学
第七次（12.31）	交通大学在暨南大学	复旦大学在光华大学	持志大学在大夏大学

一、暨南大学大胜复旦大学

自开赛至今，六所大学数度循环，已达短兵相接时期，暨南大学、复旦大学各以不败之成绩相见，大有解决锦标之气概。两者相遇，好似锦标决赛。《申报》对本场比赛做了赛前分析，认为复旦大学本年实力甚强，如能得胜，则所余劲敌仅有交通大学，大有夺得锦标之势。"在暨南之对敌，复旦自为重要之一，亦必尽力应付，以保持数年之光荣。"①本场比赛于下午二时半在真茹球场进行，到场观众三四千。

当值裁判员王复旦一声哨响，上半场比赛开始。暨南大学采取惯用打法，即刻围攻对手。然而屡次进逼至复旦大学门前，屡次又被复旦大学防线阻击。复旦大学后卫线协同意识好，关洵安左顾右防，煞费心机。暨南大学猛攻二十分钟后，没能得分，球员渐显懈怠。复旦大学抓住时机，开始向前推进反攻，直达暨南大学球门前，但或以起脚过慢，或以射门欠佳，丧失为数不多的进攻机会。此后双方你来我往，陷入拉锯战状态。比赛行将至四十分钟，场上均衡局面被打破。暨南大学云逢荻过场横传，刘祖侃得球后直塞，张鸿藻获得单刀，关洵安奋力阻挡，张鸿藻未射而身已先倒，守门员杨铭金做出扑救后，球没有远离球门，罗海光抢射中的，暨南大学领先一球。未几，复旦大学开球再攻，却被暨南大学抢断，迅速发起进攻，刘祖侃从右路送出斜传，王南珍于左翼接应，复旦大学守门员关洵安飞身扑出，梁树棠得球后远射，恰中球门上沿弹回，张鸿藻意欲再攻，被关洵安贴身阻挡，球却到了罗海光脚下，一拨而进，罗海光三分钟独中两元。

下半场开始后，复旦大学积极进攻，前锋余顺章深入暨南大学后防腹地，前顾无人，已成单刀之势，岂知空门不射，错失绝佳得分机会。此时，暨南大学对调锋线位置，使得复旦大学防线大乱，先由王南珍头球得分，后罗海光再度破门，上演帽子戏法。终场哨响，暨南大学 4∶0 大胜对手。②复旦大学落败，心服口服，球员动作稍显迟缓，错失不少得分良机。从双方表现来看，两队球员精神均佳，融洽之至。失败者，虽败仍能全力竞争，得胜者，虽胜仍全场奔驰，赛场上表现出的竞技精神令人拍手称赞。

二、交通大学逼平暨南大学

自江南大学体育协会第二届足球联赛三家平分锦标后，暨南大学足

---

① 《江大足今日下午二时半复旦对暨南》，《申报》1932年12月21日，第13版。
② 《江大足球剧战之一幕》，《申报》1932年12月25日，第15版。

球队球员频起，威名大振，交通大学可以说是暨南大学唯一劲敌，每届联赛几乎都是这两支球队争夺锦标。然而，双方近几次对阵记录，交通大学均是落败。暨南大学球队本届联赛实力减弱，陈镇和、江善敬、庄世和、梅洪宝等球员，由于伤病及其他原因均未能出场。交通大学连年屈服，雪耻复仇之心强烈，球队认为恢复英名之机忽来，势必全力周旋，以图击败苦主。

比赛在大风天气中进行，两队深受影响。上半场暨南大学踢顺风球，猛击交通大学球门。交通大学张箕曾、陈公舆分居左右抵御暨南大学边路球员的进攻，杨煜华、张金镕、李北华中场扎下篱笆，截断对手前场三前锋跑位呼应，致使暨南大学五前锋相互之间难以进行配合。原以为顺风球具备进攻优势，风势却给暨南大学帮了倒忙。暨南大学罗海光远射，交通大学守门员范家驹准备解围，暨南大学王南珍飞奔来抢，范家驹抬脚便踢出皮球，球触及王南珍后背，倒弹滚向交通大学而去，惊倒全场。不料皮球竟然被风掠过空门，吹到界外。交通大学队员额手称庆，前锋顿时胆壮，万象华一马当先，带球连过三人，沈观澜接应奔至前场，传球越过守门员至暨南大学球门中央，守门员回救不及，球门大空，李传薪一拨中的，交通大学领先。遭此进球，暨南大学球队打起精神，全军用命。刘祖侃抓住机会突施冷箭，交通大学守门员虽然不在位置，未能做出扑救，然而又受大风影响，球过门不入。随即，暨南大学张鸿藻左侧得球，急行传中，皮球竟在交通大学内卫及守门员腿上一再相碰，经门柱倒弹入网，暨南大学幸运扳平比分，于是气势大壮，连续进攻。罗海光迎球怒射，触柱弹回，两队相互争夺之际，王南珍趁人不备，暗放冷箭，暨南大学反超比分。下半场开始后，交通大学由逆风势而转顺风势，于是攻多守少。暨南大学知其风向不利，乃重兵把守，如是相持五分钟。交通大学万象华奇兵突起，暨南大学麦廷琳防守失位，赖作容上前补位，此时万象华迅速传中转移，暨南大学守门员弃门出击，却没有碰到球，沈观澜得球大力射门，打入一球。比赛剩余时间，双方努力争斗，都创造了不少得分机会，均没有改变比分。[①]比赛终了，双方以2∶2打成平局，本届锦标又属暨南大学，再次雄霸江南大学体育协会足球联赛。交通大学本赛季虽未尝一败，却因与复旦大学对决时平局收场，屈居亚军，值得感概（图5-12）。

---

① 《暨南雄霸江南第六年》，《申报》1933年1月1日，第22版。

图 5-12　暨南大学足球队（1932～1933 年）
资料来源：《本校连得江大锦标之足球队全体队员》，《暨南校刊》1933 年第 87 期

第八节　江南大学体育协会第八届足球联赛（1933 年）

江南大学体育协会第八届足球联赛自 11 月 11 日开始，至 12 月 29 日结束。本年度金陵大学加入江南大学体育协会①。去年暂时退出的持志大学，重新加入。因此，本届与赛队伍共八校：暨南大学、大夏大学、交通大学、持志大学、光华大学、复旦大学、金陵大学、中央大学。不过，持志大学仍因复建校舍，任务繁重，足球队暂不参加本年度比赛。②赛制原计划安排比赛场数达二十八场，因持志大学退赛、大夏大学部分场次弃权等各种原因，实际只进行了十九场比赛。锦标再度由暨南大学夺得，为该校第六度蝉联江南大学体育协会足球联赛冠军。

有关本届足球联赛的规定事项如下："一）用单循环制。二）每次比赛：胜队得二分，负队得一分，和局各得一分，总分相等时，再赛一次，如遇和局，则须延长三十分钟，日期及裁判员，由委员会指定及聘请。三）比赛规则：照全国运动会足球规则施行。四）裁判员：由主队聘请，惟须得客队同意，如双方不能同意时，得请求委员会聘请。五）如遇

---

① 《金陵大学加入江大体育协会》，《申报》1933 年 2 月 28 日，第 13 版。
② Chu, M C. A brief account of the 1933 football team. *Chih-Tze Annual*, 1933, 8: 1.

天雨场地不适用,或于万不得已时,得改期举行补赛,日期由主队通知客队,得其同意(补赛须在12月31前举行)。六)如遇订定比赛时间十五分钟不出场者,作弃权论,惟确系于途中发生不测而致迟者,不计。七)每次比赛结果:由胜队限两日内报告足球委员主席。八)每次比赛后两队须将比赛之球员名单,计分裁判员,由主队邮寄足球委员会主席。九)球员名单:须于11月11日以前寄足球委员会主席,转审查委员会审查。"①如表5-16、表5-17所示。

表5-16 江南大学体育协会第八届足球联赛(1933年)成绩一览表

场次	时间	学校名称	地点	比分	胜者
1	11.11	金陵大学—中央大学	中央大学	3∶2	金陵大学
2	11.11	复旦大学—光华大学	复旦大学	5∶0	复旦大学
3	11.11	暨南大学—大夏大学	大夏大学	3∶0	暨南大学
4	11.17	交通大学—持志大学	持志大学	持志大学弃权	交通大学
5	11.18	交通大学—光华大学	光华大学	6∶0	交通大学
6	11.18	复旦大学—大夏大学	大夏大学	4∶3	复旦大学
7	11.18	持志大学—暨南大学	暨南大学	持志大学弃权	暨南大学
8	11.25	交通大学—复旦大学	交通大学	1∶0	交通大学
9	11.25	暨南大学—金陵大学	金陵大学	3∶0	暨南大学
10	11.25	中央大学—大夏大学	中央大学	2∶1	中央大学
11	11.27	暨南大学—中央大学	中央大学	2∶0	暨南大学
12	11.27	金陵大学—大夏大学	金陵大学	6∶0	金陵大学
13	12.02	交通大学—大夏大学	交通大学	大夏大学弃权	交通大学
14	12.02	暨南大学—光华大学	光华大学	5∶1	暨南大学
15	12.09	光华大学—中央大学	中央大学	0∶0	平
16	12.11	金陵大学—光华大学	金陵大学	7∶1	金陵大学
17	12.16	暨南大学—交通大学	交通大学	1∶0	暨南大学
18	12.23	复旦大学—金陵大学	复旦大学	3∶3	平
19	12.23	交通大学—中央大学	交通大学	6∶1	交通大学
20	12.25	复旦大学—中央大学	复旦大学	3∶0	复旦大学
21	12.25	交通大学—金陵大学	交通大学	4∶1	交通大学
22	12.28	暨南大学—复旦大学	中华棒球场	1∶0	暨南大学

---

① 《江大足球比赛秩序排定》,《申报》1933年11月5日,第15版。

表 5-17　江南大学体育协会第八届足球联赛（1933年）分组赛程一览表

时间	第一场	第二场	第三场	第四场
第一次（11.11）	暨南大学在大夏大学	交通大学在持志大学	光华大学在复旦大学	金陵大学在中央大学
第二次（11.18）	持志大学在暨南大学	交通大学在光华大学	复旦大学在大夏大学	
第三次（11.25）	暨南大学在金陵大学	大夏大学在中央大学	持志大学在光华大学	复旦大学在交通大学
第四次（11.27）	暨南大学在中央大学	大夏大学在金陵大学		
第五次（12.02）	暨南大学在光华大学	大夏大学在交通大学	复旦大学在持志大学	
第六次（12.09）	暨南大学在复旦大学	持志大学在金陵大学	光华大学在中央大学	
第七次（12.11）	持志大学在中央大学	光华大学在金陵大学		
第八次（12.16）	暨南大学在交通大学	光华大学在大夏大学		
第九次（12.23）	中央大学在交通大学	金陵大学在复旦大学	大夏大学在持志大学	
第十次（12.25）	中央大学在复旦大学	金陵大学在交通大学		

一、金陵大学险胜中央大学，复旦大学大败光华大学，暨南大学轻取大夏大学

首个比赛日分别在南京、上海两地同时举行，共有四场比赛。金陵大学、复旦大学、暨南大学分别击败中央大学、光华大学、大夏大学，交通大学因持志大学弃权，不战而胜。中央大学以3∶2败给新加入联赛的金陵大学，这是本届江南大学体育协会足球联赛的揭幕战，比赛于11月11日下午二时半在中央大学球场举行，裁判员卢颂恩。上半时金陵大学钟冠明、刘祖修各进一球，中央大学仅由徐予苏罚点球扳回一分。下半时开赛后十分钟，中央大学由张溥踢进一球，扳平比分。旋即，金陵大学林坚学射门得分，再度领先并保持到终场哨响。①

赛季开始前，复旦大学足球队参加了中华足球会中字组的比赛，积累

---

① 《江大足球开幕赛复旦暨南均胜》，《申报》1933年11月12日，第15版。

了不少比赛经验。复旦大学关洵安为华东名将，冯念汉、余顺章作为后起之秀，水平不可限量。全队攻守均佳。复旦大学与光华大学比赛，场上为一面倒之形势。光华大学顾此失彼，疲于奔命，上半时复旦大学余顺章、周绍文各进一球。下半时复旦大学采取防守战术，但仍旧屡扰光华大学后防，余顺章又连入两球，王文靖亦记一功。光华大学虽顽强抵抗，破釜沉舟，但心有余而力不足，遂大比分落败。

暨南大学为江南大学足坛盟主，大夏大学球队向来籍籍无名，两校比赛，赛前普遍预测大夏大学难以招架暨南大学攻势，会以大比分落败。本场比赛大夏大学仅丢失三球，可谓虽败犹荣。其中，上半场暨南大学徐亚辉梅开二度，丘振安打入一球。下半场两队你来我往互有攻守，再无得分。

二、交通大学绝杀复旦大学

交通大学、复旦大学两大学是第三比赛日的重头戏，两队势均力敌，势必一顿厮杀，方能决出胜者。上半场交通大学借主场助威声势，完全掌控了场上局面，猛攻复旦大学球门。陈公舆传球，万象华得球盘带狂奔，却因球队中锋射门不进，得分失之交臂。继而万象华抢射未中，交通大学接连错失两次得分机会。下半场两队各更换两人，复旦大学逐步反攻交通大学，王文靖在左路发动前冲，进攻猛烈，余顺章有一次头球破门良机，却未能争顶成功。复旦大学进攻不成，体力渐疲。交通大学开始反攻，万象华三次攻门，皆未得手。观众以为平局之势在所难免，不料最后五分钟，薛文绣在左翼盘带后一脚传中，周光中迅速前插抢点，轻推射门，关洵安竟不及防备，交通大学一脚奠定乾坤，绝杀复旦大学。[①]这场比赛是一场矛盾之争，交通大学擅长进攻，复旦大学精于防守。交通大学前锋线配合默契，中场亦能提供支持，沈观澜坐镇中坚，后卫线防守坚固，于是皮球常在复旦大学门前。不过，复旦大学后防线名将群集，守门员杨铭全，后卫中坚关洵安、张容，皆是实力卓越球员。因此，两校之战，实为进攻与退守之较量，可惜交通大学前锋射术乏力，否则早已把胜利收入囊中。

三、暨南大学击溃中央大学

暨南大学与中央大学的比赛是第四比赛日的最大看点。以赛前分析而言，暨南大学实力远在中央大学之上，取胜不在话下。开赛后，中央大学

---

① 《江大足球最后五分钟交通胜复旦》，《申报》1933年11月26日，第16版。

深知暨南大学进攻能力，谨取守势。暨南大学攻势甚猛，中央大学门前，虽危机迭起，因球员抵御得法，均能化险为夷。两队正值互争之间，中央大学球员李涤生犯规被罚点球，暨南大学一蹴而就，首开纪录。未久，场上出现争执，李涤生与暨南大学罗海光相互争球，罗海光一脚踢到李之胸前，却被李涤生双手捧住大腿，好似摔跤，李涤生向罗海光直扑，观众却齐声叫好，秩序大乱。经数分钟之久，裁判员将两人同罚出场，比赛方才继续，经此波折，双方都无心进攻。中场休息后，易地而战，双方均十人应战，暨南大学虽全力猛攻，中央大学守御益力，相持甚久，至比赛临近结束之时，暨南大学再次抓住机会，徐亚辉力度不大的射门，却因中央大学守门员江良规距离球门线太近，球顺势越过守门员滚入门中，暨南大学以２：０获胜。①

四、暨南大学小胜交通大学

暨南大学对阵交通大学的比赛是历届江南大学足坛的重头戏，这是第八比赛日的关键之战，备受瞩目。交通大学足球队本年度人才济济，后起之秀俱已青出于蓝，或代表东华，或代表青华，在上海足球联赛中，屡显身手，锋芒极盛。本赛季交通大学阵容强盛，大有掀翻霸主暨南大学，夺取锦标实力。两校会师于徐家汇交通大学球场，两队赛前战绩相同，此战不啻为解决锦标之比赛。故双方格外重视，赛前均有誓师等活动。②交通大学印就入场券多张，概不取费③，目的是吸引观众前来，营造主场优势。结果，暨南大学罚进点球，一球小胜交通大学。然而，比赛时交通大学队员殴打裁判员，再次发生球场暴力。讽刺的是，赛前交通大学在校门前最为醒目的位置挂上了"胜败不关荣辱"的横幅。但如此醒目旗帜，却因球场暴力致使体育精神荡然无存。

五、复旦大学与暨南大学收官之战

自开赛至今，江南大学体育协会足球联赛已渐近尾声。就锦标情势而言，暨南大学取得五战五胜之战绩后，仅剩与复旦大学一役，如若不败，便可卫冕。上半时两队相互来往，进攻各无所获，球到门前，如无良机，决不强求，似乎有约在先，互不侵犯，如此平淡无奇结束上半场。下半时

---

① 《江大足球　暨南昨胜中央》，《申报》1933年11月28日，第12版。
② 《大学足球精华》，《申报》1933年12月16日，第15版。
③ 《江大足球　暨南对交通》，《申报》1933年12月15日，第14版。

比赛进行约一刻钟时，暨南大学由罗海光攻入一球，仅三分钟后，复旦大学由陆秀文扳平比分，至终场哨起，遂成1∶1，两队战成平局。[①]有鉴先前交通大学与暨南大学交手时球场暴力风波，本场比赛两队场上表现格外谨慎，双方攻守之间甚为和谐，比赛得以顺利进行。暨南大学以六战五胜一平的不败战绩，卫冕江南大学体育协会第八届足球联赛锦标。从暨南大学本赛季表现来看，场上优势不再明显。一方面，暨南大学一批功勋球员已经毕业离校，球队进入更新换代时期；另一方面，交通大学与复旦大学两校足球实力有所提升，不甘屡被压制，欲图挑战暨南大学霸主地位。

第九节　江南大学体育协会第九届足球联赛
（1934年）

交通大学因去年殴打裁判员的严重球场暴力事件，遭江南大学体育协会停赛一年处罚。本届足球联赛参赛学校仅剩六队：暨南大学、复旦大学、金陵大学、中央大学、光华大学与持志大学。暨南大学连续第七次获得锦标，复旦大学四胜一负，屈居亚军；金陵大学、光华大学以二胜一平二负，并列第三；中央大学一胜四负，名列第五；持志大学五战皆北，积分垫底。本届比赛的相关规定如下："一）用单循环制。二）每次比赛：胜队得二分，负队得零分，和局各得一分，如遇两队总分相等，再赛一次，如遇和局，延长三十分钟，日期地点及裁判员，由足委主席指定及聘请。三）比赛规则：照全国运动会足球规则办理。四）裁判员：由主队聘请，惟须得客队同意，如双方不能同意时，得请求委员会聘请（主队须负责裁判员安全之责）。五）如遇天雨，场地不适用，或于万不得已得改期举行，日期由主队通知客队，得其同意（补赛须在12月31日前举行）。六）每次比赛在二时半起，临赛逾十五分钟不出场者，作弃权论，如中途被汽车误时者，不在此例。七）球员名单：须于11月17日前寄足委主席转审委会。又每次比赛结果，由胜队于三日内，寄足委会主席。又比赛球员名单，须由裁判员签字。"[②]

自江南大学体育协会足球联赛举行至今已九届，每届都有球场暴力事件，去年更是殴打裁判员，血染赛场。有鉴于此，就不难理解江南大学体育协会在赛前出台新规，特别注明"主队须负责裁判员安全之责"之条款，

---

① 《江大足球赛结束》，《申报》1933年12月29日，第12版。
② 《江大足球赛　比赛秩序排定》，《申报》1934年11月15日，第14版。

来加以防患新的暴力行为发生（表 5-18）。

表 5-18　江南大学体育协会第九届足球联赛（1934 年）成绩一览表

场次	时间	学校名称	地点	比分	胜者
1	11.24	暨南大学—持志大学	持志大学	8∶0	暨南大学
2	11.28	复旦大学—持志大学	持志大学	10∶0	复旦大学
3	12.01	中央大学—持志大学	中央大学	10∶0	中央大学
4	12.01	复旦大学—金陵大学	金陵大学	4∶1	复旦大学
5	12.03	复旦大学—中央大学	中央大学	2∶1	复旦大学
6	12.03	金陵大学—持志大学	金陵大学	2∶0	金陵大学
7	12.08	金陵大学—中央大学	金陵大学	4∶1	金陵大学
8	12.08	暨南大学—复旦大学	暨南大学	1∶0	暨南大学
9	12.15	光华大学—中央大学	光华大学	4∶1	光华大学
10	12.17	暨南大学—中央大学	暨南大学	7∶0	暨南大学
11	12.22	金陵大学—光华大学	光华大学	1∶1	平
12	12.24	暨南大学—金陵大学	暨南大学	3∶0	暨南大学

一、金陵大学大胜中央大学

本届再次上演金陵大学与中央大学南京两大学"德比战"。比赛于 12 月 8 日下午二时半在金陵大学足球场举行。到场观众两千余人。中央大学率先开球，自南向北进攻，双方来回试探。未几，中央大学雷瑞林一马当先，带球进攻，却被金陵大学内左卫金阳镐抢断，随即长传邓堪舜，邓又起脚传中，落点颇佳，吾舜文举腿勾射，中央大学守门员何和珉措手不及，金陵大学首开纪录。此后中央大学场上局面颇显被动，金陵大学前锋线对中央大学腹地以猛烈攻击，中央大学后卫线疲于奔命，又被金陵大学锋线打入一球。两球落后，中央大学大举反攻，前锋雷瑞林于金陵大学门前，一度无人防守，不幸射门用力太猛，打到球门横梁而弹出，错失良机。上半时遂于金陵大学慌乱之际结束。休息未几，下半场比赛开始。金陵大学猛攻，中央大学后卫线亦人人奋勇防守，却难耐金陵大学锋线的配合，被徐正蛟依靠盘带过人，打入一球。三球领先后，金陵大学牢牢控制住场上局势。双方均走马换将，随后两队各入一球。金陵大学以 4∶1 的比分赢下"德比战"。①本场裁判员张东屏，执法颇为严厉。到场观众颇不遵守秩序，时时阻碍边线球，致双方比赛失去不少精彩。

二、暨南大学七度夺冠

本赛季暨南大学良将星散，实力已大不如前，不过后继者大有人在，表现依旧强劲。赛季首战作客持志大学球场，暨南大学在上半场就打入七球②，攻击力惊人，对手毫无还击之力。与中央大学一赛，开场不久之后，暨南大学前锋王南珍就被罚下，十人应战，依然纵横自如。中央大学防守漏洞百出，又无力进攻，全场下来，被暨南大学灌入七球。③由于交通大学禁赛期未满，不能参赛，能挑战暨南大学江大足坛霸主地位仅剩复旦大学，两校之间的较量事关锦标得失，故双方慎重行事，裁判员特请陈吉祥充任，沈回春、何春辉分任边裁，沪上裁判员界精英尽出。观众出席者众多，比赛还未进行，操场四周便围得水泄不通。

比赛开始后，暨南大学先取攻势，因复旦大学防守森严，暨南大学锋线无机可乘。随即，复旦大学开始还击，来势汹汹，右翼杨荣华得球传中，霎时间，中路便有三名队员一拥而上，机会甚佳，暨南大学守门员徐亨一跃而起将球击打出去，从而化险为夷。不久，暨南大学陈镇祥在自家门前抢断一球，长传至前场，罗海光得球后盘带数步，传球至左侧尹贵义，随即一脚低射，皮球从球门左角滚入网窝，复旦大学守门员毫无反应。暨南大学一球领先后，进攻更加犀利，机会虽多，却因脚头不准，始终难以再次敲开对方大门。易地再战后，复旦大学队员体力不支，已经没有上半时活跃的状态，前锋线散漫，全无进攻力量。暨南大学队员鼓其余勇，再接再厉。复旦大学后方身处惊涛骇浪，岌岌可危。即便如此，暨南大学下半场没能再次得分。比赛以1∶0告终，暨南大学小胜复旦大学。④比赛期间，双方啦啦队呐喊不停，助威之声，响彻云霄。暨南大学啦啦队更是起劲，备有锣鼓等乐具，在"锦标在握我暨南"旗帜之下，大吹大擂；复旦大学方面亦不甘寂寞，遇本军猛攻敌之际，力竭声嘶，虚张声势，与暨南大学之吹擂遥相应和，煞是有趣。赢得比赛后，暨南大学同学莫不雀跃异常，同声高唱凯歌。

赛后分析来看，双方实力在伯仲之间，复旦大学球员体能欠佳，战术

---

① 《江大足球赛 金陵战胜中央》，《中央日报》1934年12月9日，第8版。
② 《江大足球赛 暨南大胜持志》，《新闻报》1934年11月25日，第16版。
③ 《江大足球赛 暨南全胜中央》，《新闻报》1934年12月18日，第11版。
④ 《江大足球赛 暨南击退复旦队》，《新闻报》1934年12月9日，第15版。

安排较为得当，防守稳健有加，坚如铁闸，方才在暨南大学狂轰滥炸之下仅失一球，可惜复旦大学前锋对抗过于软弱，仅有的几次机会被浪费掉。暨南大学队员体能充沛，善于跑动，中坚陈镇祥更是八面威风，进能攻、退能守，满场飞奔，在他的策应之下，暨南大学前锋创造出大量的射门机会，若不是前锋把握机会太差，便又是一场大胜。双方竞争甚是剧烈，却没有发生争执，在暴力丛生的江南大学体育协会足球联赛锦标争夺中，可谓难得一见。

第十节 江南大学体育协会第十届足球联赛（1935～1936年）

江南大学体育协会第十届足球联赛命运多舛。因社会动荡及各校自身原因，参赛校锐减。中央大学、金陵大学先后退出，交通大学再次拒绝参赛，本届足球联赛只有光华大学、暨南大学、复旦大学三校参加[1]，令人唏嘘不已。此外，原本只有三场比赛的联赛，赛期漫长无比，踢了半余年方才决出锦标。最终，光华大学以1∶0小胜暨南大学，夺得锦标。事后却因人检举，光华大学队中有人冒名顶替，经调查属实，议决取消光华大学锦标，已发之奖品，由大会向光华大学收回并保存。因此，本届赛事没有冠军（表5-19）。

表5-19 江南大学体育协会第十届足球联赛（1935～1936年）成绩一览表

场次	时间	学校名称	地点	比分	胜者
1	1935.12.07	光华大学—暨南大学	光华大学	0∶0	平
2	1935.12.14	暨南大学—复旦大学	复旦大学	1∶0	暨南大学
3	1936.06.04	光华大学—复旦大学	复旦大学	1∶0	光华大学
4	1936.06.05	光华大学—暨南大学	上海市体育场	1∶0	光华大学

一、暨南大学与光华大学握手言和

本届足球联赛的揭幕战是暨南大学与光华大学。暨南大学贵为江大足坛霸主，保持锦标多年。光华大学全队队员水平均衡，实力不可小觑。[2]随着判员

---

[1]《江大足球 共衹三校参加》，《申报》1935年12月6日，第11版。
[2]《今日江大足球 赛暨南首逢光华》，《申报》1935年12月7日，第13版。

沈回春一声哨响,揭幕战开始。光华大学首先开球。不一分钟,暨南大学犯规,被踢任意球,光华大学罚球质量不高,皮球被暨南大学抢断,随即大举进攻。光华大学内卫防守技术扎实,以守带攻,暨南大学进攻便大打折扣,双方在中场连续混战,各无所获。冬雨之后,场地湿滑,光华大学借主场之利,频频压迫对手。待到暨南大学适应场地,便又进攻至光华大学腹地,顿时光华大学门前险象环生,幸得防守队员相互补位,才没有被暨南大学打穿防线。光华大学偶得机会,便快速传到前场,防守反击战术发挥得淋漓尽致,无奈前锋对抗软弱,未能抓住为数不多的几次机会。上半场两队均未能得分。交换场地后,暨南大学即刻长驱直入,攻势逼人,光华大学后卫赵霭生重压之下,解围踢空,暨南大学前锋未能抓住机会一锤定音。随即,光华大学由左路直下,进攻暨南大学球门,一度造成对手门前混乱。此后暨南大学狂攻不止,光华大学球门前危机四伏。暨南大学全场先后获得角球机会不下十余次,但均为光华大学解围。①两队都没有取得进球,握手言和。

二、复旦大学与光华大学赛期拖延

光华大学、复旦大学的比赛原定于 12 月 11 日下午二时半在复旦大学球场举行,因场地湿滑,不能使用,改期至下周六仍在原处举行。②然而,改期比赛当天的场地状况依旧没有改善,故决定延期至来年 1 月 10 日左右再行比赛。③又因期末考试等诸多原因,比赛再度搁浅。孰料两大学比赛一延就是半年,实属罕见。经江南大学年会决定,两队于 1936 年 6 月 4 日在复旦大学球场进行。当日,光华大学准时抵达场地,复旦大学却因前日球赛发生不幸事件,受伤队员尚未痊愈,人数不整,临时宣告弃权。一场比赛一波三折,到最后还是没有踢成。由于光华大学不战而胜,积分遂与暨南大学同为三分。依照规定,两校必须再行决赛,以决定该届锦标。

三、光华大学与暨南大学收官之战

1936 年 6 月 5 日下午四时,光华大学与暨南大学的收官之战在上海市体育场举行。这也是江南大学体育协会足球联赛史上的最后一场比赛。上半时两队不分胜负,下半时暨南大学左翼尹贵义被罚出场,不得不以十人

---

① 《昨日江大足球 暨南光华和局》,《申报》1935 年 12 月 8 日,第 13 版。
② 《昨日江大足球 光华复旦因场湿改期》,《申报》1935 年 12 月 12 日,第 15 版。
③ 《江大足球赛 今日复旦战光华展期》,《申报》1935 年 12 月 29 日,第 13 版。

应战，随后暨南大学被光华大学蒋兆祥攻入一球，光华大学以 1∶0 荣获本届锦标。①然而，赛后暨南大学提出抗议，认为光华大学有未经注册的球员，冒名加入。经江南大学当局查实，执委会几次决议，最后决定，取消光华大学所得锦标，发出的奖品也由大会向光华大学收回，江南大学体育协会第十届足球联赛锦标就此悬空。事实上，光华大学上场的球员都是在读学生，"惟事后在光华教练员所填写之比赛报告单中，填有顾定祥君任右翼"②，而实际上顾定祥仅在苏州受训，并没有参加比赛，光华大学方面也做了陈述，指出是当时填写错误所致。光华大学是江南大学体育协会发起校之一，自江南大学体育协会足球联赛创办以来历经十届，始终如一，届届参加。其为提倡足球运动之精神可嘉，此届之事，并非有意作弊，而是教练员的经验和责任心不够，致使锦标断送，实为可惜。

1936 年江南大学体育协会改组为上海各大学体育协会，后因抗日战争的全面爆发而终止。江南大学体育协会足球联赛持续十年，继承了校际足球运动的一些传统并与之发扬。作为民国时期华东地区大学校际足球运动的终章，江南大学体育协会足球联赛把大学足球运动推向一个新的高度，既有成功经验，也有失败教训。

经验方面，江南大学体育协会从教会大学主导的校际竞技体育组织中收回赛事权，倡导及发展华东地区各大学的体育事业，通过校际足球竞赛来培养运动员的体育精神，明确规定学生运动员的学业参赛要求，彰显了校际足球运动的教育价值。江南大学体育协会足球联赛在制度上趋近完善，足球委员会定期举行会议，商讨联赛运行中的规则、分组、日程、积分方式等事项，每届联赛都会根据上届联赛运行中出现的问题进行制度上的调整，突出了以赛事为中心的办赛理念。江南大学体育协会足球联赛是华东足坛关注的重点，每逢重要比赛，必定引发媒体的争相报道，一些报道堪称足球运动新闻报道的文本典范，对场内外的花絮描述、比赛时的分析、比赛后评价，无论是在文字描述，还是谋篇布局，都呈现出极高的水准。江南大学体育协会足球联赛场上竞争激烈，场下更是激情无限，口号、标语、奇装异服、歌声、军乐声等，展现出各个层面的大学校园足球文化。

江南大学体育协会足球联赛的失败教训是球场暴力和体育精神的缺失。江南大学体育协会足球联赛十年赛事史就是各种类型球场暴力的展现史。各大学过分重视足球锦标，锦标主义下的大学足球运动，推崇胜王败

---

① 《江大足球光华冠军》，《申报》1936 年 6 月 7 日，第 15 版。
② 《上届江大足球锦标议决取消》，《新闻报》1936 年 12 月 21 日，第 12 版。

寇的功利主义，无论是运动员、教练员、球队管理人员，还是场下观众，把体育精神抛之脑后，足球场变成了斗殴泄愤的舞台。失去了体育精神的足球运动，也就失去了足球运动的魅力，没有了教育价值。光华大学足球队因球员参赛作假，被江南大学体育协会取消锦标；暨南大学足球队为追求足球锦标，经常对裁判员判罚不满；双方学生运动员之间的球场暴力，对观众及裁判员的暴力行为，致使上海中华运动裁判会拒绝委派裁判员执法江南大学体育协会足球联赛。球场暴力反映出体育精神在江南大学足坛的缺位，江南大学体育协会足球联赛的失败教训也对当下校园足球发展带来诸多警示。校园足球运动在培养后备人才、提升青少年身体素质的同时，更要塑造青少年的体育精神，突出校园足球运动的教育意义。

第六章　华东地区大学校际足球运动中的裁判员和运动员

　　裁判员是推动近代中国大学足球运动发展主要因素之一，也是被容易忽略的一个群体。在圣约翰大学与南洋公学足球对抗赛时期，鲜有关于比赛中裁判员的记载。华东六大学时期的足球联赛，由于没有裁判组织机构和培养机构，裁判员多由比赛双方延请沪上西人足球队球员担任，这些球员大多是沪上知名人士，比赛中互无偏袒，遵守规则。到了华东八大学时期，中国裁判员的身影出现在一些足球联赛中，多数比赛仍旧是西人执法。因西人与比赛双方无深厚关系，多为华东社会各界，尤其是体育界、足球界的权威人士，社会地位较高，得到比赛双方一致认同。中华全国体育协进会成立后，各项体育赛事的组织和裁决以中国人为主。为培养体育赛事裁判员，中华运动裁判会在上海成立。江南大学体育协会足球联赛的裁判员大都来自中华运动裁判会，这一时期对裁判员执法记载表述较多，并在制度上做了规范。中华运动裁判会培养出了乐秀荣、舒鸿等中国最早的一批国际级足球、篮球裁判员，是中国裁判员走向世界的重要平台。不过也应看到，江南大学体育协会时期裁判员执法环境恶劣，殴打裁判员事件经常发生。另外，裁判员的执法水平有待提高，在执法时对场上局势的把控欠缺火候，球场暴力多是由争议判罚所引起。

　　运动员是足球运动的主角，是华东地区大学校际足球运动的见证者和践行者。足球联赛的魅力需要通过场上运动员得以展现，华东地区大学校际足坛三十余年的历史是由千余名参赛学生运动员所建构起来的。大学足坛为学生运动员提供了相互交流的平台，在切磋球技的同时，也见证了学生成长。运动员在学生时代，参加校际足球联赛，锤炼球技，广交球友，毕业后大多继续从事足球活动，成为上海业余足球俱乐部的生力军。华东地区大学校际足球联赛培养了一批竞技水平高超的学生运动员，他们中既有代表华东地区参加全国运动会足球锦标争夺的队员，也有代表中国国家队参加远东运动会，痛击日本国家队，上演帽子戏法的国家队主力前锋，更有代表中国队远征 1936 年柏林奥运会的足球联赛的队员。对运动员来说，足球运动是生活中不可或缺的一部分，是推动学生成长的手段之一，也是一种教育方式。他们中有的成为教育家、外交家、商业精英、大学校长、将军、医学家等，有的为国家的体育事业默默耕耘，奉献终生，有的为抵御日本帝国主义的侵略献出年轻的生命，有的求学海外，不卑不亢。华东大学足坛的运动员书写了一部竞技卓越、全面发展、爱国爱校的历史，为校园足球留下一笔宝贵的财富。

第一节　华东地区大学校际足球运动中的裁判员

一、华东六（八）大学足球联赛时期的裁判员

圣约翰大学与南洋公学足球对抗赛时期，对场上裁判员的相关记载非常少。到了华东六大学和华东八大学足球联赛时期，对比赛的新闻报道中以公正人、公证人、评判员等来指代主裁判，以挥旗员、巡边员、边线人等来指代边裁。并不是每一场比赛都会把裁判员一一记录下来，因此，难以全面梳理这一时期的裁判员名单。当时，足球联赛的裁判员多是租界西人及华东地区知名体育家，如李思廉、兰藤、福尔东、威尔逊、巴雷特、裴来脱、麦克乐等。这些裁判员在华东地区足球界有着较高地位，还有着光鲜的社会职业。例如，巴雷特是上海公共租界的警务处长，麦克乐是东南大学体育系主任。华东八大学时期的足球联赛逐渐形成了裁判员选拔制度，如1923年南洋大学与复旦大学的足球联赛，"公正人由委员会提出三人，经两方之同意，决请跑马厅西人威尔逊氏担任，挥旗员二人，则由公正人指定与两方无关系者当之"[①]。可以看出，选择谁来执法大学校际足球的关键比赛，有着较为严格的遴选机制，由华东八大学联合会下属的足球委员会提出三人裁判员名单，报由两校，再经过两校确认，最终选取其中一人作为主裁判员，两名边裁需要主裁判选择，且回避与两校有来往关联的裁判员。

中国裁判员开始参与大学校际足球运动的执法工作是在华东八大学时期。随着比赛场次的增多，每场对决都委派西人裁判员已经不太现实。因此，在某些场次中，中国裁判员便登上执法舞台。例如，1922年复旦大学与圣约翰大学比赛时，时值裁判员由阮志珍担任，同年，卢颂恩执法了东南大学与沪江大学的两校足球赛，申国权主哨金陵大学与复旦大学。1923年，南洋大学拜访东南大学，该场比赛裁判员为叶雅谷。1924年东南大学

---

① 《八大学最后之足球锦标赛比赛-南洋与复旦》，《申报》1923年1月3日，第15版。

与复旦大学对阵时，当值主裁为申国权。总体而言，中国裁判员参与比赛执法场次偏少，所执法的比赛也不是决定锦标归属的重要比赛。遇到圣约翰大学与南洋大学（交通大学）的争冠赛，华东八大学对裁判员的选择甚为谨慎，以免引起双方争执，这些重要性的比赛几乎都会选择西人作为球场执法者。西人裁判员大多在上海租界有一定的社会地位，执法过程能够做到赏罚分明，保证比赛顺利完赛。然而，华东地区大学足球联赛的裁判员工作多委任给西人，引发国人不满。当时中国体育事业发展多被西方人士把持，包括华东八大学各组委会成员，对此，一些体育人士呼吁必须要建立专门培训裁判员的机构，培养中国裁判员来执法各种竞技比赛。

苏格兰人李思廉（图 6-1）是华东六（八）大学足球联赛裁判员的代表性人物。华东六大学时期的南洋公学，为进一步提升球队足球水平，聘请当时在上海怡和洋行工作的李思廉作为学校足球队教练员及童子军团长。南洋公学此举开创了校际比赛聘请外教指导的先河。李思廉在上海足球界地位颇高，除日常工作外，业余时间经常参加沪上足球联赛，他是上海西商足球会最著名队员之一。[1]华东八大学时期，南洋大学（交通大学）聘用李思廉待遇不菲，除给以薪资之外，还以教授的标准安排住处。[2]南洋大学（交通大学）对足球运动的重视可见一斑。每到足球赛季开始前，李思廉就开始组织球队训练，并把南洋大学（交通大学）球队分为甲、乙组两组。队员积极训练，精神百倍，勇敢异常。李思廉训练有方，对球员要求严格，《南洋大学学生生活》对李思廉指导球队训练有如下记载：

图 6-1 南洋公学时期的李思廉
资料来源：《交通大学上海学校丙寅级纪念册》，1922年，第41页

> 教练英人李思廉先生每天总要到场来指导。各种传球接球的法子，无不详加解说，反复练习。每逢星期日或星期六，总要请沪上有名的中外球队来作友谊比赛，借资练习。起初总是把甲组排入，赢得

---

[1] 《南洋约翰两大学三次赛球纪》，《申报》1915 年 1 月 7 日，第 10 版。
[2] 陈明章：《国立交通大学》，南京，南京出版有限公司，1981 年，第 93 页。

敌人几球，然后再将新队员加入，这也是锻炼球员一种善法。有时先将乙组遣出，后将精锐替换入场，赢他一二个，这个方法，也很有趣。南洋学生，对于足球，是有"遗传上的兴味"，所以逢到足球的时期内，星期六日总不出去而留在校中看球的。说到八大学比赛的前两周，运动员大战将临，更是忙碌了。除掉下午四点钟练习外，还要在那寒风烈烈的清晨，白霜满地的操场上，大加操练。这样"卧薪尝胆"的预备，无怪乎到了比赛时，敌人手忙脚乱，他们反能态度从容，阵法井然，总是在"战胜之神"的保护之下啊！[①]

李思廉在南洋大学指导足球训练七年多，是南洋大学足球崛起并称霸大学校际足坛的操盘者。不仅南洋大学的学子推崇李思廉，他甚至也得到了南洋大学劲敌圣约翰大学师生的认可，《约翰年刊》曾评价李思廉对南洋大学足球的功绩："以言指授之人。南洋有李思廉氏（Alec Leslie）本校有葛里福氏（Willie Clifford），皆足球界中之先进。李氏指授南洋者七年，葛氏指授本校者亦四年，经年累月，惨淡经营，始克组成此两大旗鼓相当之球队。"[②]

李思廉离任南洋大学后，仍旧活跃在上海足坛，为中国足球的对外交流做出了一定的贡献。上海乐华足球队在1930年规划第三次远征英伦三岛时，由李思廉与英国军官哈利士反复商讨，并同伦敦足球总会取得了联系，促成此事。但因种种原因，未能出行。[③]此外，1935年乐华队远征澳大利亚时，李思廉作为球队主教练员随队前往。

李思廉是沪上足球界的名哨，因判罚公正，无论是在西人还是华人足球圈，均得到了认可。华东六大学时期，李思廉经常吹罚关键比赛。例如，圣约翰大学与南洋公学的第一次"麦根路之战"，就是由李思廉主哨。该年度华东六大学足球联赛决赛在南洋公学与东吴大学之间进行，亦由李思廉执法。到了江南大学体育协会足球联赛时，李思廉在一些重要比赛有执法记录。1930年，暨南大学大胜交通大学的比赛，他以边裁的身份参与本场比赛。这一时期，很少有外籍裁判员参与大学校际足球联赛的执法工作，李思廉能够加入裁判工作，是因为他是上海中华运动裁判会十余位名誉裁判员之一，也是仅有的三位外籍裁判员之一。能够获此殊荣，可见李思廉在裁判界的地位之高。

---

① 南洋大学学生会：《南洋大学学生生活》，南洋大学学生会南洋周刊社，1923年，第114页。
② 云舫：《两雄鏖战录》，《约翰年刊》1920年第31卷第9期。
③ 《乐华远征搁浅原因》，《新闻报》1930年10月17日，第12版。

二、江南大学体育协会足球联赛时期的裁判员

中华运动裁判会成立后，开始组织培训足球、篮球、排球裁判员，来参与各项竞技比赛的执法，其中一项工作便是执法江南大学体育协会的各项比赛。20世纪二三十年代华东体坛的功勋人物几乎都参加过江南大学体育协会的执法工作，如李惠堂、沈嗣良、乐秀荣、舒鸿等。并非所有的比赛都由中国裁判员执法。麦克乐、李思廉等也有执法记载，1929年中央大学首度参加联赛对阵交通大学，乙组比赛时裁判员为英人Batty，甲组比赛时裁判员为英人Slud。

江南大学体育协会足球联赛对裁判员的选派方法有明确规定。第一届时的规定为每次比赛裁判员，由双方同意方可聘请。按照这一说法，客队在比赛时也可以聘请裁判员，这就容易产生争议，在该届南洋大学与复旦大学两校比赛时，因对裁判员判罚不满，引发赛后争执。因此，第二届联赛时，裁判员选派改为由主队征求客队同意后方可选派。此后几届联赛延续上述规定。第八届增加了如果双方不能同意主队选派裁判员，可以请求委员会聘请。由于第八、第九届联赛连续曝出裁判员被殴打的严重暴力事件，因此，组委会在第九届特意规定：主队务必确保裁判员人身安全。

虽然中华运动裁判会是培养专门裁判员的机构，不过裁判员执法竞技赛事都是兼职行为，殴打裁判员事件常有发生，这表明裁判并不是容易从事的行当。除了具备良好的身体素质，还需要具备优秀的心理素质，能够头脑冷静，在球场上能够即刻进行决断。然而，江南大学时期的足坛暴力丛生，也注定了裁判员是吃力不讨好的工作。沪上名哨乐秀荣对此深有体会。

> 然而裁判员的生活却并不像玫瑰花般芬芳愉快，他是充满着侮辱，工作是困难，最最吃力不讨好，也不会有人羡慕的。一个球队得胜了，早已置裁判员于不顾，要是失败的话，一切都归罪在裁判员身上，裁判员的能力不足，裁判员的偏袒，还有……如果有时真真有时判决错误，所谓人类免不了的错误，那末就会整个星期的谈论着，新闻报纸刊载着，使他感觉到万分的可怜！常当使一个有勇气的人，年年想退出这圈子。并没有什么金钱上的报酬，所得到的，就是公众的唾骂。然而我们中间的许多同志，还是忍辱负重的担任着运动裁判员，为的是不过想到运动比赛少不了裁判员，好像生命缺不了空气一样。有时我们感觉这次工作做得自己很满意，那已经是极大的报酬了。我

相信许多人继续服务着，不过为的是爱护体育运动，喜欢这一项比赛，总想可能的稍尽绵薄而已。

裁判员是免不了有错误的，因为如果他是"人"，那末有时总会有错误。而在场上的观察和看台上的观察，视线上也有不同的，而且在一刹那的时间，不容你加以思索和分析的。在我个人的经验上，足球裁判是较其他裁判员为困难，规则上有三点，就是百分之九十九引起场上纷扰的因素。第一点是"越位"。一个球员有时能在越位的地位，而按诸规则是并不越位。球最后是在对方球员的脚下，他并不越位；有时在很快的突破时，也很容易越位。所要注意的，并不是他自己踢球时，他站在什么地方，而是在同队队员踢球时，他站立的地位。第二点是"有意"。规则上讲"有意犯规者要判罚"，如果裁判员认为不是有意，他并不吹笛，那末，你设想这时的观众是如何的情形？不是叫骂吗？第三点是规则上的"有利"解释。所谓"有利"者，譬如一次十二码球，罚了这次球，如果不中，是反给对方一队"有利"的，裁判为不使犯规这一队因之有利，就可不罚这十二码，而使比赛照常进行。要知道十二码球不是一定中的，如若在这种情形，不是给观众咒骂得要命吗？所以，照规则，他是对的，在公众眼光里，他是永远不会对的。

我生平曾经出过三次乱子。第一次在徐家汇交通大学，交大对暨南的江大足球决赛，为了罚暨南一个球，陈镇和和几百个暨南的拥护者紧追着喊"打，打！"幸而脱脚得早，结果闹事的学校当局道歉了事。第二次在中华棒球场，这时西捕足球队最强，在一次华联对西捕的慈善赛里，华联队一对零占先，在将近比赛完毕时，西捕的中锋法莱斯背朝着我，离我约二十五码之处，用手带球进门，我就作为一胜球，成千成万的观众，赛毕非打裁判不可，幸而法捕的保护才得脱险。第三次在逸园，东华对法商一次重要比赛，李义臣头上踢中一脚，东华输了，观众又大哗，橘皮与铜子，满场飞舞，总算幸而未伤。

我今年四十二岁了，在迅速的比赛，自问脑腿俱差，故已不在球场活动，把我可能的精力，来造成后起的裁判员，来担负这有价值而是吃力不讨好的运动比赛裁判工作。①

虽然大多数裁判员都有着光鲜的职业与较高的社会地位，然而从乐秀

---

① 乐秀荣：《吃力不讨好的裁判员》，见上海书店出版社编：《民国上海年鉴汇编》（19），上海，上海书店出版社，2013年，第292~293页。

荣上述回忆来看，裁判员在球场上的执法环境是非常糟糕的，乐秀荣的球场执法遭遇并非个案。1926年复旦大学与南洋大学的比赛，南洋大学教练员质疑当值主裁冯建维的判罚，致使比赛没能顺利结束。1932年复旦大学与交通大学的比赛，裁判员陈吉祥遭到少数复旦大学学生的殴打，身受重伤。1933年暨南大学与交通大学比赛时，裁判员沈回春遭到殴打。这些涉及裁判员的球场暴力在江南大学体育协会足球联赛中屡禁不止，就连号称暨南大学头号球星的陈镇和都参与到殴打裁判员中来，足球联赛中的体育精神荡然无存。毫不夸张地说，江南大学体育协会足球联赛的裁判员是一份高危职业。

三、中国体育裁判员的摇篮——上海中华运动裁判会

中华全国体育协进会成立后，各项竞技体育比赛的主办权收回国人手中。在此之前，竞技赛事组织工作和裁判工作几乎都是由基督教青年会或各教会大学的外籍人士把持，甚至中国竞技体育的对外交流工作，也是由外籍人士来承担。因此，竞技赛事组织是收回体育权运动的重要内容，加之现代奥林匹克运动在中国的传播，以及远东运动会、全国运动会、各地区运动会的蓬勃开展，大量比赛急切需要裁判员执法，成立裁判员机构并培训裁判员成为当务之急。具体到华东地区大学校际竞赛而言，先前教会大学主导的竞赛组织被推翻，外籍裁判员自然也不能执法赛事。江南大学体育协会组建成立后，各项比赛裁判员缺口就显现出来，更为迫切需要培养执裁人员。为此，1926年冬，华东体育界人士冯建维、张国勋、徐振东、蒋湘青、吴邦伟、乐秀荣，鉴于西人之把持华人体育，为鼓励倡导国人参加体育运动，因此发起裁判组织，定名中华运动裁判会，由中华全国体育协进会负责日常开支。裁判会经过短短几年的发展，逐步壮大，培养了一批有志于裁判事业的人士。裁判会成立以来，裁判员任劳任怨，为体育赛事的顺利进行而为之努力，虽有经费人员等诸多不利因素，仍旧惨淡经营，逐渐得到社会肯定。裁判会会员最多时达八十余人，散居各地，声气互通。1930年夏，该会脱离中华全国体育协进会成为自主独立团体，并改名"上海中华运动裁判会"[①]，日常工作暂借会所于中国青年会进行[②]。

---

① 《体育 中华运动裁判会易名》，《申报》1930年6月23日，第10版。
② 参见"本会简史"，见上海中华运动裁判会：《裁判员手册——第一册》，上海，上海中华运动裁判会，1935年。

中华运动裁判会是中国第一个裁判培训机构，也是中国国际级裁判员的源流之地。1928年取得第一批国际裁判证的中国裁判员共有四人，都隶属中华运动裁判会。其中乐秀荣则是第一个拿到裁判证的中国人，后被选举为中华运动裁判会的会长。乐秀荣当时是《大陆报》英文版的体育记者，兼职做裁判员，对于足球运动深谙其道。他还时任上海西人球会裁判委员，在埠际足球赛中，中国人出任裁判员，乐秀荣是第一人。[1]昔日受西人裁判者，今天裁判西人比赛，足以表示中华运动裁判会义勇忠正，聊慰国人。1935年，上海《体育世界》杂志特请乐秀荣每期为之撰述"足球讲座"，专门讲授足球裁判知识，前后共计十七期，内容涉及足球裁判工作的各个方面。这是国内最早系统讲授足球裁判知识的文献。他在"足球讲座"的开篇指出，此次讲座的最大目的有三：其一，使爱好足球的观众能得到更大的欣赏；其二，使足球球员能避免犯规，养成真正的运动员精神；其三，使裁判员执行裁判的时候，能得到更大的满意。[2]乐秀荣从观众、球员及执法者的视角来讲授足球裁判知识，对足球运动的普及而言大有裨益。

中华运动裁判会副会长是南洋大学的周家骐。学生时代的周家骐是南洋大学的"铁门"，华东六大学足球联赛冠军成员。周家骐工科出身，毕业后留校任体育教师。先后加入东华、乐群及中华足球队，并作为乐华队守门员参加史考托杯赛，击败蝉联九届冠军的腊克斯队，开创了中国球队击败上海西人球队的先例。周家骐守门动作迅速，脚头过硬，开球时落点可达对方卫线，单手掷球可及中圈，技能高超，称誉一时。不仅如此，作为南洋大学体育教师，周家骐善于发掘和培养人才。经他悉心培养传授的周贤言，青出于蓝，成了全国一流门将。周家骐也是江南大学体育协会的发起人之一。

中华运动裁判会下辖足球、篮球、排球、棒球四个项目的裁判，以及名誉会员。其中，足球裁判委员由何春辉、陈吉祥、沈回春三人组成。一些裁判员身兼三个运动项目的裁判，如吴邦伟，足球、篮球和排球三个项目都可以执法。足球裁判员共计49人，是中华运动裁判会培养裁判员最多的项目，反映出足球运动是当时最为普及的竞赛运动（表6-1）。除此之外，还有11人为名誉会员。

---

[1] 乐秀荣：《足球讲座（一）》，《体育世界》（上海1935），1935年第2期。
[2] 乐秀荣：《足球讲座（一）》，《体育世界》（上海1935），1935年第2期。

表 6-1　上海中华运动裁判会会员统计一览表（截至 1935 年）（单位：人）

组别	中国裁判员	外籍裁判员	共计
足球	47	2	49
篮球	44	1	45
排球	12	0	12
棒球	3	0	3
名誉会员	8	3	11
总计	114	6	120

注：上海中华运动裁判会：《裁判员手册——第一册》，上海，上海中华运动裁判会，1935 年，第 12～14 页。

从裁判员的居住地来看，绝大多数都在华东地区（见附录四）。可以说，20 世纪二三十年代，华东地区是中国裁判员的中心所在。由于中华全国体育协进会设在上海，加上国内体育赛事逐渐增多，各种比赛需要中华运动裁判会安排裁判员，以保证比赛能够顺利进行。

中华运动裁判会成立以来，奋发励进，为各项体育赛事尽心尽力。截至 1935 年，中华运动裁判会进行了如下工作："担任第八届远东运动会各项比赛裁判员；担任历届全国运动会各项比赛裁判员；担任中华全国体育协进会举办各项比赛之裁判员；担任上海西人足球会举办各种比赛之裁判员；担任历年上海万国篮球比赛之裁判员；担任上海西人青年会各项运动比赛之裁判员；担任江南大学体育协会各项比赛之裁判员；担任华东大学体育联合会各项比赛之裁判员；担任上海中等学校体育联合会各项比赛之裁判员；特设足球裁判法讲座；聘请葛雷汉演讲足球裁判法。"[1]

从中华运动裁判会的上述工作安排可见，裁判会有裁决远东运动会、全国性比赛的资格，也有裁决上海西人足球联赛的权限，华东地区大学校际比赛的执法也是裁判会的主要工作之一。在进行裁判工作之外，裁判会定期还进行裁判员的测试、培训工作，尤其是对足球裁判的培训工作。"上海中华运动裁判会，于前星期日举行足球新裁判员考试，应考者十七人，经该会足球委员及正副会长用笔试口试及目力测验三种方法，严密考查，计初试及格者九人……。凡初试及格之裁判员，须再经若干次之实地测验后，始能正式决定去取。"[2]中华运动裁判会在建构中国体育的裁判制度方

---

[1] 上海中华运动裁判会：《裁判员手册——第一册》，上海，上海中华运动裁判会，1935 年，第 5 页。

[2] 《裁判会足球考试揭晓》，《新闻报》1935 年 12 月 24 日，第 11 版。

面做了先驱性工作。裁判会培养了第一代足球、篮球和排球裁判员，他们活跃于华东地区乃至全国的体育赛场。

第二节 华东地区大学校际足球运动中的运动员

一、足球队名单及学生运动员数量

在华东地区一些大学档案中，零星记载了学校草创时期足球队的情况，从中可以窥见大学足球的一些风貌。例如，东吴大学于1903年成立了足球队，足球队名单共有14人，其中3人为替补队员。名单中注明了队长（领袖）和替补队员（代理），没有对场上位置的说明，没有身高、体重、年龄等身体指标及学生专业方面的信息。从运动员衣着来看，能够做到统一着装：身穿过膝长裤，脚蹬足球长袜，上着圆领长袖，头盘长辫，体现了当时教会大学在对学生身体规训上的一些特征（图6-2、图6-3）。

圣约翰大学与南洋公学发起校际足球联赛后，两校关于比赛的详尽过程并没有多少记载，倒是对比分和场上运动员做了相应陈说。例如，圣约翰大学1903年校队队员有林瑞芳（队长）、屠开沛、金玉元、王望泰、陈

图6-2 东吴大学足球队（1903年）
资料来源：《踢球班》，东吴大学堂杂志之一，1903：111，见耶鲁大学图书馆馆藏中国教会大学档案，卷宗号：RG011-270-4309：76（http://divinity-adhoc.library.yale.edu/UnitedBoard/Soochow_University/Box%20270/RG011-270-4309.pdf）

```
                    FOOTBALL TEAM
                      踢球班名次

        Hsi Pai-shou, Captain ................. (领袖) 奚伯绶
        Ma Fu-ch'uan .............................. 马福泉
        Hsü Shêng-tang ............................ 徐生棠
        Fu Chên-ch'ing ............................ 富振卿
        Chang Chü-ch'uan .......................... 张菊泉
        Ch'êng Shu-liang .......................... 陈叔良
        Hsi Pai-shou .............................. 奚伯绶
        Chang Sao-wan ............................. 张少垣
        Hsü Tien-lin .............................. 徐天林
        Tao Kêng-yu ............................... 陶庚鱼
        Chiang Ö-ting ............................. 蒋鹗庭
        Shên Hsien-p'êng .......................... 沈仙彭
        Chên Yung-shêng, Substitute ........ (代理) 陈容生
        Yu Huai-kao, Substitute ............ (代理) 尤怀皋
        Lu Yen-fu, Substitute .............. (代理) 罗延甫

                           —112—
```

图 6-3 东吴大学足球队名单（1903 年）

资料来源：《踢球班名次》，东吴大学堂杂志之一，1903：112，见耶鲁大学图书馆馆藏中国教会大学档案，卷宗号：RG011-270-4309：77（http://divinity-adhoc.library.yale.edu/UnitedBoard/Soochow_University/Box%20270/RG011-270-4309.pdf）。

善同、袁良中、朱有温、谭雅声、施颂尧、马裕恩、王君等。[1]南洋公学则零星记载了晚清时期学校足球队的成员，1905 年的名单中胡鸿献君为部长，队员有陆品琳、温纶训、杨荫樾、沙增藩、刘宝濂诸君。1908 年的名单中盛守鑫为队长，队员有张桩龄、唐榕柄（守门员）、唐榕锦、唐榕赓、周仓柏、古雄彪、郑鼎锡、席德炯、席德懋诸君。[2]这些名单都是由校友回忆得来，比赛名单在当时赛事报道中多被忽视。

到了华东六大学足球联赛时期，在一些重要比赛中，沪上报纸或是学校校刊对赛事的报道中，大多会附着场上队员名单。例如，1914 年南洋公学第一次"麦根路之战"中的 11 人（图 6-4）为，守门员鲍伯庄，中后卫莫金俭、顾光实，中场叶家俊、莫金勤、黄宝潮，前锋李树本、何景崇、郑炳铭、梁嵩龄、梁振民。

1916 年南洋公学与东吴大学的次回合比赛时，南洋公学的首发名单为：张锡荣、申国权、顾光实、黄宝潮、张信孚、关文俊、刘用臧、何景崇、邵

---

[1] 黎宝骏：《圣约翰大学体育史略》，《上海体育史话》1984 年第 9 期。
[2] 杨恒：《本校足球编年史》，《南洋周刊》1923 年第 3 卷第 11 期。

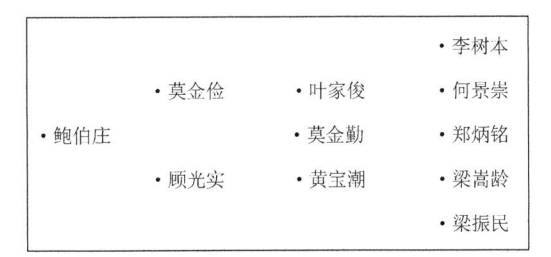

```
          •李树本
  •莫金俭  •叶家俊  •何景崇
•鲍伯庄       •莫金勤  •郑炳铭
  •顾光实  •黄宝潮  •梁嵩龄
          •梁振民
```

图6-4　第一次"麦根路之战"南洋公学首发名单（1914年）
资料来源：杨恒：《本校足球编年史》，《南洋周刊》1923年第3卷第11期

麟、陈琮、罗锡暄。东吴大学的首发名单为：李骏德、李昌期、梁官松、陆鼎荣、史伪如、徐子英、宋福华、李植槐、邵叔翔、张圣廉、梁官榴。南洋公学方面尚有李树本、李大胜、李大星、丁人鲲没有登场比赛。[①]华东六大学第四届足球联赛时，沪江大学主场迎战之江大学的比赛中，沪江大学球队名单为：冯培芝（代理队长）、姚祖恩、黄富强、阮神铎、黄乔、薛俊升、杨芳、屠嘉英、唐炳荣、徐炳元、谭俊英、张德、董萼廷（干事）。[②]该届决赛圣约翰大学与南洋公学两校足球名单分别为：圣约翰大学的沈嗣良（队长）、谢国华（守门员）、袁庆祥、唐树屏、郭应木、冯建维、汪成荣、余衡之、袁立初、马德泰；南洋公学的何景崇（队长）、申国权（守门员）、张信甫、李大星、李大胜、杨天择、丁人鲲、顾光实、黄宝潮、李树木、罗锡瑄。[③]

华东八大学第一届足球联赛的锦标在圣约翰大学与南洋公学两校间角逐。南洋公学阵容鼎盛，足球队共计26人，其中队员25人，具体名单为：宁树藩（队长）、陈汝闳、申国权、张玉麟、杜荣棠、钱崇莅、李庭三、梁建业、陈毓麟、王元康、陈贤、丁人鲲、李梅先、黄守寅、刘铿、仇建善、叶熙诚、周佳骥、葛福照、李伯鸿、陈锦荣、邱全忠、胡振洲、林仲英、蔡灏、张绍元（管理）。[④]到了华东八大学第二届足球联赛时，南洋公学改组为交通大学，球队共32人，球员30人。足球部职员及队员名单为：部长张玉麟，管理王德棻，队员申国权、周家骐、钱崇莅、陈毓麟、叶熙诚、黄文建、程贤、丁人彝、谢月腩、黄守寅、刘铿、陈锦荣、李伯鸿、仇建普、邱金忠、张汝端、杨摩华、谢汝英、严元珑、陈宇、张光辅、黄纬芳、顾结瑞、李硕、骆美轮、杨国祥、陈耀奎、陈瑛、陈

---

① 《南洋夺得足球锦标》，《申报》1916年12月23日，第10版。
② 《沪江与之江比赛足球》，《申报》1917年11月26日，第10版。
③ 《东方六大学续赛足球记》，《申报》1918年1月13日，第10版。
④ 《东方八大学比赛足球消息》，《申报》1920年11月28日，第11版。

溢、黄振英。①对比两届名单可以看出，球队人员变动较大，从侧面反映出足球运动在南洋公学（交通大学）中的普及程度高，校队竞争非常激烈。

华东八大学第三届足球联赛圣约翰大学与南洋大学第一次比赛时，圣约翰大学足球队共计 20 人，分别是：欧炳光、刘克望、李克民、黎宝骏、孟庆征、马显利、马德泰、马德和、何家姿、吴仲华、孙允中、张福星、曾学鲁、董小培、戴桂华、费毓英、韦伯钗、顾奎元、余志忠、陈炳三。南洋大学足球队 24 人，球员 22 人，具体名单为：陈毓琳（部长）、周家骐、申国权、钱崇莅、陈靖宇、宁树藩、李庭三、丁人夒、刘铿、叶虞添、张盛荣、顾毓燧、温联东、陈璞、骆美轮、黄文建、黄振英、程贤、黄纬芳、陈耀奎、伍肆昆、张光甫、徐相、朱翔（管理）。②到了华东八大学第四届足球联赛，两校球队人员发生了较大变化，圣约翰大学 19 人，球员 17 人，名单为：张福星（队长）、董小培、孙允中、韦伯叔、黎宝骏、马显利、龚昭华、蒋翼振、黄奎元、聂体仁、余志忠、费毓洪、陈启东、黄卜端、黄延凯、胡春泽、龚贯祥、蒋娄林（干事）、沈嗣良（主导员）。南洋大学 18 人，球员 16 人，名单是：周家骐（队长）、钱崇莅、宁树藩、叶熙诚、骆美轮、丁人夒、程贤、严寿祺、梁铭浩、徐乐、黄文建、陈家栋、黄锡荣、沈文泗、张光甫、陈耀金、程本臧（干事）、李思廉（主导员）。③华东八大学时期球队名单也包括教练员和领队。不仅如此，在一些重要比赛中，场上名单有位置上的说明。如第四届华东八大学足球联赛时，南洋大学与复旦大学在麦根路球场的对决，两校首发名单为，南洋大学周家骐（队长）（守门员）、骆美伦（右后卫）、钱崇莅（左后卫）、宁树藩（中锋）、徐乐（右内锋）、丁人夒（左内锋）、陈家栋（右翼）、梁铭浩（左翼）。复旦大学李大宸（守门员）、羡绍谕（右后卫）、侯绍纶（左后卫）、王振声（队长）（中坚）、杨英（右前卫）、黄金阜（左前卫）、张锡恩（中锋）、张天胜（右内锋）、唐克中（左内锋）、虞保达（右翼）、吴炎章（左翼）。④从上看出，两校名单是以 2-3-5 的阵型排列，除了阵型不一样外，这与当下足球联赛的首发名单在形式上趋于一致。

到了江南大学体育协会足球联赛时期，足球报道的内容更为丰富成熟，一般会把上场名单依附在比赛报道之后，以飨读者。例如，江南大学体育协会第一届足球联赛南洋大学与复旦大学比赛前，《申报》公布了双

---

① 《交通大学足球队纪闻》，《申报》1921 年 11 月 2 日，第 15 版。
② 《约翰南洋第一次比赛足球志》，《申报》1922 年 12 月 3 日，第 17 版。
③ 《今日南洋与约翰比赛足球》，《申报》1923 年 12 月 1 日，第 15 版。
④ 《昨日南洋复旦比赛足球纪》，《申报》1924 年 1 月 10 日，第 13 版。

方首发名单及阵型（图6-5），具体为：

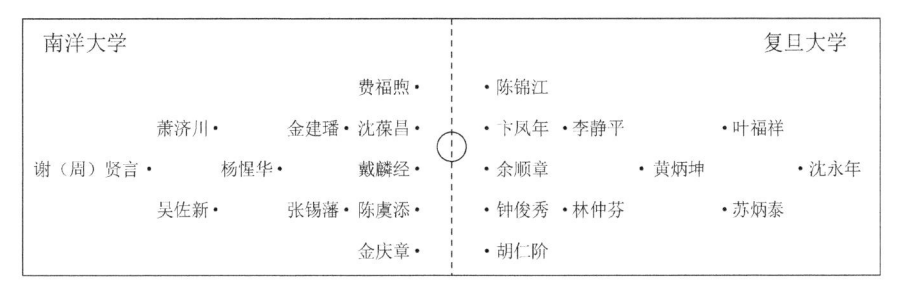

```
南洋大学                                              复旦大学
                    费福煦·  ·陈锦江
         萧济川·  金建瑶·沈葆昌·   ·卞凤年 ·李静平      ·叶福祥
谢（周）贤言· 杨惺华·  戴麟经·    ·余顺章   ·黄炳坤    ·沈永年
         吴佐新·  张锡藩·陈虞添·   ·钟俊秀 ·林仲芬      ·苏炳泰
                    金庆章·  ·胡仁阶
```

图6-5　南洋大学与复旦大学首发名单（1926年）
资料来源：《今日南洋复旦举行江大足球夺标》，《申报》1926年12月9日，第8版

目前还没有发现华东六（八）大学刊发的足球竞赛方面的秩序册，江南大学体育协会足球联赛时期，虽然有如下规定：每次比赛后，两队要将比赛球员名单、计分裁判员，由主队邮寄足球委员会主席，以示留存。不过，在1933年刊行了《江南大学体育协会历届成绩报告书》，其中集合了协会的会议记录及各竞赛成绩记录，却没有各项校际竞赛的秩序册及参赛名单。因此，难以全面梳理各大学足球队成员信息，而关于华东地区大学校际足球运动中学生运动员的数量，更是无法准确计算。

此外，华东各大学大都有附属学校，在大学和中学联赛尚未分离之前，一些中学生及预科生也可代表学校参加大学足球联赛，尤其是在华东地区大学校际足球运动的早期阶段，这种现象非常普遍。例如，1904年圣约翰大学与南洋公学足球比赛时，场上队员陆品琳当时是南洋公学中院在读学生，仅有14岁。南洋公学中院学生相当于现在的中学生。因此，则更加难以确定校际足球联赛的参赛人数，这一数量仅能估算。华东大学校际足球运动间断持续了三十余年，各大学进进出出，参赛校从两所大学扩大到甲乙两组最大规模至八校，粗略估计有千余名学生运动员参与大学校际足球联赛。20世纪20年代后，随着中学和大学的界限逐渐分明，加之各大学招生数量增长，学校足球水平不断提升，以及足球联赛分级，很难再有像陆品琳在中学时代就可以代表大学参加比赛的足球运动员。不过一些身体素质好、喜爱体育运动的学生运动员在中学时代就已经崭露头角，像南洋公学附中的戴麟经及金陵大学附中的陈镇祥、陈镇和等，这也说明，足球竞技人才需要从少年时期开始培养。

二、足球运动员多有兼项

参加华东地区大学校际足球联赛的运动员多有兼项。圣约翰大学与南洋公学对抗赛时期，场上运动员几乎都身兼数项比赛。例如，号称"上海足球大王"的陆品琳擅长短跑、跳高等田径运动，爱打网球，且球艺精湛，曾在1904年获得南洋公学网球比赛的冠军。这一时期学生参加竞技比赛，能否取得优异成绩的决定性因素在于其身体素质。到了华东六大学时期，各大学注重足球运动发展，对技战术要求越来越高，一些学校也形成了较为成熟的技术训练和战术打法，因此，学生运动员身兼数项的情况不像先前那样普遍。即便如此，对一些身体素质优异的学生运动员来说，兼项仍是存在。比如，南洋公学守门员周家骐学生时代为铅球、铁饼名将，曾连续三次获得华东六大学比赛冠军，代表国家队参加第五、第六届远东运动会田径比赛。再如，华东地区选出运动员参加1924年在武昌举办的全国运动会，田径项目选手共计17人，全部都有高等教育背景。黄承唐、吴德懋、张恒、秦太钧、夏翔、王复旦、张茂林（以上均为东南大学学生），陈启东、陈炳三（以上均为圣约翰大学学生），苏炳泰、黄炳坤、沈昆南（以上均为复旦大学学生），胡中甫（东吴大学学生），王钧、黄文建（以上均为南洋大学学生），虞家骏（省立一商），李骏耀（东吴大学毕业生）。[①] 其中，复旦大学的苏炳泰、黄炳坤等还是所在大学足球队的成员。

图6-6 出征柏林奥运会时期的王南珍
资料来源：王南珍：《出席第十一届世界运动大会篮球代表》，《体育季刊》1936年第2期

江南大学体育协会足球联赛时期，学生运动员也多有兼项。1926年的复旦大学田径队共计35人，同年复旦大学与南洋大学足球比赛上场的十一人中，有六名队员是田径队的成员（叶福祥、苏炳泰、黄炳坤、李静平、卞凤年、胡仁阶）。南洋大学的费福煦、戴麟经、陈虞添也是田径队成员。暨南大学足球队主力左翼王南珍（图6-6）擅长篮球运动，是华东著名后卫，曾代表中国队出席第十一届柏林奥运会的篮球比赛。

造成学生运动员兼项主要有两个方面的原因：首先，这一时期中国大学竞技体育的专业化程度

---

① 《参与全国运动会之华东选手》，《申报》1924年5月13日，第14版。

低，除一些大学设置体育科，培养师范人才之外，没有培育竞技体育人才的专门学校。竞技体育人才多集中在重视体育运动的大学。学生参加竞技比赛，也没有专业门槛，跨项目参与比赛的难度低。一些身体素质好、运动能力强的学生大多可以胜任多项体育运动。其次，华东地区大学率先建构了校际竞赛组织制度，涵盖了田径、网球、篮球、棒球等西方主流体育运动，在提升学生身体素质的同时，丰富了校园生活，形成了校园竞技文化，产生了广泛影响力，这些校际竞赛是按照赛季进行，贯穿整个学年，赛事之间基本没有时间上的冲突，加之各大学招生数量有限，造成各支运动队选材面窄，都把目光聚集到身体素质好、喜欢校际竞赛的一部分学生身上。赛季形式的竞赛制度，为这些运动员兼项提供了时间上的可能。需要指出的是，运动员兼项也反映出当时各项竞技运动处于低水平、低质量发展阶段。

三、学生运动员的足球运动生涯漫长

学生运动员从事足球运动贯穿整个求学生涯。由于华东地区各大学大都有附属学校，因此，学生对足球运动的认知，以及足球运动技战术的养成几乎都是贯通式的。运动员从中学就开始接触足球运动，有的甚至在小学阶段就建立起对足球运动的认知。以圣约翰大学与南洋公学校际足球对抗赛时期为例，南洋公学场上队员多为南洋中院的学生。到了华东六大学时期，随着各大学生源数量的扩充，代表校队比赛的中学生运动员渐次减少。不过，每到大学足球联赛时，轮值到主场学校，这所大学的中小学都会积极动员，组成童子军维持秩序，客场比赛时，则跟随学校的啦啦队奔赴赛场为学校加油助威。等到比赛获胜，童子军兴高采烈、载歌载舞，就像自己取得了胜利一般。这都在学生年少的心灵里留下成为足球运动员的火种。戴麟经（图6-7）的成长就是典型案例。他从南洋小学就开始接触足球，中学时期经常到现场观看华东六大学的比赛，还做过比赛

图 6-7 戴麟经
资料来源：吴宝基：《戴麟经》，《趣味》1935 年第 2 期

时福星（mascot）。[①]戴麟经从小就感受到足球运动的魅力，一直刻苦练习足球技艺，大学时代先后成为南洋大学（交通大学）和暨南大学的主力中锋，毕业后加入乐华足球队，出任球队主力中锋。戴麟经代表中国队参加了第九届远东运动会，在对阵菲律宾的比赛中，上演帽子戏法。与日本队一役，戴麟经射入一球。后来曾一度远离球坛经商。1934 年由印尼返回上海加盟东华队，依旧叱咤上海业余球场，直至 1945 年才退出足坛。中华人民共和国成立后，戴麟经受邀担任八一足球队教练员一职，1957 年以国家队主教练的身份率领中国队第一次征战世界杯预选赛，并取得第一场正式国际比赛的胜利，1959 年重新担任八一队主教练，获荣誉无数。无论是在运动员时期，还是教练员时期，戴麟经的足球运动生涯可谓漫长。这种情况在这一时期的学生运动员中较为普遍。

学生运动员大学毕业后多会在业余时间里从事足球相关的活动，或充当裁判员，或重回大学任球队教练员，或加入沪上华人足球组织，或组织成立华人足球队。这些毕业生几乎都能够谋得一份非常体面的工作，从而有充足的闲暇时间来参与足球运动。上海华人足球俱乐部组织，多在 20 世纪 20 年代前后成立，不仅吸引了华东地区的足球人士加入，也吸引到华南及华北地区的足球运动员。如华北足球健将孙思敬，屡接上海乐华队李惠堂函邀，于 1927 年 6 月南下加入乐华队。[②]优游、乐群、东华、乐华这些上海著名业余足球队里，大都是华东六（八）大学足球联赛及江南大学体育协会足球联赛的毕业生，大学足球联赛源源不断把新鲜血液注入上海业余足球俱乐部中来。

四、学生运动员的足球竞技水平高

竞技水平的高低要在同一时空的维度中方可比较出来。1896 年第一届夏季现代奥林匹克运动会各项比赛的冠军纪录，放置于现在来看竞技水平低下，但在当时，代表了人类竞技体育的最高水准。足球运动同样如此。自圣约翰大学与南洋公学两校对抗赛以来，华东地区大学足球运动的竞技能力处于时代的顶端，主要表现在足球竞技水平，以及足球竞技理念两大方面。

首先，20 世纪初期中国的足球运动是依托学校机构发生发展，大学足

[①] 钱益：《足球雄风》，见陈明章：《国立交通大学》，南京，南京出版有限公司，1981 年，第 322 页。

[②] 《华北足球健将孙思敬 应乐华邀请下星期赴沪》，《大公报》1929 年 6 月 7 日，第 5 版。

球代表了当时的最高水准,在场地设施、师资水平、技战术引入与吸收、赛制安排、规则制定、足球组织机构等方面都处于领先水平。1910年举办的全国学校运动大会,五大区的足球参赛队伍,大都是以在校学生为班底组建,其中,代表华东地区的参赛队伍是圣约翰大学和南洋公学两校通过竞争选拔而产生,可见当时大学足球在竞技水平上具有引领性。

民国时期政府对体育事业的不重视和不作为,致使体育工作很难推动和开展。中华全国体育协进会成立前,中国体育事业几乎都是由西方人士把持,协进会成立后,虽收回体育权力,却依旧无力改变体育事业的落后局面。在此背景下,推动足球运动发展引导足球竞技水平的走向,主要依托大学机构。远东运动会、全国运动会的足球比赛中,大学生运动员的身影随处可见。即便如此,各地区学生运动员参加全国比赛,仍需要激烈的竞争。以1924年全国运动会华东地区足球队选拔为例:

> 参与全国运动会之华东足球队预选,于昨日下午二时起在西门公共体育场举行。系一种混合比赛性质,由南洋体育教员申国权及东南张信孚、约翰沈嗣良等,在旁观察一切,将视各选手之优劣,以定去取。至四时半告毕。闻将于明日(星期三)开委员会后发表,兹将昨日各选手名额录下:(南洋)骆美轮、严寿祺、成家栋、丁人夔、李庭三、徐乐、梁铭浩,(复旦)王振升、吴炎章、姜绍龄、张天胜、张锡恩、杨英、陆凤仞,(东吴)欧阳旭辉、林坚志、陆保和、林绍放、严祖龄,(体育场)何春辉、宋关通,(其他)陈璞、翁德备二人云。①

从上述选拔名单可以看出,代表华东地区参加全国运动会的足球队成员,大多是各大学在读学生,且专设足球委员会根据选手的水平择优选拔,竞争之激烈、水平之高可想而知。20世纪30年代,代表华东队参加全国赛的几乎都是学生运动员。1930年,华东地区组队参加了在香港举办的第五届全国分区赛,参赛名单为:周贤言(乐华足球队)、胡氏腾(沪江大学)、奚巧生(光华大学)、冯运佑(暨南大学)、陈镇和(暨南大学)、陈家球(暨南大学)、江善敬(暨南大学)、伍雍劫(交通大学)、陈虞添(交通大学)、李宁(沪江大学)、陈秉祥(暨南大学)、戴麟经(暨南大学)、孙思敬(乐华足球队)、李惠堂(乐华足球队)、安原生(交

---

① 《参与全国运动会之华东选手》,《申报》1924年5月13日,第14版。

通大学）①，15 人名单中，有 12 人来自江南大学体育协会足球联赛中的学生运动员。

其次，华东地区大学足球竞技的高水平，体现在国内外足球比赛交流上。南洋公学在夺得华东六大学足球联赛锦标三连冠后，曾受邀北上与清华学校、南开学校等华北地区的足球强校进行友谊比赛。②南洋公学客场征战华北足坛，胜多负少，可见华东地区大学足球竞技水平之高。国际方面，在远东运动会的足球比赛中，代表中国队出战的一些华东地区的大学生运动员，场上表现甚是惊艳。例如，来自圣约翰大学的冯建维（图6-8），由于他在华东六大学足球联赛中的优异发挥，被时任中国国家队队长唐福祥再三邀请，随队出征日本参加第三届远东运动会。当时，国家队以香港南华为班底，冯建维是队中少有的香港地区之外的球员。日本全国上下对这场足球中日大战相当关注，日本皇太子亲临督战，前来为主队呐喊助威的观众超过万人。结果，万余名观众成为冯建维上演帽子戏法，一战成名的见证者。

图 6-8　冯建维
资料来源：《教练（冯建维）》，《白虹》1933 年第 2 期

至 20 世纪 30 年代，中国足球运动发展进入了一个鼎盛时期。中国国家队依次参加了远东运动会、奥运会两大国际赛事，尤其是参加 1936 年柏林奥运会。中国队克服了大量困难，得以成行，向世界足坛展现了中国足球的实力。周家骐在球队出征前，曾鼓励队员时指出："足球是我国最遍及的运动，也是我国代表团中最强的阵容。"③25 人大名单中有暨南大学的陈镇和、梁树棠、徐亚辉。沪江大学的李宁入选了首轮国家队大名单，不过最终遗憾落选，未能随同前往。出征奥运会时，陈镇和身着 1 号球衣，梁树棠身着 11 号球衣，徐亚辉身着 19 号球衣。④陈镇和、徐亚辉两人在对阵英国队时首发出场。此战也是中国队本次奥运会上唯一一场比赛。考虑到舟车劳顿，中国国家队一路以赛筹款，到达奥运赛场时已然是强弩之末。虽然被英国队打进四

---

① 《华东队员已定》，《申报》1930 年 1 月 23 日，第 10 版。
② 参见《纪事 南北洋球团竞争记》，《大公报》1917 年 1 月 29 日，第 9 版；《南洋足球队北赛记》，《申报》1917 年 2 月 2 日，第 11 版。
③ 沈嗣良：《我们的希望》，《世界运动会足球特刊》，1936 年，第 5 页。
④ 迷光：《我世运足球代表队队员之编号》，《足球世界》1937 年第 2 期。

球，但虽败犹荣，中国队在场上拼搏进取，所展现的体育精神，赢得了对手和观众的尊敬。

此外，华东地区大学在足球理论方面也是不断地进行学习，积极吸收欧洲足球的先进技战术理念，在阵型、训练方面有所总结和实践。20世纪20年代后，中国足球界出现了一些足球训练方面的著作，这些理论成果大都是通过大学来推动实现的。

五、学生运动员是上海业余足球界的主力军

民国时期由于没有职业足球体系，加之从事足球运动的人员多集中在学校，因此，这一时期校园足球与社会业余足球两者能够较好地衔接。上海业余足球界的运动员大多从学校阶段就开始接触足球运动，受过大学足球联赛的熏陶，大学足坛为三育、优游、乐华、东华、乐群等上海足球俱乐部培养了大批后备人才，学生运动员毕业后，加入到某一足球俱乐部，继续其足球生涯。在大学时代，他们也经常会与俱乐部进行比赛，锤炼球技，扩展人脉，增加社会交往。较之普通大学生，学生运动员除了身体素质好，团队协作能力强之外，在形象、气质、社交、领导力等方面都有较大优势，易成为行业精英。例如，沈嗣良在学生时代是圣约翰大学足球队队长，毕业后即留任学校体育部主任，后成为推动中国体育事业发展的领导人物之一，曾在抗日战争时期担任圣约翰大学校长。

20世纪20年代后，上海社会界足球运动渐成规模，联赛体系规范，华人足球俱乐部纷纷成立，迫切需要运动员加入。随着华东地区大学校际足球运动的繁荣，大学足坛为沪上足球俱乐部源源不断地提供了竞技人才，甚至一些大学球队也参加了沪上业余足球联赛。例如，华东八大学时期复旦大学曾加入沪上华人足球联赛，后华东八大学组委会认为，这一行为与华东八大学足球联赛的宗旨相违背，复旦大学不得不退出。江南大学时期，暨南大学也曾加入沪上华人足球联赛，并取得不俗成绩。

从沪上各支业余足球俱乐部的成员来看，他们绝大多数都有过大学足球经历，在求学期间就加入沪上球队。大学足坛培养的学生运动员，大多成为沪上足球俱乐部的主力成员。1920年后，上海业余足球规模扩大，组建了华人足球俱乐部，参加西人联赛，到20世纪30年代，上海成立了中华足球联赛。足球俱乐部的发起人，也大多和大学足坛有着密不可分的关系。例如，李惠堂，虽然不是华东地区大学的学生，但他执法过大学校际足球联赛，指导过大学足球校队的训练，还是江南大学体育协会足球联赛委员会的三名委员之一，实际上是华东地区大学足球运动的参与者。

除此之外，上海华人足球俱乐部、足球组织和裁判组织也多是由毕业的大学生发起成立。1924年圣约翰大学毕业的余衡之和马德泰两人与哈元贞组建乐群足球队，后改组乐华队，余衡之担任球队管理者。同年11月，由圣约翰大学体育部主任沈嗣良发起的上海华人足球联合会正式成立，这是上海地区第一个完全由中国人主持的足球机构，圣约翰大学足球队的功勋球员冯建维被公推为首任书记。[①]1926年冯建维又同名哨乐秀荣等人共同发起成立了中国人自己的第一个裁判组织——中华运动裁判会，并担当第一任和第十任（最后一任）会长及第六任副会长。

六、代表性的学生运动员

20世纪20年代后，足球运动在华东地区各大学及沪上体育界普及开来，在校际竞赛及业余足球联赛的培育下，足球人才呈现上升态势，有鉴于此，上海新闻界开始对足坛的功勋人物立传著述，最早开始这项工作的是上海申报馆。1926年，《申报》选取代表上海足坛的高水平足球运动员，推介给读者。内容如下：

> 李惠堂　李君为香港足球队队员，去秋来申，加入乐群队。其传递之敏捷、盘球之神妙，一时无两。临敌门时，侧身一踢，势锐而准，人莫能御。任左内锋职。累次出席远东运动会，获锦标而归。一般孩童竟呼以球大王而不名。
>
> 黄端华　黄君亦为香港队员，去冬来申，今岁加入三育队，资格与李君相持。任中坚一职，传递之合法、抢珠之敏捷，堪称此中翘楚。头顶之球远而且准，亦殊罕视也。
>
> 梁玉堂　梁君亦为香港队员，今岁加入乐华队，任右前卫职。资格老练，传踢均佳，为海上有数人才。
>
> 戴麟经　戴君为南洋大学学生，任中锋职。身躯活泼，盘球、传递、射踢俱佳，头顶亦见功夫。与任右内锋之陈虞添颇见联络工夫，盖二人同在一校诵读者也。以言技艺，陈君亦不弱，惟较逊于戴局。
>
> 陈锦江　左右二锋。以奔驰迅速、边角传球、适坠敌门之前为佳，左锋则擅长左足射踢者任之。以前丁人夔颇有名，今则当让陈君专美矣。陈君现加入乐华队，与李惠堂搭配，尤见联络。
>
> 李惠官　李君为三育队员，任右边锋职。奔驰迅速，传递合度，亦

---

① 《体育消息：上海华人足球联合会成立》，《教育与人生》1924年第2期。

为海上有数人才。

陈镇和 陈君本无籍籍名，今岁加入乐华队，一显身手，人皆叹为异军突起。盖其射踢工夫，颇肖李君惠堂也。任右内锋职。今岁国际比赛大可以选入。

毛志恒 毛君本为苏星队员，今岁加入三育，任左前卫职。短小勇悍，强健耐战，夺球功夫海上无其匹。

冯运佑 冯君任右内卫职，临敌不慌，稳练可靠，射踢亦远而有力，允可独步海上。

哈元贞 哈君任左内卫职，资格颇老，一踢惊人，且极稳靠。脚颇长，故奔驰亦速。哈与蟹谐音，人皆呼以蟹而不名。

陆钟恩何春辉 何陆二君皆为守门健者，并驰誉于海上，无分轩轾。陆君擅篮球，故于接球功夫颇佳，球自高入，鲜有中者，阻低球之功夫稍次。何君则反是。故谐者谓以陆君之上身，接何君之下身，可称完美无憾。

足球人才因限于篇幅，不能一一举述。上列乃其中之佼佼者，其他若丁人锟杨英之内卫、梁冠松骆美轮伍纯武之中坚、陈璞林仲芬朱璆之外卫、董小培邵乐平史友惠欧阳旭辉之前锋，皆闻名海上，艺殊可观者也。[①]

上述列举的上海足坛名人中，戴麟经、陈镇和、冯运佑、陆钟恩、何春辉、丁人锟、伍纯武、陈璞、董小培等，都是华东地区大学足坛中的佼佼者。而李惠堂作为教练员、裁判员乃至于足球委员会成员，对华东地区大学校际足球竞赛的发展壮大起到了重要作用。

到了20世纪30年代，为中国足坛著书立传的文献增多。1934年出版的《足球一百零八将》，1935年出版的《足球世界》，1936年出版的《勤奋体育月报》《全国足球名将录》《世界运动会足球特刊》，以及《申报》《新闻报》等刊载足球界人才的文章。上述足球文献史料翔实，内容丰富，把20世纪初期至30年代的足球功勋人物几乎搜罗殆尽。在时间上，既突出了30年代中国足坛的人物事迹，又对中国足坛早期的名宿进行了评价性的介绍。从地域来看，足球运动员主要来自三个地区：华南地区（香港、广州）、华东地区（上海）和华北地区（北京、天津）。人员组成上，多是按照当时业余俱乐部来分叙，如广东南华体育会，上海优游、东华、乐

---

① 茸余：《海上足球界之人才》，《申报》1926年10月30日，第17版。

华等足球俱乐部，天津北宁足球队，这些俱乐部几乎涵盖了当时所有知名足球运动员。由于《勤奋体育月报》《足球世界》《申报》《新闻报》等关注足球运动的杂志、报纸都在上海地区，对其他地区的足球人物，尤其是华北地区介绍比较少，如清华大学的关颂声、黄中孚等，亦在当时足坛显赫一时，《勤奋体育月报》仅做了简单介绍。[1]

一些大学足球运动员的学习经历较为丰富，如戴麟经，学生时期的足球生涯横跨南洋大学（交通大学）和暨南大学。再如，光华大学的屠开元求学经历更为丰富，1920年在同济附中读书时，就加入了足球校队，1923年留德学医，曾加入柏林大学足球队，其间返国服务，后又留学德国继续深造。当其返国时，恰逢东华队组织成立，经由周家骐介绍，加入东华队。[2]总体而言，华东地区大学足球运动培养的人才之多，影响力和吸引力之大，是其他地区无法比拟的。

裁判员是足球比赛得以进行的关键要素。江南大学体育协会足球联赛之前，大多是外籍人士主哨，因教会大学主导大学校际竞技体育组织，作为竞技权力的表现，赛事执法权如同租界当局法外治权一般，中国人很难参与进来。江南大学体育协会足球联赛后，在收回体育权力背景下，赛事执法权力回归到中国人手中。通观华东地区大学校际足球运动中赛事执法权力的变化，从外籍裁判员到国人裁判员，体现出华东地区大学校际足球运动的本土化发展，是收回体育权力的必然结果。江南大学时期的大学足坛，是见证中国裁判员成长的舞台，也是裁判员执法的艰辛历程展现。乐秀荣、沈回春、陈吉祥等知名裁判员都曾被场上球员、场下观众追打，足球裁判员成了一项高危职业。虽然江南大学体育协会多次对施暴者及学校采取登报道歉、禁赛等处罚措施，仍旧无法制止殴打裁判员的行为。裁判员虽有执法权力，却没有受到权力的保护，在竞技比赛中处于弱势地位，进而使得裁判员无法公正地主导比赛进行，有时甚至做出偏袒处罚，这就造成一种恶性循环：裁判员因惧怕球场暴力，未能得到有效的人身保护不能做出公平的判罚，而不公平的判罚导致球场暴力。直至江南大学体协解散时，裁判员赛场工作环境依旧没有得到明显改善。

运动员是华东地区大学校际足球运动的建构群体。法国社会学家布尔迪约指出："大学生们生活或愿意生活在一个特殊的时间和空间里，学业使他们暂时摆脱了家庭和职业生活的节奏。他们受到大学时间安排自由的

---

[1] 《全国足球名将录》，《勤奋体育月报》1936年第1期。
[2] 《全国足球名将录》，《勤奋体育月报》1936年第1期。

保护，比教师更不受整个社会时间安排的限制。"[1]大学生参与到校际比赛中来是休闲和消遣的方式之一，他们有着较为自由的时间，并可以把这些时间用到体育运动方面，于是，学生自发形成体育组织，如啦啦队，来更好地参与到校际比赛中来。大学生群体的特殊性在于，他们不承认"共同生活和居住这个简单的事实，具有使它聚集的个体结合成一个协调的群体的能力"[2]。对于大学生群体而言，"为一个群体提供一体化框架的不是空间，而是在时间中对空间的有规律和有节奏的使用"[3]。具体而言，大学是民国时期培育知识精英阶层的空间存在，以赛季形式（时间）的校际竞赛对精英阶层的大学生活（空间）产生了有规律的影响，最终，校际竞赛作为校园文化的重要内容被确定下来。这从各大学的校报、周刊、年刊等报刊中可以窥见。足球运动作为校际竞赛的主要项目之一，自然会吸引到学生群体的关注。如果说足球场上是展现学生运动员的技战术技艺，那么，足球场下就是展现学生观众的加油呐喊、歌声助威、奇装异服，等等。可以说，学生群体（运动员和学生观众）建构了华东地区大学校际足球运动文化内容，不仅有对体育精神的向往、爱国爱校的追求这些积极文化，也有对锦标主义的狂热行为、球场暴力的纵容行径等糟粕文化，这些都根植于民国时期动荡不安的社会大背景之中。

---

[1] 〔法〕P. 布尔迪约，J.C. 帕斯隆：《继承人：大学生与文化》，邢克超译，北京，商务印书馆，2002年，第37页。
[2] 〔法〕P. 布尔迪约，J.C. 帕斯隆：《继承人：大学生与文化》，邢克超译，北京，商务印书馆，2002年，第41页。
[3] 〔法〕P. 布尔迪约，J.C. 帕斯隆：《继承人：大学生与文化》，邢克超译，北京，商务印书馆，2002年，第41页。

第七章　华东地区大学校际足球运动的文化分析

20世纪初期至30年代的华东地区，以大学足球联赛为根基，逐渐形成了一套新的足球关系和足球实践，以及一系列围绕足球而产生的观赛行为和竞技行为。简而言之，即形成了一种新的文化。这种文化镶嵌在大学之中，隐晦地体现在大学的方方面面，影响了学生群体，建构了学生群体对学校文化的认同。作为从西方引入的体育运动，中国足球文化不是在先有文化基础上产生的，也不是对已有的实践和观念所进行的一种重组，而是基于西方体育运动体系，来改造旧有的身体思想认知，这一改造过程伴随批判与反复，质疑与认同。需要指出的是，足球文化的形成不是个体行为，而是一种集体行动的过程，个体行为并不能产生足球文化，需要在个体行为的基础上，形成足球运动的集体认同，理解并接受足球运动的社会实践的诸多价值，足球文化才得以建构。可以说，通过足球运动对传统身体观念的批判和改造，加之大学是新文化孕育之地，校园足球文化的形成并没有耗费多少时日，便在学生群体中建构起来。华东地区各大学通过校际足球联赛的交流切磋，相互借鉴，吸收彼此的成熟经验，如组建甲、乙两级校队，附属学校的童子军维持秩序，校长出席赛前鼓励大会，大学啦啦队倾力为主队呐喊，等等。这些校园足球文化，既有共通之处，也有独特体现。审视华东地区大学校际足球运动中的文化展现，其意义在于，能够找寻中国足球文化的源头与演进脉络。以圣约翰大学、南洋公学为代表的华东地区大学，在足球文化的引入与实践，发展与总结方面进行了有益的尝试，并融入到校园文化中。除此之外，还能够探讨并总结华东地区大学校际足球文化的诸多表现行为，德育品质的塑造、爱国爱校精神的宣扬、体育精神的呈现、校友群体的凝结等，并透视这些行为发生的动机。

第一节　爱国情怀的呈现，体育精神的宣扬

一、爱国情怀的呈现

华东地区大学校际足球运动所呈现的爱国情怀，在官办大学中表现得

尤为强烈。中国近代化进程是被动的、屈辱的过程，官办大学是中国近代化进程的产物之一，教会大学的出现客观上也推动了近代化进程。作为体育运动的先驱者，圣约翰大学虽是教会大学，但是招生面向中国学生，在竞技比赛中融入了爱校情结及朴素的爱国情怀。圣约翰大学校长卜舫济认为，体育并不单纯，其与德育甚至与国民品格均有密切关系。[1]爱国是国民品格的重要方面，教会大学虽有浓厚的美式背景，在课程设置上突出了基督教思想，但多数都会通过校内、校际竞技比赛，来塑造学生的国民品格。

官办大学在竞技比赛中所体现出来的爱国情怀更为直接。圣约翰大学与南洋公学足球对抗赛时期，南洋公学学子把圣约翰大学作为"假想敌"，球员刻苦练习、努力提升球技，就是为了能够在球场上战胜对手，这是一种朴素的爱国情怀。1916年，时常夺冠占先的南洋公学足球队败在了圣约翰大学足球队脚下。当南洋公学足球队员离开圣约翰大学时，看到圣约翰大学校门口已张贴了侮辱性的标语："欢迎南洋拜赐之师。"南洋公学足球队气愤地回到学校后，唐文治（图7-1）先要他们去洗澡吃晚饭，晚上重新召见他们谈话时指出，一球之得失，不但是一校之胜负，亦表明中国人所办学校，能否胜过教会学校。在场的师生无不泪流满面。唐文治随即反思自己对学校体育方面还

图 7-1　唐文治
资料来源：《前校长唐文治先生》，《交大年刊》1931年，第28页

重视不够。于是，在不长时间内，南洋公学聘请苏格兰人李思廉为足球教练员，聘请美国人莫礼逊和古德为体育教员，指导学生的体育活动。半年后，南洋公学足球队终于战胜了圣约翰大学队。[2]唐文治如此重视足球比赛的成败，根源在于足球场上的胜利，能够激发南洋公学师生的民族气节，体现了爱国的精神追求。

华东地区大学校际足球运动中，爱国情怀的呈现脱离不了时代诉求。江南大学体育协会第六届足球联赛开始前，"九一八事变"已爆发，国难

---

[1] 徐以骅主编：《上海圣约翰大学（1879～1952）》，上海，上海人民出版社，2009年，第22页。
[2] 周川、黄旭主编：《百年之功——中国近代大学校长的教育家精神》，福州，福建教育出版社，1994年，第19～20页。

当头，全国笼罩在国破山河的悲痛之中，各地学潮风起云涌，反对日本侵略者的爱国举动此起彼伏。1931 年 9 月 29 日，上海各大学前往南京向国民政府请愿，中国公学一行三百五十人前往。①"中国公学是为反日而创办的，中国公学学生亦多有为救国而丧生于革命的。"②由于国民政府对日采取"不抵抗政策"，中国公学愤而罢课，以唤起民众共同应付国难。一些中国公学学生再次奔赴南京向国民政府请愿，因罢课及请愿活动发生在足球联赛期间，中国公学的比赛被江南大学体育协会视为弃权，后经多方面协商，得以补赛。遭受国难，华东地区大学校际足球赛事能够进行下去实属不易。

为抵抗日本侵略者，沪上大学组织义勇军奔赴东北抗击日本侵略，华东地区大学校际足球联赛的门票收入，皆悉数捐作爱国之举。1931 年的江南大学体育协会足球联赛，暨南大学与交通大学争冠赛的门票收入，全部充捐上海各大学义勇军赴东北军费。两校均有爱国举动。交通大学方面，将由该校军乐队助兴，因国难当前，不便铺张，啦啦队亦在取消之列，年年旧例之誓师等仪式，亦一概从简，以表达对东北沦陷国耻的悲愤。暨南大学在赛前召开鼓励大会，教职员同学等致鼓励之词，女同学赠花，以奋发战心，虽为足球，实则对东北沦陷国难之表达！在交通大学进大门道旁，横匾额一方上书大字如下：好男儿，今日擂台比武，交通大学如生龙，暨南大学如活虎，那无论胜负，练得好身手，国难终须同赴，管教杀尽残暴倭奴。③赛球不忘救国，拳拳爱国之心得以昭显。

华东地区大学校际足球运动，历经晚清民国时期的政治变革、军阀混战、日本帝国主义入侵，社会激荡的年代更容易激发学生的爱国情怀。民国时期大学校园文化的塑造过程中，爱国情结多与民族主义相融合，民族主义情绪的表达，并不需要依赖过去的语言文字和礼教。④圣约翰大学与南洋公学足球对抗赛转变为国家民族荣耀的保卫战。校际竞赛是展现爱国情怀的重要手段，南洋公学校长唐文治极力鼓动学生参与校际竞赛，尤其是足球竞赛，归根结底在于，对学生爱国品格的塑造。上海沦陷后，戴麟经、李惠堂等上海足球名宿宣布隐退，国难便无球可踢，以示爱国。暨南大学的陈镇和加入空军，积极抗击日本侵略军，血染沙场，壮烈殉国。

---

① 《首都各界 热心招待复旦请愿团》，《申报》1931 年 10 月 1 日，第 11 版。
② 《中公学生昨日罢课》，《申报》1931 年 12 月 5 日，第 10 版。
③ 《江大足球今日夺锦标》，《申报》1931 年 12 月 26 日，第 8 版。
④ 叶文心：《民国时期大学校园文化》，北京，中国人民大学出版社，2012 年，第 65～66 页。

二、体育精神的宣扬

竞技比赛在提升学生身体素质的同时，也在塑造新的身体观念，例如，刻苦训练、团队协作、公平竞赛、尊重对手等。这些可以被称为体育精神。体育精神是华东地区大学校际竞赛的重要理念。华东大学体育联合会章程中规定，本会宗旨之一便是"提倡运动仁侠之精神"[1]，江南大学体育协会章程对宗旨也有"增进运动上仁侠精神"[2]，这里"仁侠（之）精神"就是体育精神。圣约翰大学校刊《约翰声》中曾指出，圣约翰大学与南洋公学的足球对抗赛，是对耶鲁与哈佛两大学校际竞赛的效仿，认为美国两大学足球队虽然存在着竞争关系，不过是建立在平等基础之上的竞争，双方比赛自始至终都是艰苦的斗争过程。[3]这里提及的公平则是体育精神的内涵之一。圣约翰大学与南洋公学足球对抗赛在改造学生旧有身体观念的同时，把西方竞技所倡导的体育精神也灌输至学生群体中来。

华东各大学对体育精神的认识极为深刻。以圣约翰大学为例，《约翰声》曾刊载体育精神的文章，来讨论为什么在大学校际竞赛中倡导体育精神。通过校际竞赛中存在的一些问题，来提出体育精神的内涵，从教育者的角度来教育学生努力践行这些内涵。文章指出，在将西方文明引入中国之前，体育文化几乎没有在中国教育领域中占有一席之地。士大夫认为进行剧烈运动，如跑步和跳跃有失尊严，属于顽劣儿童的行为。不过，随着中国近现代化程度日益加深，中国人逐渐认识到旧有身体观念是错误的，体会到健全之身体孕育健全之精神的要义。自此，体育文化在学校教育中上升到一个越来越突出的位置。竞技精神受到积极和热情推崇，各项体育运动在大学校际比赛中渐次开展，将校际体育运动引入教育机构，是新式教育迈出的重要一步。然而，大学校际竞赛中出现了诸多有违于体育精神的事件。激烈的赛事竞争往往会产生敌对行为，而不是一种友好的竞争感。因此，在体育运动中，所要达到的目标不仅仅是体力方面，而是要获得运动场上那些值得学习的优秀品质——诚实、正义、礼貌。一言以蔽之，是运动场上的"体育精神"。其内涵包括：竞技体育只是竞技体育；依照规则比赛；让裁判员决定比赛；在比赛中要礼貌和友好；勇气；让胜利者感

---

[1] 中华全国体育协进会：《中华全国体育协进会年刊》，上海，中华全国体育协进会，1927年，第255~257页。

[2] 中华全国体育协进会：《中华全国体育协进会年刊》，上海，中华全国体育协进会，1927年，第264~273页。

[3] Football: St. John's vs. Nanyang. *The St. John's Echo*, 1915, 26(1): 8-10.

到荣耀，但不要嘲笑失败者。①

毋庸置疑，百余年前圣约翰大学对体育精神的阐释，仍有现实指导意义。大学作为教育机构，其目的要落脚到教育和培养人上，如何培养全面发展的人，校际竞赛是不可或缺的教育途径，竞技比赛是要紧紧围绕培养人这一目标来实现教育价值。正如上文所述，无论是华东大学体育联合会章程还是江南大学体育协会章程，都把体育精神写进了宗旨，其目的是倡导校际竞赛对学生的全面培养。体育精神在华东地区大学校际足球运动中得到了很好的实践。

体育精神的另一内涵是德育。南洋公学把体育作为德育的手段，是学校教育的重要组成部分，以此来塑造学生的道德和品格。1921年南洋公学的学校章程里规定："本校毕业生纵学行兼优，必以体育健全为合格。"②同一年，学校向学生发出通告，要求全校学生"嗣后于运动一事，务各按时练习，始终毋稍懈怠，俾可锻炼贞固不挠之身体，自强不息之精神，勉为本校合格全才，世界优良分子"③。南洋公学提倡足球运动，所注重的并非比赛本身，而是足球运动对学生精神层面的塑造。在当时弱国弱民社会环境下，足球比赛成为凝聚学生集体意识，进行德育教育的不可或缺手段之一。

体育精神是华东地区大学校际足球运动的一大价值体现。校际足球联赛以尊重规则为竞技前提，以尊重对手来赢得尊重，倡导公平、公正，等等，这是开启民智的一种重要手段。一旦缺失了体育精神，校际足球运动就脱离了健康发展的轨道，如江南大学时期足球联赛中球场暴力丛生，虽然社会环境的动荡不安是不可忽视的一个影响因素，归根结底还是体育精神的缺位。

第二节 校友群体的凝结，球迷校长的重视

一、校友群体的凝结

中国近代高等教育初创阶段，所面临的一大窘迫是招生困难，各大学

---

① Tseu Yoeh-ziang. Sportsmanship. *The St. John's Echo*, 1915, 26(3): 13-15.
② 《交通大学校史》编写组：《交通大学校史（1896—1949年）》，上海，上海教育出版社，1986年，第181页。
③ 《交通大学校史》编写组：《交通大学校史（1896—1949年）》，上海，上海教育出版社，1986年，第181页。

普遍缺乏学生。因此，能组织起一支足球队参与校际比赛，实属难得。事实上，所谓的大学足球队，有很多球员来自其附属学校。除此之外，各大学大都面临办学经费紧张的压力，甚至一些学校因日常经费难以为继而不得不关闭校门。为此，扩大学校的社会影响力，吸引学生报考，积极寻求经费扩充，改善学校办学条件，是各大学办学过程中迫切需要解决的几个问题。鉴于校际竞赛，尤其是足球竞赛在华东各大学之间的影响力，通过校际竞赛与校友建立密切联系，来增加学校经费来源，改善办学条件，提高学校知名度，是华东地区各大学的做法之一。

校际竞技运动与校友组织是相辅相成的关系。首先，竞技比赛是凝聚校友的重要举措。主要通过两种手段，一是校队和校友进行各种比赛来增进学校与校友群体的联系。例如，圣约翰大学几乎每年都会和校友进行足球友谊赛，比赛场面热闹非凡，比赛后进行聚餐座谈，把酒言欢，共享校园时光。各大学在学校庆典活动时，多会与校友队进行足球联赛。1917年南洋公学成立20周年的庆典活动中，就安排了一场校友足球赛。①金陵大学也常常对阵校友足球队，1934年举办"金大联欢慈善足球赛"，便邀请校友队参赛。②二是通过校友组织，邀请校队外出比赛，以此来扩大学校的社会影响力。南洋公学因夺得华东六大学第一届足球联赛锦标，受南洋公学汉口校友会邀请，南洋公学足球队前往汉口进行友谊赛，在当地很好地宣传了学校。所需费用，皆由当地校友组织解决。其次，校友因校际竞赛，了解到学校的发展近况，经常以各种方式来支持学校体育事业。对圣约翰大学而言，该校校友会成立于1899年，是最早成立校友组织的大学之一。校友会成员一直坚持不懈地努力提升圣约翰大学的办学标准。1907年，校友捐赠了5000美元，购买了苏州河沿岸的土地，用于建造运动场③，在当时可谓一笔巨款。校友对学校的拳拳之心，不仅仅体现在慷慨捐助经费上，"又时出奖品，鼓励后学"④。圣约翰大学足球队服因以蓝黑为主色调，自诩为"蓝黑武士"，校友观看比赛时，就把自己称之为"蓝黑之子"，校友群体能够迅速建立起对学校体育文化符号的认同，因此会更加关注学校足球运动。圣约翰大学首度获得华东六大学足球联赛锦标赛后，各地校

---

① 《南洋公学廿周纪念第三日之盛况》，《申报》1917年4月29日，第10版。
② 《金大联欢慈善足球赛 校友队克服金联》，《中央日报》1934年11月16日，第8版。
③ The Reverend F. L. Hawks Pott, D. D 见耶鲁大学图书馆馆藏中国教会大学档案，卷宗号：RG011-239-3940·65（http://divinity-adhoc.library.yale.edu/UnitedBoard/St._John's_University/Box%20239/RG011-239-3940.pdf）。
④ 《圣约翰大学四十年成绩志略》，1919年，第3页，上海市档案馆藏，卷宗号：Q243-1-7。

友会纷纷发来贺电,其中有清华大学圣约翰俱乐部、金陵大学圣约翰俱乐部、圣保罗校足球队等。①1922 年,圣约翰大学校友年会上,便有向校友宣告学校足球队近况的流程。"主席述该校足球队之种种事实,并相慰勉,足球队复推代表致谢词,并欢呼者三。"②以足球为代表的学校体育运动,成为校友和在校师生共同关注的话题。

此外,各大学足球队经常会对阵校友足球队,来提升足球竞技水平。校友队都是由在校时学校足球队的主力球员构成,他们数次参加华东地区大学校际足球联赛,比赛经验丰富,技战术水平较高,在校际足球联赛开始前与校友足球队热身,能够使新队员尽快融入校队集体,提升技战术水平。例如,1930 年江南大学体育协会足球联赛开始前,交通大学校队邀约昔日学校知名足球健将,组一临时劲旅,与本届足球队做练习赛。并请学校校长于赛后莅临,举行茶话会。③校友队除了与校队切磋球艺,提升校队水平之外,在赛后还有联谊活动,校长拨冗出席,校方对校友参与足球联赛活动的重视程度可见一斑。

二、球迷校长的重视

华东地区大学校际足球运动的发展、壮大与各校校长的关注密不可分。圣约翰大学卜舫济、南洋公学唐文治、暨南大学郑洪年等校长对足球运动甚为重视,尤以南洋公学为代表。南洋公学足球逐渐强盛,虽有福开森初创时的辛苦功劳,却始于校长唐文治治下的崇文尚武。1907 年唐文治担任南洋公学校长,接收的是建校不到十年就换了十二任校长且学生不足三百人的"烂"摊子。上任后,他对南洋公学进行了大刀阔斧的改革,抓师资、聘请人才、修改学制、扩建图书馆和校办工厂等。注重道德教育、外语,开设修身课程。其中,格外注重学生体育的发展,"对于学生体育一方面,保全不少,造福尤宏"④。唐校长推崇校际比赛,指出"无论何项运动对须时加鼓励,并须聘请良师以教练之。运动队之甲、乙二组,须时与他校角赛,以焕起其精神,磨练其技能"⑤。

体育运动项目中,唐文治偏爱足球运动。唐文治上任前,南洋公学屡次大比分败给圣约翰大学,至唐文治上任后,学校足球才得以改变落后局

---

① St. John's wins East China Intercollegiate Football Championship. *The St. John's Echo*, 1918(2): 24-26.
② 《余日章君昨晚在一品香演说》,《申报》1922 年 1 月 22 日,第 10 版。
③ 《足球练习赛纪详:母校足球队对校友队》,《南洋友声》1930 年第 10 期。
④ 刘露茜、王桐荪编注:《唐文治教育文选》,西安,西安交通大学出版社,1995 年,第 43 页。
⑤ 刘露茜、王桐荪编注:《唐文治教育文选》,西安,西安交通大学出版社,1995 年,第 133 页。

面。可以说，南洋公学足球的崛起，首推唐文治之功劳。唐文治对足球运动的偏好，不仅口头提倡，而且每次球队训练时，经常到场巡视，亲自随队出征督战，战罢归来，不论胜负，皆要训话一番。①圣约翰大学等队来南洋公学比赛足球，他就嘱咐学生及时向他报告比赛情况。②1908年南洋公学大比分击败圣约翰大学，一雪屡战屡败之耻。当时唐文治在看台上观看，由于眼疾，看不清场上比赛进展，靠身旁人讲解战况，他竟"喜极而泣"③，令人动容。

> 遇有足球决赛，如对方适为劲敌，则于严密戒备应战之外，并于比赛前夕，集合与赛及助阵同学，于大礼堂，会商应战策略。唐校长必亲临致词，予以鼓励，名之曰誓师。次日比赛获胜而归，当晚更集会于大礼堂举行庆贺，唐校长亦必亲来大会，对与赛同学致慰劳之词，名之曰庆功。如果不幸失败而返，当晚仍须在大礼堂集会，检讨失败原因，唐校长仍必到会致词，于勉励之外，更表惋惜之意。有时声泪俱下，认为此一失败，系属学校耻辱，大有非予昭雪，决不罢休之概；此一集会可名之曰雪耻。与会同学聆听校长激昂慷慨之词，莫不动容。而与赛各同学，听到校长训话，更感伤心不安。于是不断努力，不断练习，卒至回复胜利而后已。母校此一行动，表面上虽为激励同学运动场上争取冠军。而此中精神，实培养了同学们有敌无我，有胜无败之战斗意志和尚武精神；以之作战，可胜敌人。以之治学，可克困难。④

唐文治为南洋公学足球留下了丰硕遗产。1921年南洋公学改组为交通大学后，叶恭绰、凌鸿勋两任校长都继承了唐文治时代的足球传统，借此大力提倡体育运动。"学生在学校时代，倘能用功求学，留心体育，有高尚的思想，活泼的精神，才算是一个好学生。"⑤学校甚至出台规定：体育

---

① 王振业、王道平：《交通大学足球史略》，《上海体育史话》1983年第3期。
② 《交通大学校史》编写组编：《交通大学校史（1896—1949年）》，上海，上海教育出版社，1986年，第105页。
③ 无锡市政协文史委编：《无锡文史资料》（49），哈尔滨，黑龙江人民出版社，2005年，第65页。
④ 于润生：《追忆交大崇文尚武的精神》，见陈明章：《国立交通大学》，南京，南京出版有限公司，1981年，第79～80页。
⑤ 顾亦恺：《校闻：主任就职》，《南洋学报》1921年第3卷第4期。

不及格时，虽其他科目及格，不得毕业。①交通大学对体育运动的重视可见一斑。

第三节　足球技战术理论本土化

一、足球阵型的运用

华东地区各大学在校际足球联赛时，相互学习并借鉴足球技、战术。以足球战术中的阵型为例，2-3-5 阵型是第一次世界足坛革命潮流下形成的阵型，于 19 世纪末期至 20 世纪初期，逐步在英格兰和苏格兰等英式足球地区风靡起来。简单来说，2-3-5 阵型即场上两名全职后卫，三名半后卫（等同于现代足球的中场位置），五名前锋。20 世纪初期，圣约翰大学与沪上西人足球俱乐部相互切磋时，了解到足球的技战术，逐渐形成了技术与阵型概念，把英伦足坛的技战术引入大学足球中来。圣约翰大学与南洋公学足球对抗赛时期，南洋公学经常大比分败于对手，除南洋公学球员技术稍显稚嫩，不如圣约翰大学球员之外，另一个原因就是南洋公学球队战术滞后，球员不知道如何跑位与接应，几乎没有阵型概念。经过数次比赛交流和学习，南洋公学逐渐弥补了战术层面的缺陷，方才能和圣约翰大学相抗衡。

从阵型来看，2-3-5 阵型是华东地区大学校际足球联赛主打战术，这一阵型一直持续到江南大学体育协会足球联赛时期，暨南大学把这一阵型用到极致，称霸一时。由于 2-3-5 阵型的两名翼锋是球队进攻的核心战力，当时暨南大学的翼锋是赫赫有名的陈镇和。陈镇和个头不高，速度奇快，技术能力超强。暨南大学比赛时，陈镇和往往通过出色的过人突破和传球技巧，总能够为球队创造进攻机会，翼锋边路突破传中，是当时各支球队最主要的进攻手段。暨南大学能够称霸江南大学足坛，与球员的风格能否适应阵型有极大关系。中国国家队参加远东运动会与奥运会比赛也是采用 2-3-5 阵型。20 世纪 20 年代后，世界足坛阵型发生转变，2-3-5 阵型逐渐没落，根源在于对足球越位规则进行了重大修改。不过，中国足球界没有及时跟进世界足坛的战术发展，在 20 世纪 30 年代依旧使用 2-3-5 阵型，落后世界足坛技战术发展形势（图 7-2）。

---

① 《交通大学校史》编写组编：《交通大学校史（1896—1949 年）》，上海，上海教育出版社，1986 年，第 494 页。

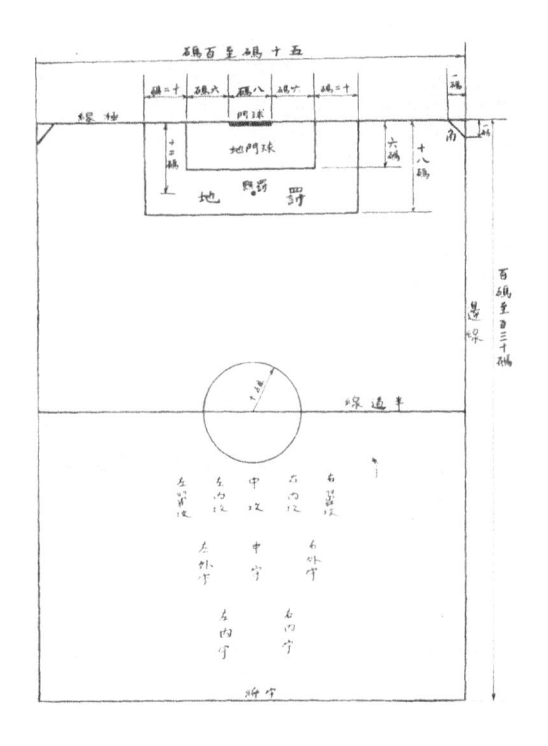

图 7-2 足球场地和阵型示意图

资料来源：张孝安：《足球临赛要义，节译李思廉先生足球教授之一》，《交通部上海工业专门学校学生杂志》1916 年第 1 卷第 4 期

二、足球理论的本土化

足球运动的传播与发展离不开足球理论，包括技战术理论、训练理论、足球比赛心理理论等。华东八大学之前的校际足球比赛，除南洋公学外，皆为教会大学，有关足球理论的介绍，大多以英文表述的形式出现。为此，南洋公学把西方现代化的足球理论资料翻译成中文，并在《南洋周刊》上刊发，指导球队训练的同时，向学生普及足球知识，逐渐形成了本土化的足球术语。可以说，南洋公学开启了足球理论本土化的进程，这是大学对中国足球运动发展的重要贡献之一。早期南洋公学足球队员的球技，多为球员自学而得，是踢"野球"的路数。苦于没有足球理论资料可以学习，加之缺乏专业足球人员的指导，对足球技战术的理解谓之匮乏，学生之间多相互借鉴踢球的技术，几乎没有战术层面的修养。从周浩泉的回忆录中可略知一二：

> 南洋公学的体育运动，特别是足球运动有着悠久的历史。记得我初进下院，在盘着辫子、撩起长衫踢足球的时代，不但上中院早有正

式足球队的组织，就是小学里也已编成甲乙两组的球员名单。但那时学生中爱好这项运动的尚是少数，其中以广东籍学生居多。至于球艺一项，并无教练指导，主要靠自己观摩练习。当时上中院球队中有一踢左边锋的陆品琳，善于盘球和勾球，大家叫他"球大王"。由于球艺还没有发展到联络传递阶段，因此只着重个人进攻，他是一个巧妙的攻门者，凡球到他脚上，常被踢进球门。因他曾教过我许多踢球经验，故对他的球艺印象特别深。可以说，他是南洋公学早期足球运动史上的一位杰出球员。①

虽然足球运动在南洋公学甚为普及，然而学生学习足球的方式，主要靠观看他人踢球，个人技术虽有所提升，但战术方面的训练无从谈起，更不消说接受系统的足球训练了。圣约翰大学与南洋公学同一时期成立了足球队，两校足球对抗赛初期，圣约翰大学每次赢得非常轻松，其原因主要是，教会大学率先引入了足球技战术理论来指导球队训练和比赛。教会大学几乎全英语授课，能够理解英文书写的足球理论，而不需要译介。

南洋公学对足球理论的引入和实践，可以说是中国足球理论研究的起源时期。南洋学子译介了当时英国足球训练的一些先进理念，指导学生训练。这些理论包括守门员、心理战术等方面。例如，傅志章翻译了英国兵工厂—阿森纳著名门将阿献克陆夫脱（James Ashcroft）的守门技术。阿献克陆夫脱曾三次当选奥运会英国足球队守门员。"运巧思、善判断、技术之精，为足球联赛史上振古烁今之伟人。兹出其心得，著守门法一篇。"② 该文从身材、强健、镇定、决断、勇敢、敏疾、还击、拳击、角球，以及罚球十个部分来分析守门员技术要点。

> 身材 爱习足球者，多希望为著名之守门员，如麦考累 Macaulay 度一 Doig 罗司 Roose 罗滨生（Robinson）等。然子有守足球员之资格乎？如子仅长五尺余二，则练守者攻者为善。盖守球员之位置，非子所宜也。守球之人，贵乎颀长……。守球之人，长约英尺五尺九寸至十一寸最相宜……。且身长者手臂亦长，两手应用尤广。
>
> 强健 身体孱弱者，不宜为守球员；仅手能重击而体素弱，亦非所宜。盖守球之人，出入球内外门，旋转目标左右。

---

① 周浩泉：《回忆南洋公学十二年（节录）》，见《交通大学校史》撰写组编：《交通大学校史资料选编（第一卷·1896～1927）》，西安，西安交通大学出版社，1986年，第299页。
② 傅志章：《足球守门法》，《交通部上海工业专门学校学生杂志》1916年第1卷第3期。

镇定 守球之人切忌慌乱，而举球场上比赛之队员最易慌乱者，莫守球若。盖守球员之位置，存亡胜败之关键也……。守球之人一失足，则不可救矣。攻击之人，乘胜驰入；旁观之徒助兴大呼胜负交战于内，敌势急迫于外，千钧一发，胜少负多。当此之际，非素有静养功夫者孰能镇定。

决断 身材长矣，体魄健矣，临危难而从容镇定矣，而敌队攻击不能预决设防，非善守也。故守门者，贵有决断，决断之养成非一早一夕，亦非球场上可得而练习也。酬酢往来随处随时……。正当之守球员，当本科学之理法而行。故凡为守门之人，宜观敌势察敌情审敌队强弱之点，筹御守还攻之，策勿徒咎本队之人不力不能。

勇敢 已不畏敌，方能应敌胆怯不前则方寸乱矣。夫守门者，已知受攻为其天职，则凡受攻之危难为应有之事。处之坦然，心雄志沈，勇气勃勃，浩然莫之能御。且勇气之发生，往往因境遇而变迁。

敏疾 守门者，贵敏疾，短跑尤贵神速。守门者与攻击者不同，无须驰骋球场内外，故宜勤习短跑。

还击 守门所最宜注意者莫如还击。凡球之递入可以手御者，切弗用足。其理甚显，盖接球而投出之颇妥善；如用足，则球踢出之方向不定，或入敌足，或滑入网内，且球之近球门也。

拳击 足球之技层出不穷。有球之来非足能踢手能接者，惟拳易还击之。拳击亦守门者一种技能也。初学之时，切戒冲击，须全臂用力，球之击出在手腕与拳之间，球由此击出。

角球 守门之人与左右守者须守望相助。左右二守站立之位置，勿障碍守门之视线，踢角球时更须注意使守门之人不知球来之方向。虽有绝技，何所用之。

罚球 最苛刻最危险之事守门所承受者莫如罚球，罚球地点与球门相距殊近，踢者可从容对准，无争夺之虞。[①]

傅志章在译文中进一步指出："今述守扼之大要，摔初学者有所遵循，以达得胜之目的，非敢云传授心法也。"[②]这些现代足球理论的译介，对南洋公学足球竞技水平的提升是显而易见的。以守门员训练而言，南洋公学把现代足球运动鼻祖——英国职业足球俱乐部守门训练理念引入，培养了周家骐、周贤言两代著名守门员，在沪上足球界传为美谈。

[①] 傅志章：《足球守门法》，《交通部上海工业专门学校学生杂志》1916年第1卷第3期。
[②] 傅志章：《足球守门法》，《交通部上海工业专门学校学生杂志》1916年第1卷第3期。

李思廉在指导南洋公学足球队后，广撒人脉，邀请沪上水平高的西人足球队来南洋公学切磋球技，并使甲、乙两支球队能够合理地安排训练和比赛，令南洋公学足球队的技战术显著提升。除此之外，李思廉有着不俗的足球理论功底，南洋公学把李思廉的足球理论翻译成中文，学生对足球运动技战术的认知由英文转向本国语言，能够更快地理解足球技战术理念，足球理论知识的传播，有了更为广泛的文献基础。足球理论的本土化，对南洋公学的足球训练水平提升，以及足球普及大有裨益。

李思廉是南洋公学的教练员，曾用英文撰写过足球训练的资料，有鉴于此，南洋公学张孝安就把李思廉的足球训练法译介为中文，既对专门训练之法进行了补充，又结合南洋公学足球训练的实际需要，更为有效地指导学校足球队训练。撤去足球技战术不谈，这篇赛前理论在现代足球训练中看来也丝毫不为落伍，仍具有指导意义。例如，文中指出："比赛足球以心力兼用，见机而行，不可失之。时机少至，失之者其遗憾非笔墨所能形容。守将须不时警备，而以不遇事为妙，遇事之时以用手为上策，非遇急变，不用其足御球于不入。"①可以说是最早提出足球心理训练的文章。此外，文中强调团队精神、场上各个位置技术要求、场上体育精神之要求、服从裁判员判罚等。南洋公学引入并翻译了西方足球训练理念，成为足球理论传播的主阵地，这一做法无疑开创了足球理论本土化之先河。

第四节 足球运动中的慈善义举和商业化

每逢华东地区大学校际足球联赛中的重大赛事，都会吸引数量可观的球迷到场观看，人群的流动和集中会产生一些经济行为，体现在交通、门票、旅游、食宿等方面，组委会便会发售门票，进而带动了交通、饮食、旅游等商业行为。可以说，华东地区大学校际足球竞赛，开创了中国体育赛事商业化的先河。特别指出的是，大学校际足球联赛门票收入中的一部分用于赈灾筹资、爱国义举，为积弱积贫的国家尽微薄之力，从而在青年学子及广大民众中宣传了爱国思想。考虑到各大学足球训练场地不良、设施奇缺、后勤保障不足，校际足球联赛中所做的慈善义举更是难能可贵。

南洋公学多次在赈灾慈善义举中做出表率。1918年南洋公学因念湘省迭经兵发重以水火疫疠，百万哀鸿号寒啼饥，特发起红十字会湘赈部。南

---

① 张孝安：《足球临赛要义，节译李思廉先生足球教授之一》，《交通部上海工业专门学校学生杂志》1916年第1卷第4期。

洋公学学生团积极进行，不遗余力，于 11 月 30 日至 12 月 1 日在学校开游艺会，以收入券资，半数充湘赈，半数充欧战协济会费，游艺会内容大致分为四项，包括音乐、幻术、影戏及游戏。①闻该校足球素所擅长，为此，30 日与西人比赛，精选甲组队登场，为该校足球队与上海西人足球队比赛。②借助足球赛事，南洋公学筹措了不少款项，并将门票收入的一半捐给湖南灾区。除此之外，南洋篮球队坐镇主场与上海青年会篮球队比赛，以收券资，用于赈灾。

1921 年江苏水患严重，为前所未有之局面，嗷嗷灾黎，待赈孔急。交通大学体育会得知后，特假与圣约翰大学比赛足球之时机，发售足球入场券，分二角、五角两种。③当时《交通大学月刊》对此次事件记载如下：

> 十七日约翰来本校赛球，先期由本校体育会议决此次赛球决定卖票分五角二角二种，所得券资，悉数充江苏水灾义赈。凡约翰学生之来观者，吾校悉先期给以免票一张。下午一时许，徐家汇车水马龙来宾颇为拥挤，由王问潮、陶天杏、葛尚诸等担任卖票，赵乃谦、鲍锡瑶、钱辉寰等担任收票，吕慰诒、邱凌云等担任招待，秩序颇佳……。又此次售券得五百五十余圆，沪人士咸谓吾校抱为善最乐之热忱云。④

1922 年安徽遭受水灾，拟在上海组织游艺会，并请时为交通大学臂助。为此，交通大学体育联队分别与公共体育场足球队、上海西人足球队在交通大学操场比赛，均售入场券，券资分二角、五角两种，五角者备有座位。所得券资，悉充安徽灾赈。⑤交通大学学子周急好义的优秀品质充分得以体现。

华东地区大学足球运动的商业化行为主要表现在门票收入方面。圣约翰大学与南洋公学对抗赛时期，尚无出售门票的记载。到了华东六大学时期，鉴于南洋公学和圣约翰大学两校足球联赛的影响力，前来观赛的观众甚多，为此，两校专门修整看台，开始出售门票。门票价格会刊登在报纸上，公交公司亦会增添车辆运送往来观众。1918 年圣约翰大学与南洋公学足球联赛中售卖门票的做法和价格表述如下：

---

① 《南洋公学学生团大会》，《申报》1918 年 11 月 28 日，第 11 版。
② 《湘赈游艺会内容豫志》，《申报》1918 年 11 月 30 日，第 10 版。
③ 《上海球讯 南洋与约翰》，《申报》1921 年 12 月 17 日，第 15 版。
④ 《沪校及约翰校赛球志盛》，《交通大学月刊》1922 年第 1 期。
⑤ 《交大体育联队比赛足球志 入场券售资充皖赈》，《申报》1922 年 2 月 11 日，第 15 版。

上海工业专门学校（即南洋大学）与圣约翰大学定于本月五日下午二时半在南洋球场比赛足球，已志前报。兹悉该校仿泰西各大学校与赛足球售券法。于是日出售观券，特等一元，普通二角，该券可于入校门时购买。特等备有木台阶级之坐位，普通者站立场边。所得券资悉充善举，并由该校商准。法界电车公司是日多添车辆以便观者来往云。①

华东八大学足球联赛时期售卖门票，已经成为主场球队的惯用做法。例如，1924 年沪江大学对阵圣约翰大学的比赛出售入场券，分普通和特别两种，即普通二角和特别四角。②同一赛季，沪江大学与南洋大学的比赛出售入场券，计分两种，无座位者售小洋二角，有座位者售小洋四角。③南洋大学与圣约翰大学假天文台路新棒球场比赛足球，来宾均须购票入场，计分二角、四角两种。④在一些重要比赛时，门票价格有所上涨。1922 年圣约翰大学与南洋大学第二回合较量中，凡入场参观者，均须购券，分普通和特别两等（特别五角，有座，普通二角）。因圣约翰大学球场在苏州河对面，先前由于观看比赛还出现过船翻人倒入水的情况，为此，往观者须绕道铁桥，以免船渡拥挤失足之虞。过桥有售券员招待，即可先向购券，免致入门时购券，人众倾轧，诸多不便。⑤可见观赛服务甚是到位。

根据比赛的重要程度，门票价格会有波动。华东八大学第三届足球联赛决赛在南洋大学与复旦大学两校之间进行，委员会以为此种盛举，不可多得，特议决届时售门票三种，一为特别票，售洋一元，一为普通票，售洋三角，一为复旦大学与南洋大学学生票，每张售洋一角。甚至连双方球员，亦须购票入场。南洋大学恐观者拥挤，又建大看台一座，以备特别票之用。⑥1927 年暨南大学与交通大学的足球锦标争夺战，由于这场比赛关系到锦标归属，两队为争取胜利，均全力出战。交通大学着手布置场地，并发售入场券，分二角、六角两种，六角者为定座券。除大看台外，在场之四周，安排座椅，编列号码，依号入座。入场券"闻昨日一日已售出五

---

① 《售卖比赛足球观览券》，《申报》1918 年 1 月 3 日，第 11 版。按，原文没有标点，此段标点为笔者所加。
② 《八大学足球夺标比赛情形》，《申报》1924 年 12 月 6 日，第 14 版。
③ 《今日下午足球比赛大学消息》，《申报》1924 年 12 月 13 日，第 10 版。
④ 《沪江获得本届八大学足球锦标》，《申报》1924 年 12 月 21 日，第 20 版。
⑤ 《约翰南洋明日再作足球之战》，《申报》1922 年 12 月 15 日，第 17 版。
⑥ 《八大学最后之足球锦标赛比赛》，《申报》1923 年 1 月 3 日，第 15 版。

百余号"①，购票人数趋之若鹜。此外，鉴于两校比赛在沪上足坛的影响力，除由两校发行之外，"为便利外界预购，免致临时拥挤起见，自今日午后一时起，至星期六上午十时止，在先施公司出售"②。由是观之，当时已经有商业公司来出售门票。

可以看出，自华东六大学之后的足球联赛，售卖门票成为常态，门票收入并非只为了盈利，以校际足球运动门票收入的流向来看，主要有三个方面的用途：

其一，赈灾义用。这是门票收益中惯常做法，尤其以南洋公学的比赛居多。例如，在华东八大学第三届足球联赛中，圣约翰大学与南洋大学第一次比赛时出售门票，所得尽作慈善之用。"是日入场参观者，概收门券，门券分普通和特别两种，普通每位小洋二角，特别每座小洋五角，本埠先施公司、永安公司及南洋大学体育会，均有出售，所收票资，悉充善举。"③

其二，扩充学校办学经费。各大学体育场地设施需要经费维护，门票收入可以改善学校体育设施。1922年圣约翰大学与南洋大学比赛时，"此次赛球之入场券，分特等普通二种，特等每张洋五角，共售去五百张，普通每张二角，共售去四千四百念（廿）五张，皆以小洋计算，共得一万一千三百五十角，合大洋九百八十余元，此款闻将以充补南洋义务学校之经费"④。由于这场足球赛有近五千人观看，比赛门票收入充裕，一部分经费便充当学校发展所需。

其三，竞技体育组织会费。1923年的华东八大学足球联赛，圣约翰大学与南洋大学的两场小组比赛，观众需购票入场，门票收入分配给参赛二队及华东八大学作会费之用。双方第一场比赛的门票收入，"此项券款，百分之五十归约翰，百分之四十归南洋，百分之十归东方八大学运动联合会"⑤。由于本场比赛圣约翰大学坐镇主场，因此门票收入分配上向主队倾斜。江南大学体育协会时期，关于比赛门票出售及收益分配有明确要求：比赛之售票者其收入当由主队得百分之四十，客队得百分之三十，所余百分之三十，充作本会经费。⑥

---

① 《本星期六交大与暨南赛足球》，《申报》1927年11月16日，第8版。
② 《先施公司代售交大暨南足球赛券》，《申报》1927年11月17日，第10版。
③ 《约翰与南洋将有足球赛》，《申报》1922年12月1日，第17版。
④ 《约翰南洋第一次比赛足球志》，《申报》1922年12月3日，第17版。
⑤ 《南洋约翰球战纪》，《申报》1923年12月2日，第14版。
⑥ 中华全国体育协进会：《中华全国体育协进会年刊》，上海，中华全国体育协进会，1927年，第264~273页。

华东地区大学足球运动的商业化性还表现在交通出行等其他方面。赛事带动了观众聚集，一到足球赛季，沪上的铁路、公路交通公司业务繁忙，收益颇丰。鉴于足球比赛能够吸引到大量观众，出行人流量的增加会带来收益，沪上铁路、公路交通公司自然想分一杯羹。每逢重要比赛，特加开班车，运送往来观看球赛者，以图利润。例如，第二次"麦根路之战"时，沪上铁路为球赛始发车次，"事务长备有特别车二班，于下午一点四十五分及二点开车（车资来回票一角），来往麦根路及火车站，沪上各学校与热心运动者盍往观之"①。客流量的增加让铁路运营部门兴奋不已。

除了门票、交通收入以外，在场地贩卖食品、书刊等物品也是当时足球比赛时的做法。1923年圣约翰大学与南洋大学的第二场比赛，南洋大学对球场的布置尽情地展现了学校的风采，四周围以竹篱，两旁有大观台两座，四面另设许多客座，其上多有座位号数，故看客虽多，绝无拥挤之处。此外还有锣鼓台、军乐台，特设给军乐队等者。女宾席则设在中院露台上，四周并有该大学附设义务学校之贩卖处，出售《南洋周刊》、水果、点心、糖等。②观众观赛体验感舒适的同时，也为学校带来了不少收益。

华东地区大学校际足球运动开创了中国足球商业化的先河。对比当下中国大学生足球超级联赛，在门票收入方面，很难有效地进行开发。大学足球联赛水平不高，关注度低下，大学生很难被吸引到球场，观众上座率可以说是惨不忍睹。中国大学竞技体育长期缺失观赛文化机制，因此，有必要培育大学生的观赛意识，并纳入校园足球文化建设体系之中来。此外，大学校园足球与职业足球体系脱节，在大力发展校园足球的背景下，虽有政策支持，大学足球依旧呈现断裂式发展，找寻不到校园足球的历史根基，又无法导入职业足球的做法。门票收入作为足球收入的重要组成部分，便难以在当下大学校际足球运动中实现。

第五节　校际足球运动的观赛行为

球场观众是华东地区校际足球运动中最为靓丽的一道风景。每逢华东地区大学校际比赛时，各校便会组织学生群体到现场为本校运动员加油助威，声势浩荡、整齐划一。军乐队、童子军表演贯穿整场。比赛结束后，获胜一方还要举行盛大游行活动，师生彻夜欢呼，有时校长也会出席并做

---

① 《两大学足球之最后》，《申报》1915年12月22日，第10版。
② 《纪昨日本埠四大学之足球赛》，《申报》1923年12月16日，第13版。

演说。足球比赛中的观赛活动，实际上是群体行为表现，是在校师生、校友集体认同感建构的最好方式。法国社会学家勒庞认为：

> 从心理学的角度看，"群体"一词却有着完全不同的重要含义。在某些既定的条件下，并且只有在这些条件下，一群人会表现一些新的特点，它非常不同于组成这一群体的个人所具有的特点。聚集成群的人，他们的感情和思想全都转到同一个地方，他们自觉的个性消失了，形成了一种集体心理。它无疑是暂时的，然而它确实表现出了一些非常明确的特点。这些聚集成群的人进入一种状态，因为没有更好的说法，我姑且把它称为一个组织化的群体，或换个也许更为可取的说法，一个心理群体。它形成了一种独特的存在，受群体精神统一律的支配。[1]

观众群体在观赛过程中所产生的种种行为由集体心理状态所驱使。在竞技比赛中，场下观众的观赛心情，会随着场上比赛的进程而跌宕起伏，进而会产生集体认同感。

华东地区大学校际足球观赛文化的产生，主要是受到美式大学竞技文化的影响。教会大学有着浓厚的美式背景，官办大学在初创时期也多聘请外国教习。学校体育组织虽是学生自治，但大都是在外国教习或外聘教练员的指导下进行。这些教习多为美国知名大学毕业学生，在校期间受到了校际比赛的熏陶，自然地把美国本土的校际组织文化和比赛文化带到新的大学中来。

一、啦啦队

啦啦队是学校团体活动的一部分，是华东地区大学校际足球运动中观赛行为的重要组成部分，也是孕育足球文化的阵地之一。一到足球赛季，足球队管理就会召集各班啦啦队代表，商讨应援比赛组织方法，啦啦队队长、副队长会积极通知各应援团体，积极训练，以壮学校声威，这成为各校比赛的惯例。以华东八大学时期的南洋大学啦啦队为例：

> 廿五日晚七时由足球队管理黄文建君，招集各班拉拉队代表。在学生会客室开会讨论组织及进行方法，现举定叶贻东君为总队长。陆文裕叶贻芳两君为副。闻今届拉拉队组织法大加改革，以助足球队声

---

[1] 〔法〕古斯塔夫·勒庞：《乌合之众：大众心理研究》，冯克利译，北京，中央编译出版社，2000年，第11~12页。

援云。①

各大学学生团体都格外注重啦啦队的作用。甚至一些平时不太爱锻炼的高年级学生，听闻学校足球队有比赛，便一改往日之散漫，积极奔走呐喊，热心为学校球队加油助威。每逢足球赛季到来，啦啦队总是提前做足工作，花大力气组织学生进行练习，或奇装异服，或整齐划一，标语、旗帜全场挥舞，歌声、口号此起彼伏，军乐队弹奏乐章，童子军维持秩序，足球比赛俨然变成一场嘉年华，场上队员极力展现球艺，场下观众在啦啦队带领下气氛鼎盛。

华东八大学第四届足球联赛，圣约翰大学与南洋大学比赛时，场下啦啦队甚是有趣，往昔两校啦啦队采取隔场叫嚣模式，本场比赛由主队啦啦队队长于赛前先引领主队同学向客队表示欢迎之意，客队同学则答礼致谢，两校先礼后兵，一改以往针锋相对态式。

> 本届两校学生为增进友谊起见，对于欢呼较往年略为变更。今日南洋赴约翰比赛，南洋为客，约翰为主。故于未起赛之前，约翰欢呼队队长将先至南洋方面导领，唱南洋校歌。此时约翰学生起立致敬，歌毕，南洋学生亦如此答礼。第二次比赛，南洋欢呼队长将先至约翰方面导领唱歌，因其为主人也。②

该赛季两校第一场比赛吸引了五千余名观看者，双方啦啦队表现得极为火爆。比赛二时四十五分开始，早在下午一时半，南洋大学、圣约翰大学学生已在东西两方聚集，手摇旗帜，开始欢呼。啦啦队队员身穿特制衣服，南洋大学为黄蓝二色条纹，圣约翰大学为红白二色条纹。两校第二场比赛是日气候寒冷，细雨蒙蒙，球场又复泞滑非常，而观者不因此稍减兴趣，反较前次踊跃。法租界电车，特为加添车轮，以免拥挤。下午二时一刻，南洋大学啦啦队至圣约翰大学方面，导唱圣约翰大学校歌，歌毕，圣约翰大学亦至南洋大学方面如法答礼，以敦友谊。③两者啦啦队一团和气，与场上剑拔弩张的态势不可同日而语。

江南大学体育协会足球联赛时期，各大学更加注重啦啦队的作用。以暨南大学为例，不仅足球实力强盛，啦啦队也不甘示弱。"男女同学，亦加紧工作，组织啦啦队，队长为江宗馨，蔡国平等君。现已制有歌曲

---

① 《体育会：拉拉队成立》，《南洋周刊》1924年第5卷第3期。
② 《今日南洋与约翰比赛足球》，《申报》1923年12月1日，第15版。
③ 《南洋约翰球战纪》，《申报》1923年12月8日，第14版。

多种，定于每一三五日练习，届时莅场助威，摇旗呐喊，必有一番惊天动地矣。"①暨南大学啦啦队会通过海报的形式来告知在校师生，广泛动员师生到现场支援球队，以壮声势。张贴海报是动员师生参与到校际足球联赛中的一种方式，往往起到事半功倍的效用。

> 江南大学体育协会，本届足球夺标比赛，将于本月中旬举行，本校甲乙两组足球队曾连执两届牛耳。今大战临头，不仅球员需努力奋斗，而全校师生，亦须加油鼓励。以壮军威，现本体育会已聘蔡君国平、江君宗馨为啦啦队总队长，招集队员，练习歌调及种种滑稽欢呼，兹将该队长昨日之布告出列下：
>
> 啦！啦！啦！
>
> 暨南大学足球队刮刮叫！啦！啦啦！请大家加入——啦啦队——
>
> 江大的足球锦标比赛快要开始了，我们的打气筒又要下动员令了，去年的成绩，是很得社会人士称赞的，我们要保全去年的令誉，今年是要加紧工作，才不负人们的所望，现在我们预备了很多新韵的歌调，准下星期起，每逢一三五晚七时在科学馆演讲厅练习，希望全校男女同学少吃炒面，多吃鸡蛋调养大喉，踊跃参加来做我们百战百胜的甲乙两组足球队的后盾！
>
> 啦啦队总队长蔡国平、江宗馨同启。②

复旦大学在江南大学体育协会足球联赛时期与暨南大学、交通大学相互抗衡，啦啦队组织方面也丝毫不落下风。每逢比赛前夕，复旦大学啦啦队就会全员出动，盛装出席，声势浩大，为本校足球队呼声呐喊。1927年复旦大学与交通大学一役，两校各组应援团体，复旦大学更有化妆啦啦队，女生及校工亦各组啦啦队，为本校球队助威，球员作战，倍加振奋（图7-3）。交通大学方面，积极组织观众奔赴江湾球场，"参与欢呼者，为数约五百人，事前由交通大学足球部备挂车三辆，由徐汇车站直抵江湾。赛毕后开回，改乘定备之公共汽车七辆，直达校门，往返秩序井然，同学便利"③。可以想象，当时返程浩浩荡荡盛大之场面，同学载歌载舞，欢庆胜利之场景。

---

① 《体育零志：啦啦队加紧工作》，《暨南校刊》1930年第88期。
② 蔡国平、江宗馨：《体育会消息：江大足球锦标赛声中之本校啦啦队》，《暨南校刊》1929年第18期。
③ 《最近校闻：足球队消息》，《南洋周刊》1927年第11卷第1期。

图 7-3　复旦大学啦啦队（1927 年）
资料来源：有德：《复旦女生拉拉队》，《图画时报》1927 年第 416 期

光华大学在体育文化上继承了圣约翰大学的传统。校际足球联赛时，啦啦队的表现不输于其他各大学。其中，光华大学女子啦啦队甚是活跃，神采奕奕，展现了光华大学女生的魅力和风采（图 7-4）。

图 7-4　光华大学啦啦队（1930 年）
资料来源：林泽民：《女学生的生活：啦啦队中之女同学》，《中国大观图画年鉴》1930 年第 239 期

啦啦队是校际足球联赛中学生自治的表现。标语、服饰、歌曲、军乐

队等诸如此类的符号和行为，全部由学生自发而为之。足球联赛能够在时空上产生群聚效应。也就是说，以学校为组织的群体，能够在特定时间集结于比赛场地。在啦啦队的引领下，学生感知到学校的各种文化符号，以此形成集体认同感。与此同时，啦啦队也易产生观众过激行为，这是滋生球场暴力的因素之一。

> 拉拉队可以说他是球队的附属品，你不见凡事比球，总会听见拉拉队的人们在那里拉着破竹般的声音，拼命的喊着。据球员们说："若比球时得他们这样喊两声，却到也可壮壮胆，本来'弹琵琶'的也会好一点儿。所以比球时是必要弄两个拉拉队，尴尬时打打气，也是好的。"不过，比球时打起架来，也多半为拉拉队引起的。譬如甲队胜了，于是甲方面的拉拉队便喊得分外起劲，乙队既输了球，他们心内自然已经不大高兴了，在比球时，又听到这种声音，那更不消说了，因此便借点小故就此打起来，这岂不是拉拉队引的祸吗？[①]

由于各大学及江南大学体育协会没有针对观众过激行为的相应规定，一旦球场上出现了争议判罚，场下观众易被带入情境，激发双方矛盾，从而大打出手，演变成球场暴力。此类事件在江南大学体育协会足球联赛时期层出不穷。过激的场下支援活动成为助长华东地区大学校际足球运动球场暴力的温床。

二、啦啦歌

啦啦歌是场下观众支持球队的重要呈现方式之一。一遇比赛，"双方啦啦队，洋歌中歌，一起搬了出来，每个人和球员，都力竭声嘶，胜则返校庆祝，甚或放假乙（一）天，败则垂头丧气，以至静默志哀"[②]。各大学备有中英文啦啦歌，且根据比赛场上的不同情形，由观众席的组织者领唱不同歌曲。进球时会唱，以振声势；失球时会唱，以资鼓励；比赛开始唱，调动气氛；结束时也唱，欢庆胜利。赛后游行时，更是载歌载舞，吟唱一路。从形式上看，啦啦歌大都借鉴当时美国大学校际竞赛的歌曲，并进行相应改编；从内容上看，啦啦歌多短小灵动，为鼓励运动员，体现本校足球特点而编；从表现上看，歌曲生动丰富、朗朗上口、韵律十足，依据比

---

① 王礼安：《时代学生（14）：拉拉队》，《摄影画报》1933年第44期。
② 钱益：《足球雄风》，见陈明章：《国立交通大学》，南京，南京出版有限公司，1981年，第323页。

赛的进程进行变化。以南洋公学为例，不论比赛输赢，场下支持者的啦啦歌从不停息，歌词内容直观地呈现了浓重的爱国和爱校情怀。

> 南洋南洋诸同学，神采奕扬，把足球歌，唱一曲，声音响亮！看我校的，十一个，足球上将，都是：学问好，道德高，身体强！身上穿了，蓝与黄，两色衣裳，雄赳赳，气昂昂，一起排到球场上。一开足，个个像，活虎生龙，真骇得，洋将们，垂头丧气！啦啦啦，啦啦啦，啦啦啦！南洋，南洋，南洋！我同学今天已，胜利在望！南洋！南洋！
>
> RAISE OUR FOOTBALL SONG, HOLD THE TIME ALONG, HEARTS AND VOICE STRONG, SING TODAY!
>
> HEALTH SEEK WE ALL, COLLEGE LOVE WE ALL, COUNTRY SAVE WE ALL, AS WE MAY!
>
> FIGHT ON! FIGHT ON! BOYS OF NANYANG COLLEGE, DAY IS SHORT, AND QUICKLY COMES THE NIGHT!
>
> PLAY WELL, GATHER STRENGTH AND COURAGE!
>
> FOR YOU AND YOU OWN COUNTRY! [1]

中文歌唱罢，英文歌继续，整个足球场歌声四起，声威震天，气势如虹。伴随啦啦歌，场下支持者更是卖力摇旗呐喊。南洋大学足球队队服是黄蓝相间，啦啦队也以黄蓝为主调。场下支持者手持黄蓝争艳的旗帜，歌声抑扬顿挫，全场氛围热烈，既折服于场上球技，也饱享场外耳目。

校际足球联赛中还有一些互动性非常强的啦啦歌，一唱一和，极为热闹。例如，1928年交通大学与光华大学比赛中，交通大学啦啦歌的后一段则是一问一答的唱法。

> WHO IS ALRIGHT? NANYANG IS ALRIGHT. WHO SAYS SO? EVERYBODY. WHO IS EVERYBODY? WE ARE!
>
> WHO IS ALRIGHT? KUANGHUA IS ALRIGHT. WHO SAYS SO? EVERYBODY. WHO IS EVERYBODY? NO BODY! [2]

甚至在比赛结束后，还要大声齐唱啦啦歌，以此分享胜利的喜悦，如

---

[1] 钱益：《足球雄风》，见陈明章：《国立交通大学》，南京，南京出版有限公司，1981年，第323~324页。

[2] 钱益：《足球雄风》，见陈明章：《国立交通大学》，南京，南京出版有限公司，1981年，第327页。

交通大学啦啦队有专门的啦啦歌来庆祝胜利，鼓吹球队的表现。大家载歌载舞，欢天喜地地返回学校，再大肆庆祝一番，又唱响另一首歌曲：《南洋光荣，南洋未来必将荣耀！》

NANYANG WILL SHINE TONIGHT! NANYANG WILL SHINE! NANYANG WILL SHINE TONIGHT!

NANYANG WILL SHINE! NANYANG WILL SHINE TONIGHT!

NANYANG WILL SHINE! THE SUN GOES DOWN AND THE MOON COMES UP

NANYANG WILL SHINE![1]

沪江大学啦啦歌"长枪短炮"皆有之，短歌如"SHORT CHEER Rah! Rah! Rah! Shanghai！"仅有一句话。比赛时，沪江大学的支持者会不间断地高唱。也有齐声呐喊之歌，如"-YELLS- Regular：Shanghai! Shanghai! Shanghai! Rah! Rah! Rah! Shanghai！"此外，还有任意发挥之歌，如：

> Irregular
> 1. SSS! Boom! Shanghai！ the team!
> 2. Shang- Shang- Shang
> Hai- Hai- Hai
> Shang- Shang-hai-hai
> Shanghai
> 3. Bonca Raca, Bonca Raca-Bon Bon Bon
> Chinca Raca, Chinca Raca-Chow Chow Chow
> Bonca Raca Chinca Raca- Who Are We?
> Shanghai- Shanghai- Yes Sir Ree[2]

沪江大学的啦啦歌语句大都短促、有力，很容易调动观众的情绪。作为江南大学时期的足球霸主，暨南大学啦啦歌多达十几首，不同的比赛场合，全体高唱不同的歌曲。不同赛季，不断有新的啦啦歌产生。这里略举一例《暨南健儿临阵歌》：

> 暨南健儿志趣高气冲云霄

---

[1] 钱益：《足球雄风》，见陈明章：《国立交通大学》，南京，南京出版有限公司，1981年，第 327～328 页。

[2] 《沪江年刊》，1922 年，第 136 页，上海市档案馆藏，卷宗号：Q242-839。

败亦可喜胜不骄胸襟英豪
毋忘仁侠武士道取记橙黑旗儿招
同心同力打敌曹勉哉同袍[①]

华东地区大学校际足球联赛中的啦啦歌大都以英文来呈现，学校体育组织多把美国大学的啦啦歌以拿来主义的方式加以改良，加之各大学学生英文功底好，吟唱英文歌曲也就不足为奇。啦啦歌作为足球文化的载体之一，是声觉符号的展现形式，与奇装异服、口号标语等视觉呈现形式相辅相成，构成了华东地区大学校际足球联赛中观众活动的双重映像，并融入各大学校园文化中来，成为校园文化不可或缺的一部分，从身心两重形塑着大学足球运动。

华东地区大学校际足球运动中，蕴藏丰富多彩的文化内涵，这与当下校园足球运动形成明显反差。当下，虽然校园足球正呈现出如火如荼的发展态势，但是相比于民国时期大学足球万人空巷的场面，观众数量显然不足。从文化符号上，目前的大学足球校际竞赛并没有形成让人印象深刻的啦啦队，比赛期间并没有出现如民国时期一般群情激动的全场欢呼，歌唱校歌的行为。从学校支持上，当下的大学足球校际竞赛未能获得学校管理高层的充分重视，校长很少出席观战。中国大学足球运动在文化继承上，呈现出明显的断裂，更无从谈及扬弃的实施。失去了文化包裹的足球，何谈复兴？没有继承的大学足球文化，何谈复兴？中国大学足球运动在百余年前的文化呈现，欣欣繁荣，能在动荡不安的社会条件下，经济极度匮乏下，坚持文化塑造，是为悦傲。反思当下，而又忧虑大学足球，乃至整个校园足球文化的萎缩至极。场下没有观众，没有组织，没有呐喊，失去了观众的足球运动是否还能够称之为"足球运动"？文化是足球运动的根基之一，职业足球运动更是如此，球场观众被誉为球队的第十二人。场下观众的支持，对球队能否展现出高水平竞技状态的影响是显而易见的。因此，校园足球发展的当务之急，应重塑足球运动文化。

---

① 《球战记详：暨南男女啦啦队之歌曲》，《暨南周刊》1929 年第 5 卷第 2 期。

第八章　华东地区大学校际足球运动的球场暴力问题

晚清民国时局震荡，大学校际比赛常被军阀混战、外族入侵所打断，深受社会动乱的干扰，加之统治阶层对体育事业的漠视，在制度层面上，没有建立稳定的体育组织机构，进而难以解决大学校际比赛中的一些顽疾，其中就有球场暴力问题。

华东六大学时期足球场上的暴力行为就已经存在，因媒体对球场暴力的报道偏少，并没有引起关注。到了华东八大学时期，一些大学为攫取比赛胜利，球员之间粗暴行为时有发生。1921年东吴大学坐镇主场，迎接交通大学的挑战，两队向来和气友善，但比赛过程并不尽然。"惟东吴球队之守门者翁林阁及守二门之陈恩豪，均受重伤，翁君受伤四次，尤不能动弹。"[1]此外，在与一些上海业余球队比赛时，业余球队的不良风气，尤其是暴力行为也会传染给大学球队。1922年南洋大学与沪上西人球队友谊比赛中，遭受对方球员连续殴打，有违于体育精神，为此，南洋大学登报，公启该事件[2]，以示昭重，让其他运动团体乃至大学引以为鉴。由于大学校际足球组织的松散，在竞技比赛中几乎没有话语权，沪上西人足球界的球风甚为剽悍，暴力行为时常发生，动手殴打对手，甚至群体性殴打都时有发生。正因为此，一些人士在谈及学生的礼仪时，足球运动被单列出来，指出"在比赛足球或其他运动时，对敌方运动员，应加以相当的敬礼，不论其为得胜与失败，必须除掉骄气逼人或老羞成怒的恶习"[3]。

"五卅事件"不仅致使华东八大学分崩离析，高涨的民族主义也在竞技比赛中有所展现，大学校际竞赛中锦标主义兴盛，在双方水平接近，势均力敌的比赛中，往往会产生球场暴力。江南大学体育协会足球联赛是球场暴力频发的一个时期，每一届比赛都会出现各种球场暴力行为：群殴裁判员、双方互打、观众参与其中，甚至流血事件屡次发生。

---

[1]　《东吴与金陵之足球潮》，《申报》1921年12月5日，第11版。
[2]　《南洋大学来函》，《申报》1922年11月17日，第16版。
[3]　《道德学生的礼仪》，《申报》1924年3月24日，第17版。

第一节　比赛期间观众殴打裁判员：暨南大学与交通大学球场暴力事件（1927年）

江南大学体育协会第一届足球联赛中，南洋大学与复旦大学一役，南洋大学对裁判员的判罚质疑，教练员携队员入场，导致场上观众大量涌入场内，比赛秩序大乱。幸而未引发更为严重的冲突。对此，江南大学体育协会做出南洋大学弃权处罚，不过无法控制愈演愈烈的观众行为。江南大学体育协会第二届足球联赛暨南大学与交通大学的争冠赛中，爆发了严重的球场暴力。

> 交大与暨南之江大足球锦标赛昨在交大球场举行，中途竟有一部分暨南学生向裁判员乐秀荣动武，致一场奋兴之球赛无疾而终，必为今日阅者之所不及料也。此不幸之事发生于下半时十分左右，当时暨南内卫之手臂触球，罚十二码球，戴麟经一蹴成功，成三与一之比，交大占先。乃有不速之客身服汗衫，内着暨南校衣，奔入场中，不问情由向裁判员动武，旋即跑出场外。裁判员面告暨南队长，要求明瞭之答复，斯时如有抱歉之答词，则此后风浪亦无从发生。乃不料暨南学生成群结队与单独无侣有劳无酬之裁判员为难，裁判员宣言，如五分钟不能出场当作弃权论。此言既出，拳足交至，幸得旁观者乃安然出险。至比赛结果业由裁判员正式宣告，暨南弃权，胜利属诸交大。①

从上述报道来看，球场暴力是由场下暨南大学学生所引发，场上球员虽有动作过激行径，裁判员还能够控制局势，而场下观众一旦对裁判员的判罚感到不公正，就会怒向裁判员，群起而殴之。赛后两校均对该事件做了描述，内容大相径庭。交通大学方面指出，正在混战之际，一声银角，盖暨南大学后卫以手触球被罚点球，戴麟经一蹴而就，满场小旗飞舞，帽巾上掷，锣鼓喧闹，诚为壮观。现在比数已为 3∶1，而时间已不多，暨南大学队员知转胜之无望，乃泄怒于裁判员，本校同学之劝解者亦被殃及。②交通大学方面的说明与沪上报纸的报道相差无几，只是省略了一些细节。暨南大学方面对此事看法则与沪上媒体所描述出入较大。暨南大学体育会向沪上各大报纸发出如下声明：

---

① 《交大与暨南足球赛发生争执》，《申报》1927年11月20日，第10版。
② 《校闻：足球消息》，《南洋周刊》1927年第1期。

敝校与交大足球赛发生争执一事，各报登载，与当日事实，颇有出入，按当日公证人乐君秀荣，含有感情作用，故判事多出人意，上半时交大后卫在罚球区内犯规五次之多，曾由边线人摇旗警告，公证人置之不理，双方相持至休息时间，下半时比赛，开始五分钟，尚为妥善，后交大中锋戴君深压暨南腹地，有黄温二卫及林有兴前御戴传与沙葆昌君沈复传之与戴离球门三尺处，球触戴手，戴君自己亦承认而向陈君言明之同时，林有兴头部撞至公证人，突然鸣笛，球员异之，盖罚十二步宣报也，由戴君踢，应声而入，暨南管理员傅君出场，劝告该公证人，以后判事须稍公正，颜色和蔼，讵乐君厉声斥之，傅君再言如故，乐君怒形于色，且对梁官松扬言曰，"倘傅君不来道歉，谨此告辞"，暨南队长陈镇和，牵傅君出，傅君鞠躬言歉，乐君仍老羞成怒，态露傲慢，双方冲突，遂以不免，乃交大指导员黄君不为调解，竟以旗杆力击暨南学生头颅，鲜血斑斑，惨不忍睹，后旗杆为同人所夺，杆上染有血迹，场中次序大纷乱，同人与黄乐二君，咸应负其责也。①

假设暨南大学陈述是为事实，可以质疑裁判员的判罚尺度，但无论如何也不能对裁判员进行人身攻击。再有，根据本届江南大学体育协会足球联赛细则，裁判员由主队商得客队同意后聘请。也就是说，选择乐秀荣作为本场裁判员，是征求过暨南大学的意见。等到比赛时场上产生争议，再去指责裁判员，则显得理亏词穷、无理取闹了。发生如此暴力之事件，暨南大学球队没有展现出体育精神，无论裁判员判罚公正与否，理应遵从结果。

赛后，江南大学体育协会为此开会讨论，各大学代表及暨南大学两名代表均出席，经过各校代表商讨后，做出三项决议：由暨南大学担保此后不再发生此事；暨南大学须向乐秀荣及本会道歉；行凶球员须停止其在江南大学体育协会各种运动一年。②后再经江南大学体育协会决议，由暨南大学当局具函向裁判员乐秀荣道歉，并停止暨南大学行凶球员在江南大学体育协会各种运动比赛一年，此场纠纷始告一段落。

本届足球联赛开始至今，球场暴力有愈演愈烈之势。暨南大学方面不无感慨的指出："发生此不幸之事，盖以昨日为第一次，从此为裁判员者，

---

① 《体育消息：暨南交大足球赛争执之暨南声明》，《暨南周刊》1927年第9期。
② 《体育消息：江大体育协会执行委员会议记》，《暨南周刊》1927年第9期。

又将寒心，抑亦运动道德，未为运动者重视之遗憾也。"①大量的球场暴力行为，未能得到很好的解决，致使裁判员被殴打的次数越来越多，这对足球运动本身及裁判员打击甚大，乐秀荣不无痛心地指出，执裁生涯的三次乱子之一，就是执法交通大学与暨南大学的这场比赛。

此次裁判员被殴事件，撇去裁判员场上判罚公平与否不言，裁判员为制止事态走向不可控发展，先是面告暨南大学队长，后又给暨南大学学生五分钟离开场地，结果遭受暨南大学球员和一些场下学生暴力攻击，使江大足坛走向倒退，否定"仁侠精神"的宗旨。无论是球员还是观众。再从事件后续来看，虽然组委会对行凶的球员停赛一年（未说明起止日期），然而并没有处罚暨南大学球队。暨南大学足球队依旧可以参赛，并最终取得了锦标。这一无关痛痒的处置方式，事实上是对球场暴力行为的纵容。紧跟着，江南大学体育协会足球联赛中再次发生严重的球场暴力事件。

第二节 双方球员互殴：光华大学与交通大学球场暴力事件（1927年）

江南大学体育协会第二届足球联赛，因光华大学、交通大学与暨南大学三大学积分相同，江南大学体育协会足球联赛史上首次进行了冠军附加赛。按照赛程，光华大学对阵交通大学的比赛于1927年12月24日举行。然而，比赛行将结束时，交通大学守门员周贤言卧地踢出一球后，光华大学孙星岩便抬脚踢向守门员，被裁判员罚令出场。原本以为本场赛事的暴力行为告一段落，却在比赛结束离场时，又发生了暴力事件。

> 光华球员将离场时，被观客指摘，守门王镜波隔铁网跃起击之，乃引起公愤，包围场口至一小时之久。历经协进会职员等调解，不得要领，后观客要求至少须王镜波亲自道歉，而王已离场他去，观客乃向协进会提出种种要求，闻该会颇有容纳考虑之表示。又该会对于王个人之举动亦认为不满，此后在该会管理下之球场，在一年内有停止其参加一切运动之说云。②

因此次纠纷，江南大学执委会开会议决，取消重赛，维持暨南大学、

---

① 《体育消息：交大暨南足球赛无结果，中途发生问题》，《暨南周刊》1927年第9期。
② 《光华交大足球赛二对二和局》，《申报》1927年12月25日，第17版。

光华大学、交通大学三队并列冠军。针对光华大学球员的暴行,判决光华大学停止参加江南大学体育协会各项运动比赛半年,并增订两条规则以规范此种行为。光华大学则自请处分,退出江南大学体育协会一年。在一届足球联赛中发生两次严重暴力事件,不仅有观众暴打裁判员的行为,连球员也开始拳打脚踢场下观众,体育精神已然无存。频发的球场暴力事件,为各大学参加校际比赛敲响警钟。不过,光华大学仍旧参加了江南大学体育协会第三届足球联赛,组委会对处罚执行不力,助长了球场暴力行为。此届足球联赛中,球场暴力频发对江南大学体育协会的公信力和权威性造成严重打击,而江南大学体育协会处罚力度不够,执行标准不一,规则问题颇多,难以限制这些暴力行为,进而产生恶性循环。另外,各大学对足球锦标愈发重视,不惜采取有悖于体育精神的手段来达到目的。此外,裁判员判罚尺度不一,也是球场暴力发生的重要原因。

第三节　观众与球员之间的暴力:光华大学与复旦大学球场暴力事件(1930年)

1930年江南大学体育协会足球联赛复旦大学与光华大学一役中上演了全武行,观赛学生和球员大打出手。在此之前的球场暴力报道中,多为描述事件之经过,而对此次两校之间的球场暴力行径,《申报》以"大学生赛球用武——可叹!"为副标题,极力批判了球场暴力行为。

江大体育协会之足球锦标　昨日复旦与光华两校在江湾补赛,剧战结果,光华以二比一胜。双方竟演出武剧,观者多为两校同学。光华虽路途遥远,亦有九汽车人往观,而发生打架之动机亦即此九汽车人为肇端。光华球员奚某,每为主要份子,年来大学足球程度虽称提高,而大学生之习气竟不能改,每届比赛动辄打武。如此粗野,曷胜浩叹。

上半时中,光华奚巧生得杨人伟之传递,攻入复旦一球。当竞争之时,复旦一球员沿边跌在光华看客身上,光华同学即挥拳而打,同学光华球员奚巧生亦上前助殴。复旦同学之啦啦队即上前排解,三二分钟后,始告平静,但从此比赛进行中,时见打架之事发生矣。

下半时起,复旦声势极盛。球常在光华门前,复旦曾得二次罚十二码球之机会,惜均未中,反又被光华奚巧生攻入一球。复旦力图报复,右翼李琳传中,余顺章用头顶入一球,结果遂成二比一。光华胜裁判员何春辉，在下半时中双方球员冲突时见，而光华张长江及复旦余顺章竟扭住大打，裁判员即将二人取消资格。光华奚巧生因系动武之主，故在下半时中，被复旦多人看牢，极少活动之机会。[①]

这场比赛接连爆发暴力行为，先是复旦大学球员被支持光华大学的观众殴打，再有光华大学队员前去殴打复旦大学球员，下半场双方又有队员扭作一团，大打出手。即使裁判员做出判罚，也无法阻止场上队员及场下观众的暴力行径。裁判员可以控制场上队员的行为，然而对于场下激情高涨的观众，裁判员重压之下，恐怕难以做出处罚，江南大学体育协会也无相应之规定。惩罚制度的缺失，是球场暴力屡禁不止的一个重要原因。

第四节　赛后观众围殴裁判员：复旦大学与交通大学球场暴力事件（1932年）

江南大学体育协会第七届足球联赛，复旦大学与交通大学比赛赛前，江南大学体育协会足球联赛委员会特向中华运动裁判会申请委派裁判员。裁判员陈吉祥精明干练，是上海华人足球裁判的佼佼者，因见于江南大学体育协会足球联赛裁判执法工作之不易，因此，执法本场比赛时特别小心，明察秋毫，坦白无私，两队队员在场上竞争时也极为平和，结果踢成平局，以为不再会有不幸事件发生。然而比赛终了之后，复旦大学少数学生竟对裁判员不满，将裁判员陈吉祥包围，有复旦大学啦啦队队长身穿棒球护胸与面罩，持棒球棍向陈吉祥头上猛殴一下，头皮为开，流血如注，衬衫领头，尽染鲜血，一时秩序大乱，于是江南大学体育协会足球联赛，又遭流血之惨局。

　　大学生之行为　比赛既毕，胜负无分，以为可以平安无事矣。不料复旦学生竟不甘心，向裁判员陈吉祥示威，四周打声齐起，同时咸奔至场中，将陈君包围。啦啦队所用以喇叭、旗杆等等，暂作武器，空中乱飞，秩序大乱。有身穿棒球接手所用之护胸及面罩者，为欢呼队之长，手持棒球棍，如临大敌，挤入人群中，向裁判员陈君头上猛殴一下，头皮击破，流血如注。后由复旦球员等保护陈君入体育馆办公

---

① 《江大足球赛光华胜复旦——大学生赛球用武一可叹！》，《申报》1930年12月4日，第8版。

室，大学生行为如此，可叹可叹。①

陈吉祥被殴打致伤事件，影响甚大。陈吉祥为中华运动裁判会著名裁判员，曾在上海足球界中历任中西重要比赛的裁判员，执法公正、毫无疵点。自殴伤裁判员陈吉祥案发生后，凡属江南大学范围内的足球赛，裁判会概行谢绝。不过，本届交通大学与暨南大学的足球决赛，乃仍由该会会员蒋湘青执行裁判。双方比赛之前，蒋湘青向裁判会陈述，由于学校当局请其以私人资格，勉为其难，赛后将把赛事经历报告裁判会，并自请处分，愿以一季来所得之裁判员车资，全数充公，作为罚款。鉴于殴伤裁判员事件屡次发生，蒋湘青要求两校务必出具文件证明，保证裁判员安全后，方才应允入场执裁。裁判员执法环境如此恶劣，江南大学体育协会足球联赛可以说是危机四伏。复旦大学作为此次暴力行凶一方，校长李登辉亲自出面向陈吉祥致道歉信函，声明将严惩行凶学生。②陈吉祥后回函接受道歉，并将获赔偿之医药费捐助义勇军后，才告结束。③至此，球场暴力已经发展到不可控制之地步。虽然对场上比赛球员有所约束，但是如何控制观赛者的暴力行为，江南大学体育协会没有太好的策略。

第五节 举国瞩目的球场暴力：暨南大学与交通大学球场暴力事件（1933年）

殴打陈吉祥事件后，裁判员均裹足不前，不肯担任各项赛事的执法工作，后再三经江南大学体育协会及各大学当局保证裁判员人身安全下，裁判会才重新允许会员裁判担任江南大学比赛的执裁工作。然而，好景不长，1933年江南大学体育协会足球联赛中，暨南大学与交通大学一役，又发生赛后殴打裁判员事件。比赛结束后，暨南大学球员将球踢入暨南大学学生看台中，交通大学一部分学生即涌上夺球，而一部分球员则追逐殴打裁判员沈回春。后球被交通大学学生夺回，沈回春则被学生包围，形势十分可怕。沈回春被保议者拥入体育馆后，随场记者虽未能探得被殴情形如何，伤势谅必非轻。④

1932年陈吉祥在复旦大学被殴，1933年沈回春又重蹈覆辙，裁判员不

---

① 《江大足球赛 裁判陈吉祥被殴》，《申报》1932年12月19日，第12版。
② 《为江大足球裁判陈吉祥被殴事解决》，《申报》1933年2月7日，第17版。
③ 《为裁判江大足球被殴陈吉祥函复旦》，《申报》1933年2月17日，第13版。
④ 《十二码球分胜负 暨南一比零克交大》，《申报》1933年2月17日，第16版。

易做。且这一时期沪上体坛所发生之殴打风潮,均起之于江南大学体育协会,沪上媒体对大学校际足球联赛中的学生殴打裁判员的暴力行为感到震惊,比赛中大学体育风气,依然未能走上正轨。《申报》不无感慨地质问,专以提倡大学体育之江南大学体育协会将何以自慰,更何以面对中华运动裁判会及被殴之裁判会会员,至于观众情绪之激动,若用之抗日救国,则中国可以救。①此事一出,各界舆论哗然。翌日,《申报》便详尽描述了这一球场暴力的前后经过。

> 星期六暨南对与交大在交大作江大足球赛,交大学生殴伤裁判员沈回春事件,详情已志昨报。体育界对于此事,愤慨异常,对于交大体育主任申国权及该校球员之袖手旁观、不尽保护之责,尤为不满。兹将昨日各方面之表示、及沈君之伤势情形,探录如下:
>
> 沈君伤势一般 据沈君谈,当场被殴,受伤待门外群众分散后,趋车自投同仁医院医治。当晚因伤势较重,即寓院中,计左耳受伤甚重、流血甚多。据医生谓,恐须失去听觉,右腰亦受重伤,疼痛非凡。当即敷药包扎,今晨遵医生之嘱,出院略事走动,使血脉流动,不致淤积。惟因腰部不能用力,行走殊觉不便。
>
> 备受冷言讥讽 沈君又谈,当时被殴倒地,若非陈禹德将余从地上拖起,并暨南守门叶培初及屠君开元之保护,拥入体育馆中,恐性命不保矣。但至体育馆后,备受交大球队干事之冷言讥讽,后出校门时,该校体育主任申国权非特不表示歉意,反责问"此十二码球实不应该罚"云。此球之应否处罚,本人不必加以辩正,明达者当能明瞭。申君身为大学体育主任,竟出此言,其道德精神可想而知。
>
> 由裁判会交涉 沈君又谈,今日(即昨日——笔者注)上午申国权见各报对交大下深刻之抨击以后,自知理屈,即赴体育协进会问明余之住址后,即至舍间访余,似欲和解。余当时对申君声明,君聘请裁判员系向运动裁判会聘请,非直接向余聘请,余之出任裁判系受裁判会之委派,故余与君不能直接谈判。余唯有将事实经过,报告裁判会,听裁判会如何解决耳,惟承君前来慰问,感激不尽。
>
> 周家骐君谈话 全国体育协进会干事周家骐君,亦交大校友,并任交大体育教职多年,亦昔日足球名将。对于运动道德精神,凤甚看重。是日周君亦在球场,据周谈,沈观澜之撞倒徐亚辉,应该受罚。在下

---

① 《十二码球分胜负 暨南一比零克交大》,《申报》1933年2月17日,第16版。

半时将终时，交大学生即态度不当，似有动武之表示，申国权在旁问之，莞尔一笑。果然，比赛终了，沈君被殴，然申国权及交大球员竟不上前救护，实不应该。申君应于比赛后，即护沈君入体育馆，如此学生即欲滋事亦所不敢。申君不此之图，学生乃益形故纵矣。

余衡之君谈话　暨南大学体育主任余衡之君谈，予鉴于大学足球比赛之一再发生风波，故予日极力防止球员踢球不可野蛮。但是日交大球员之冲撞，颇多不合法。徐亚辉有一次被对方撞痛，向裁判员抗议，当即受裁判员之严责，谓"汝毋多言，否则罚汝出场"。（按裁判员沈君昨亦作此语）有一时期，予对对方行动，愤慨非凡，当时真想告本校球员亦以此对付，但究竟此非正当行为，徒然发生意外，故予始终禁止球员不准野蛮。上半时终了后之休息时间内，徐亚辉曾对予表示，予即严责，必须照常比赛，不必多言。事后裁判员沈君之被殴，诚不幸之极。

陈禹德亦受伤　复旦大学体育主任陈禹德君，亦在场参观，并为最先救护沈君之人。据陈君谈，沈君被殴倒地后，余即将沈君抱起，及其他二人（按即暨南守门叶培初及屠开元君）保护入体育场。惟因此余背上亦被交大学生殴伤，至今犹觉疼痛。当时群众殴打之时，余为救护沈君计，曾将藏照相镜之皮匣（形似手枪匣子）作拔枪欲击之状，并严词令群众散开。其实余并无手枪，果然被余骗过云，诚是日纷扰中之趣闻也。①

事后，各方表达了对球场暴力的态度。交通大学体育主任申国权发表声明，认为此球实不该罚，此事为裁判员的判决不公所造成，因此学校当局未对肇事学生加以处分，而引起江南大学体育协会的不满。江南大学体育协会开会讨论，通过五项决议：函请交大承认医药费；函请交大向裁判会及沈回春道歉；停止交通大学参加本会各种比赛权一年②；函请交通大学当局严办行凶者；函向裁判会道歉及报告本会议定之办法。③关于惩罚殴打裁判员的行为，江南大学体育协会此次会议拟议定永久办法，因时间关系，未能如愿，待明年春季开学后，再行定夺。

然而，殴打沈回春事件发生十多天后，却不见交通大学有惩处肇事学生的举动，裁判会遂决定聘律师进行诉讼，事件几经波折，终于，在两个

---

① 《交大学生殴伤裁判员　沈回春左耳腰部受伤颇重》，《申报》1933 年 12 月 18 日，第 11 版。
② 禁赛日期自 1934 年 1 月 1 日起。
③ 《沈回春被殴事件　已托律师进行诉讼》，《申报》1933 年 12 月 29 日，第 12 版。

多月后，由王正廷出面调解之下，让沈回春与交通大学达成和解。[①]一场举国瞩目的球赛纠纷，终告落幕。

对于频繁出现的球场暴力行径，《持志年刊》一针见血地指出："球艺之于战争，其目的虽异，而形式则同，苟不节之以礼让，贯之以精神，则轻狂之态，傲慢之举，难免不实现于随时随地，若然，则虽胜奚荣，败更可耻，岂不悖哉，此西人所以再三注意于（Sportsmanship）良有以也。"[②]比赛愈见激烈，观众愈是鼓噪，屡见暴力事件在足球场上。不是运动员向裁判员动粗，就是球员间互殴，甚至场下观众拿球棒击破裁判员头部，以致头破血流，致使中华运动裁判会拒绝委派裁判员参与江南大学体育协会足球联赛的执法工作。事后各种暴力事件均遭谴责、罚款、赔医药费、道歉及全校停赛一年的惩罚措施，然而对体育界已酿成巨祸，名誉损伤，及非一朝一暮，一言一文所能弥补，这是锦标主义之下大学校际足球令舆论诟病之处，球场暴力充斥下的大学足坛，体育精神荡然无存。

---

① 《交大学生殴伤足球裁判沈回春事　王正廷调停解决》，《申报》1933年3月2日，第15版。
② 《足球队叙》，《持志年刊》1928年第3期。

参考文献

一、档案

上海市档案馆：

卷宗号：Q242-839，Q243-1-5，Q243-1-7，Q243-1-796，Q243-1-1448，D2-0-1395-3，D2-0-1395-14。

耶鲁大学图书馆馆藏中国教会大学档案：

卷宗号：RG011-239-3940，RG011-239-3944，RG011-239-3945，RG011-270-4309，RG42。

二、著作

《交通大学校史》编写组编：《交通大学校史（1896—1949年）》，上海，上海教育出版社，1986年。

《交通大学校史》撰写组编：《交通大学校史资料选编（第一卷·1896~1927）》，西安，西安交通大学出版社，1986年。

《上海体育志》编纂委员会编：《上海体育志》，上海，上海社会科学院出版社，1996年。

北京大学、中国第一历史档案馆编：《京师大学堂档案选编》，北京，北京大学出版社，2001年。

陈麦青、杨家润主编：《老复旦的故事》，江苏，江苏文艺出版社，1998年。

陈明章：《国立交通大学》，南京，南京出版有限公司，1981年。

陈青之：《中国教育史》，北京，中国社会科学出版社，2009年。

陈晴：《清末民初新式体育的传入与嬗变》，武汉，华中师范大学出版社，2007年。

陈先元、田磊编：《盛宣怀与上海交通大学》，太原，山西教育出版社，1996年。

陈学恂主编：《中国近代教育文选》，北京，人民教育出版社，1996年。

丁日初主编：《近代中国》（第六辑），上海，立信会计出版社，1996年。

郝光安主编：《北京大学体育史》，北京，人民体育出版社，2008年。

何晓夏、史静寰：《教会学校与中国教育近代化》，广州，广东教育出版社，1996年。

黄昌勇、陈华新编：《老交大的故事》，南京，江苏文艺出版社，1998年。

刘露茜、王桐荪编注：《唐文治教育文选》，西安，西安交通大学出版社，1995年。

罗时铭主编：《中国体育通史（第三卷）》，北京，人民体育出版社，2008年。

南京大学高教研究所校史编写组编：《金陵大学史料集——金陵大学1922年同学录》，南京，南京大学出版社，1989年。

南洋大学学生会：《南洋大学学生生活》，南洋大学学生会南洋周刊社，1923年。

潘懋元：《潘懋元高等教育学文集》，汕头，汕头大学出版社，1997年。

彭文馀：《江南大学体育协会历届成绩报告书》，上海图书馆藏，1933年。

上海书店出版社编：《民国上海年鉴汇编》（19），上海，上海书店出版社，2013年。

上海通社编：《旧上海史料汇编》（下），北京，北京图书馆出版社，1998年。

上海中华运动裁判会：《裁判员手册——第一册》，上海，上海中华运动裁判会，1935年。

沈文彬主编：《中国的足球摇篮——上海足球运动半世纪（1896～1949）》，上海，文化出版社，1995年。
圣约翰大学生出版委员会编：《圣约翰大学五十年史略》，上海，圣约翰大学，1940年。
汤志钧、陈祖恩编：《中国近代教育史资料汇编——戊戌时期教育》，上海，上海教育出版社，1993年。
王国平、张菊兰、钱万里等编：《东吴大学史料选辑——历程》，苏州，苏州大学出版社，2010年。
王杰、祝士明编著：《学府典章——中国近代高等教育初创之研究》，天津，天津大学出版社，2010年。
无锡市政协文史委编：《无锡文史资料》（49），哈尔滨，黑龙江人民出版社，2005年。
熊月之主编：《稀见上海史志资料丛书》（5），上海，上海书店出版社，2012年。
熊月之、周武主编：《圣约翰大学史》，上海，上海人民出版社，2007年。
徐以骅主编：《上海圣约翰大学（1879～1952）》，上海，上海人民出版社，2009年。
颜惠庆：《颜惠庆自传——一位民国元老的历史记忆》，吴建雍、李宝臣、叶凤美译，北京，商务印书馆，2003年。
杨儒宾：《儒家身体观》，台北，"中央研究院"中国文史哲研究所，1996年。
叶文心：《民国时期大学校园文化》，北京，中国人民大学出版社，2012年。
张元济主编：《最近三十五年之中国教育》，上海，商务印书馆，1931年。
郑登云编著：《中国高等教育史》（上册），上海，华东师范大学出版社，1994年。
中国人民政治协商会议上海市委员会文史资料委员会、上海市体育运动委员会文史委员会编：《上海文史资料选辑》，第65辑·体育专辑·体坛先锋，上海，上海人民出版社，1990年。
中华全国体育协进会：《中华全国体育协进会年刊》，上海，中华全国体育协进会，1927年。
周川、黄旭主编：《百年之功——中国近代大学校长的教育家精神》，福州，福建教育出版，1994年。
周予同：《中国现代教育史》，福州，福建教育出版社，2007年。
〔法〕古斯塔夫·勒庞：《乌合之众：大众心理研究》，冯克利译，北京，中央编译出版社，2000年。
〔法〕P. 布尔迪约，J.C. 帕斯隆：《继承人：大学生与文化》，邢克超译，北京，商务印书馆，2002年。
〔美〕杰西·格·卢茨：《中国教会大学史》，曾钜生译，杭州，浙江教育出版社，1987年。
〔美〕赛玛丽：《圣约翰大学》，王东波译，珠海，珠海出版社，2005年。
Educational Association of China. *Records of the Third Triennial Meeting of the Educational Association of China*, Shanghai: American Presbyterian Mission Press, 1899.

三、报纸、期刊

《白虹》

《持志年刊》

《大公报》

《东吴年刊》

《非基督教》

《复旦》

《复旦年刊》

《复旦旬刊》

《光华年刊》

《沪江年刊》

《暨南校刊》

《暨南周刊》

《交通部上海工业专门学校学生杂志》
《交通大学月刊》
《交通大学上海学校丙寅级纪念册》
《教育与人生》
《金陵大学校刊》
《南洋学报》
《南洋旬刊》
《南洋友声》
《南洋周刊》
《勤奋体育月报》
《趣味》
《上海工业专门学校学生杂志》
《上海体育史话》
《摄影画报》
《申报》
《申报教育与人生周刊》
《时报》
《时事新画》
《世界运动会足球特刊》
《体育》
《体育季刊》
《体育世界》
《体育杂志》
《体育周报特刊》
《图画时报》
《新闻报》
《英文杂志》
《约翰年刊》
《约翰声》
《中国大观图画年鉴》
《中国摄影学会画报》
《中华基督教教育季刊》
《中华全国体育协进会年刊》
《中央日报》
《足球世界》

Chih-Tze Annual

The English Student

The Fuh-Tan Banner

The Johannean

The North China Daily News

The North China Herald and Supreme Court & Consular Gazette

The Shanghai

The Students' Magazine
The St. John's Dragon Flag
The St. John's Echo

附录一　华东大学体育联合会章程[1]

第一条　定名

本会定名为华东大学体育联合会。The East China Intercollegiate Athletic Association

第二条　宗旨

本会宗旨。有下列三项。

（一）促进及鼓励华东各大学之体育。

（二）提倡运动员仁侠之精神。及有益身心之运动竞技。

（三）集合华东区各大学之运动团体，举行各项运动比赛。

第三条　会员之资格

（一）凡确具大学程度之学校。皆得入会为本会会员。

（二）入会手续。须经本会执行委员会之多数通过。

第四条　执行委员会及职员

（一）执行委员会。由本会每校推举教授及学生代表各一人组织之。

（二）本会职员。设正副会长书记会计各一人。

（三）本会职员。由执行委员会开常会时举出。任期一年。

（四）执行委员会委员之投票权。每人一票。每校以二票为限。会长无投票权。但遇票数相等时。得由会长投票解决之。

（五）遇不能召集执行委员会时。得用通信投票法。投票结果。须提交下次执行委员会议追认之。

第五条　执行委员会之职权

（一）支配各项主要运动之锦标比赛。

（二）审查各校运动员之资格。及解决此项规则上所发生之抗议。并得执行暂停或取消运动员之比赛资格。或施个人或学校以相当之处罚。

（三）除关于各项比赛所生之争执。应由各该项比赛之裁判员检察裁判员或其他比赛职员判断外。其他纠葛事项。概由执行委员会全权解决。

（四）请求入会。须经执行委员会通过。并有主办会内他项事业之权。

---

[1] 中华全国体育协进会：《中华全国体育协进会年刊》，上海，中华全国体育协进会，1927年，第255~257页。

第六条　会长之职权

（一）任何会议。会长必须列席。遇会长缺席时。由副会长代理之。

（二）会长得召集执行委员会开临时会议。或通信投票。

（三）经二校之请求。会长须召集执行委员开临时会议。或通信投票。

（四）会长选出后一月内。须宣布各项常置委员会。分负各项运动夺标比赛之事。

第七条　书记之职权

（一）执行委员会开会。须由书记发信通知。并须担任及保存该项会议之纪录。

（二）会议纪录。须分发会内各校校长及执行委员。以备查考。

（三）掌理会内一切函件。

（四）保管会内或由本会主办之各项运动比赛之纪录。如比数、时间、高度、距离等等。每校须将比赛报告。在比赛后一星期内寄于书记。

（五）与赛之运动员姓名。须保存以备查考。

（六）掌管及编制会内运动员之个人注册表。

第八条　会计之职权

（一）经管会中经济之出入。

（二）按"比赛细则"中之规定。分派或收集各校应得或应付之款项。

（三）经执行委员会之授权。支付会中一切用款。

（四）经执行委员会之授权。购办各种奖品。

（五）常年大会时，须拟一经济报告书。并将账目呈报执行委员会检查。

第九条　常置委员会之职权

（一）提倡及督促会内各校之运动比赛。

（二）各项运动之常置委员会。须规定各该项运动锦标比赛之方法。并按比赛经过之情形。定锦标之谁属。而给予奖品。遇必要时。得直接指定裁判员。主持该项比赛之裁判任务。当举行田径赛运动时。得委托一人。审核跑道之丈量。及一切设备之距离高低等。是否合度。凡其他与解决锦标有关之事。而为上文所未述者。均有处理之权。

（三）田径赛除原有常置委员外。须另由比赛所在学校。组一值务委员会。专负聘请运动会职员。及办理报名手续。预备秩序册等责任。

（四）田径赛常置委员会。对于值务委员会因运动会所用之款项。应予以认可。但开会时所制办之设备。系属永久而非临时之消耗者。不得列入。

第十条　名誉会员

（一）遇必要时。得由执行委员会推请热心体育之个人为本会名誉会员。襄助一切。

第十一条 会章之修改

（一）本章程经执行委员会任何会议。由委员三分之二之通过。得修改之。

（二）提议修改会章。须于执行委员会开会前二星期用书函通知各校。

附录二　江南大学体育协会章程[①]

江南大学体育协会。系华东大学体育联合会脱化而生。成立于一九二五年。其会员亦多为华大旧会员。故章程细则。多与华大类同。

第一条　定名

本会定名为江南大学体育协会。

第二条　宗旨

本会宗旨可分三项

甲、提倡及发展江南各大学之体育。

乙、增进运动上仁侠精神。举行有益身心之运动比赛。

丙、主持江南各大学互相之各种运动比赛。

第三条　会员

一、凡江南各大学之有相当程度者。皆得为会员。

二、学校加入为本会会员。须经本会执行委员会三分之二之通过。

第四条　执行委员会及职员

一、执行委员会。由本会各大学之代表合组而成。代表每校二人。一为教职员。一为学生。

二、本会职员。设会长副会长书记会计各一人。

三、本会职员。由执行委员会于每年常会时选出之。任期一年。

四、会议表决。或选举时。执行委员各投一票。平均每校二票。职员无表决及选举权。但遇票数正反相等时。会长得投票解决之。

五、因特别情形不能召集执行委员会议时。得用通信投票法表决或选举之。但此项办法。仅认为临时性质。其决议案于下届执行委员会议提出。予以追认。

第五条　执行委员会之职权

一、执行委员会。得规定各项重要运动。作为锦标比赛。

二、执行委员会。有解决各种争议之权。但该项争议。如按规则。应由该项运动之裁判员终决者。仍无权变更之。

[①] 中华全国体育协进会：《中华全国体育协进会年刊》，上海，中华全国体育协进会，1927年，第264～273页。

三、执行委员会。对于任何学校请求加入为会员时。有决定拒绝或接受之权。并负会务进行之职责。

第六条　会长之职权

一、会长于集会时为主席。缺席时由副会长代理之。

二、会长有召集执行委员会议。或令行通信投票表决之权。

三、经二校以上之请求。会长得召集执行委员会特别会议。或令通信投票表决。

四、会长于被选后一月内。应将主理各项运动事务之常置委员委定并公布之。而各该委员会。即应于公布日起。履行其相当之职务。

第七条　书记之职权

一、书记负通告执行委员会集会。及保存该项会议记录之责。

二、书记应将会议记录分寄各校校长。及该校该执行委员会委员各一份。以供参考。

三、书记管理本会一切来往文牍。

四、书记应保管本会各项运动之成绩。如胜负比分速度高度远度等项纪录。以备查考。各校应将其比赛结果。于比赛后一星期内。寄交书记保存。

五、书记应保存每项运动比赛与赛者之姓名。

六、书记应保存参与本会各项比赛运动员之注册单。

第八条　会计之职权

一、会计管理本会经济出纳。

二、会计依据附则之规定。得向各校收集会费或分配款项。

三、会计经执行委员之认可。司本会各项费用之开支。

四、会计受执行委员会之委托。主办各项奖品。

五、会记（计）应将收支细账。交由执行委员会常会审查。

第九条　常置委员会之职权（Standing Committee）

一、常置委员会。应负促进及管理本会各项运动比赛之责。

二、常置委员会。应按其职权之所在。规定取决锦标之方法。及夺取锦标应具之条件。奖品之赠给。必要时得指派比赛职员。田径赛锦标比赛前。指派专员检察跑道及其他设备之度量是否准确。以及解决一切关于锦标问题之规程所不详诸事件。

三、田径赛运动比赛。除原有之常置委员会外。当由比赛所在地之学校。推定一田径赛值务委员会。Local Track Committee 负聘请比赛职员。收集报名单。及印备秩序单等职务。

四、田径赛常置委员。应审查田径赛值务委员会所具之比赛费用细账。而予以承认。惟比赛所在地之学校之永久设备。不得列入开支。

五、运动员资格，审查委员会 Committee on Eligibility 应审查运动员有无比赛资格问题。及解决一切因该项问题而发生之争议。并得因履行本条规则。而令犯规之运动员。暂时停止比赛。或永久取消其比赛资格。甚或予个人或学校以相当之处罚。

第十条　名誉会员

一、执行委员会，得因需要或其他缘由推请与本会无关而热心于本会事业之个人。为本会名誉会员。

第十一条　修正

一、本章程经执行委员会议出席委员三分之二之通过。得随时修改之。

二、本章程修改之提议。当于举行执行委员会议前两星期。用书面将修改之理由。分致各校以资考虑。

附则

第一条　运动种类

一、本会应按下列时季。举行下列各项运动比赛：

甲、主要运动

（一）棒球　五月一日至十月三十一日

（二）篮球　一月一日至三月三十一日

（三）足球　十一月一日至十二月三十一日

（四）网球　五月一日至十月三十一日

（五）田径赛　春季自三月一日起

乙、非主要运动

（一）越野赛跑　十一月一日至十二月三十一日

（二）队球　五月一日至十月三十一日

二、其他运动之认为适宜者。得由执行委员会议决增加之。

第二条　比赛规则

一、执行委员会。协同各常置委员会。得规定各项运动应用之比赛规则。但以参用远东运动会所订定者为标准。

第三条　比赛职员

一、各项运动比赛之职员。除章程第九条第四节之规定外。均由主队负聘请之责。

二、主队 Home Team 应将预拟聘请之职员姓名。于比赛一星期前。通知客队 Visiting Team 征求同意。

第四条　运动员注册及比赛报告

一、各校将准备参与任何比赛之运动员姓名。比赛前一星期。向书记处注册。每一运动员。逾期注册者。当处其所属学校以五元之罚金。学校之应否受罚。以书记接得该项注册单之日期为准。运动员既于某项运动注册后。则该运动员在该校修业内参加他项比赛时。可不必另行注册。注册单须经运动本人教练员及学校注册主任之共同签字者。方为有效。

二、各校须将参与比赛之运动员姓名。比赛结果职员姓名日期及地点等。填入本会印备之比赛报告单。于比赛后一星期内。寄交书记。学校之未能履行此项规则者。当处以五元之罚金。其应否受罚。以书记收到该项报告单之日期为准。

第五条　奖品

一、学校之获得主要或非主要运动之锦标者。各由会中赠以同一大小式样之白铜或其他相当质料之奖盾一具。（或锦旗一方）以留纪念。

二、田径赛运动之前三名。各由会中给予奖章一方。其第四五名则给予徽带一枚。以留纪念。

三、替换赛跑之优胜队四人。各由会中给予与第一名相同之奖章各一方。

四、非锦标比赛。而有给予奖品之价值者。得由各项运动之常置委员会决定之。

五、新新公司运动部赠银盾一座。由学校之获得队球锦标者保存一年。学校之能连得三次锦标。或首先获得五次锦标者。得永久保存之。以作纪念。

六、新新公司赠大银盾一座。由学校之获得田径赛锦标者保存一年。学校之能连得三次锦标。或首先获得五次锦标者。得永久保存之。以作纪念。

七、先施公司赠银盾一座。由学校之获得网球锦标者保存一年。学校之能连得三次锦标。或首先获得五次锦标者。得永久保存之。以作纪念。

第六条　足球

一、按远东运动会所订之规则施行。

第七条　网球

一、本会正式网球比赛所用球场。以沙土者为合格。

二、每次比赛应有单人网球三组。双人网球二组。且至少须有四人参加比赛。

第八条　田径赛

一、正式之田径赛比赛项目及次序如左。

（一）百米　　　　　　　　（二）推铅球

（三）八百米　　　　　　　（四）跳高

（五）二百米　　　　　　　（六）掷铁饼

（七）一百十米高栏　　　　（八）三千米

（九）跳远　　　　　　　　（十）四百米

（十一）掷标枪　　　　　　（十二）二百米低栏

（十三）三级跳远　　　　　（十四）一千五百米

（十五）撑竿高跳　　　　　（十六）八百米替换赛跑

（十七）五项运动　　　　　（十八）十项运动

二、各项运动。除替换赛跑。及五项十项运动外。均以第一名五分。第二名四分。第三名三分。第四名二分。第五名一分计算。替换赛跑不计分。但遇二校或二校以上总分相等时。则以替换赛跑之先后次序。决定锦标之谁属。

三、每一运动员。至多只可加入四项运动。运动员之加入五项或十项。或五项十项均加入者。不得参加其他运动。

四、每项运动每校至多加入五人。

第九条　运动员之资格（Eligibility）

一、参加本会各项运动比赛者。均须业余运动员。

业余运动员解释

（一）正面之解释　业余运动员。乃以运动为娱乐方法之一。而间接藉之增进体智德群四育者。

（二）反面之解释　业余运动员，不得有下列之行为。

甲、因赌博或金钱主义。而参加运动比赛。

乙、藉教授或主理运动事业而谋生活。

丙、因代表学校或团体参加比赛期费时失业。而受金钱之代价。

丁、售卖或典质其所得奖品。

戊、藉举办运动比赛而牟利。

己、假借他人姓名而参加比赛。

二、运动员须具下列各项学业上之标准。

（一）运动员当为各校学生。且须在其所代表之学校内每周受课在十二小时以上者。（学生每周受课不满十二小时而参加运动者，应提交执行委员会处断。）

（二）学生于一学期内功课有三分之一以上不及格者。非将其不及格之学科补足至三分之一或三分之一以下。不得代表其学校参加本会之各项比赛。功课之及格与否。尚未决定者。亦作不及格论。（学生因病或其他正当理由而致功课不及格者。若欲参加运动。当提交执行委员会。加以考核后。决定其可否。）

（三）学生在本会各校内修业未满一学年以前。不得代表其学校参加比赛。

三、学生曾代表本会各校之一参加比赛。而后转入他校者。在转学后一学年内。无代表其学校比赛之资格。

四、毕业生之留校研究者。无代表该校参加比赛之资格。凡学生之已得学士位或相等之名义者。均属毕业生之例。

五、学生在本会参加比赛。至多不得过八年。

六、学生于每学年内至多只能参加三项主要运动。

第十条　会费

一、每校加入本会应缴入会费二十元。

二、本会会员每年应缴常年费十元。

三、比赛之售票者。其收入当由主队得百分之五十。客队得百分之四十。所余百分之十。充作会费。田径赛比赛时售票之收入。除去正当费用外。其剩余之数。当以百分之九十由参加比赛之各校均分。而留百分之十充会费。田径赛常置委员会应决定运动会费用中何者为正当开支。何者为主校设备。不宜列入。以求核实。

第十一条　常会

本会每年举行执行委员会常会二次。一在田径赛运动会时就地举行。以便参加比赛之各校与会。一在寒假期内。由会长召集之。

第十二条　法定人数

常会须经会员三分之二以上之代表出席。方足法定人数。

第十三条　修正

本附则经执行委员会议委员三分之二之同意。得修改之。

附录三　江南大学体育协会足球联赛新闻报道一例①

暨南保持江大足球锦标
▲以九对零▲大胜交大　　▲江大冠军▲连获三年
——万余球迷往真茹——　　——欢欢喜喜看到底——

　　旗帜遍野，战鼓震耳，观众人山人海，歌声惊天动地，是殆昨日暨南交大会师真茹镇之写真，又不啻昔日南洋约翰相逢麦根路之盛况也。笛声起，大战始，优胜劣，强克弱，九十分钟已届，胜负之数遂定。结果：暨南净胜九球，继续保持第三年之江大锦标。

　◉暨南三度霸江南

　　暨南足球队连获江南足球锦标二年。本届开赛以来，打倒光华，克服中公、打败复旦，昨又净胜交大，于是江南霸权三度为暨南所握矣。交大居次，本届各校成绩如左。

校名	暨南	交大	光华	复旦	中公
已赛	四次	四次	四次	四次	四次
胜	四	二	二	一	〇
负	〇	一	二	二	四
和	〇	一	〇	一	〇
胜球	三二	九	六	四	三
负球	二	一一	八	一六	一七
分数	八	五	四	三	〇

　㊀谈艺术各有本领

　　▲守门员　两队守门员，其境遇既各异，其苦亦是不同。交大李传薪体格坚伟、意志镇定，九球之失，咎在其本人者仅有两球，余概流血于五

---

①　《暨南保持江大足球锦标》，《申报》1930年12月14日，第11版。

步之内，人力所不及也。李之弱点、转折稍欠敏捷，出手亦欠迅速。梁官濂把守龙门安如泰山，无所施其才能，盖内部如金城铁壁，飞鸟难越，生平遇大险两次，然而几误大事，此实由全安[环]境中忽生懈心，卖弄花巧，自眩其能，深为智者所不取矣。

▲内卫线　暨南内卫线异常可靠，脚头既坚硬，处位又适当，江以勇敢过人，冯以机巧见长，敌人遇之，无法偷渡。下半时中，内卫线曾远驻对方区域内，以防守之名，行进攻之实，一旦对方得势反攻，二人每能及时返身，处置怡然。交大王陈防守技能亦颇可观。王尤以冷静著名。惟在对方强力压迫之下，终属难以兼顾，惟时见畏缩不前、引敌深入是其缺点。

▲中卫线　交大之大负特负者，中卫线不得辞其咎也，以个人言，中坚杨惺华尚能忠于厥职，四出挠阻，而左右程沈，行动失宜，漏隙累见，全线进不能随前锋之后，予以援助，致前锋五将，往往半途中归，功亏一篑。回顾暨南，有天壤之别，庄世鸿为中坚，副以林松发梁树棠，三人进退迅速，攻守齐能，前锋之声势，因是益大。后卫之防卫，更属坚固，三人技能，难分轩轾，厥后庄伤出场梁调庄职，杨保森入任梁之位置，移动之后，依然可观。

▲前锋线　暨南固以整齐锐利，大占优势，然交大亦敏巧无比。费福煦数次挑中，嚇然可畏，刘希孟身先士卒，甚有作为左右内锋随势进退，尚多贡献，惟右翼成绩，颇失人望，在最初之二十分钟内，浩浩荡荡，出征远方，迨其中卫线暴露弱点，出征之举，不多见闻，全线人马，分驻境内，将完七分钟之前，作最后之挣扎骏骑捷出，直扑敌门。惜已越位，虽中无效，然过屠门而大嚼，虽不得肉，亦聊以自解也。暨南五锋，如生龙活虎，豪气夺人，踪迹所趋，敌人披靡，其合作之佳，射击之准，叹观止矣。九球之获，虽建功于踢者，然亦其同伴协助之力，不能为之强分前后，妄定左右，戴独得四球，陈镇和、符和萱各二球，罗海光一球，惟梅洪宝与童荣文二人未开纪录。

▲暨南阵线

	杨保森（下）	陈镇和
冯运佑	梁树棠（上）	符和萱
梁官濂　梁树棠（下）		戴麟经
	庄世鸿（上）	童荣文
江善敬	林松发	罗海光
		梅洪宝

▲交大阵线

　　　　　　　　　　　费福煦
　　　　陈公与　　　程绍模　　万冕
李传薪　　　杨惺华　　　　刘希孟
　　　王恭深　　　沈观澜　张金镕
　　　　　　　　　　　薛文绣

(二)论战绩显分强弱

▲三次探敌　二时有半，择地布阵，暨北交南，相对并峙。银笛声起，剧战开始。暨南率师先攻，辗转深入，旋于二十码获任意球。庄世鸿直取龙门，守门扑出；符和萱随之仰射，守门又击去；梅洪宝顺势挑中，仍为守门接得。暨南三次探门，功败垂成。

▲惊喜各半　交大军势骤盛，前锋环进，声势喧赫，令人惊骇。不久迫成角球，踢来无效，球又反趋。杨中坚在中心区犯规，暨南五锋随球影并进，梅洪宝挑向中央，符和萱迎之入门，是为暨南之第一球。全场同学大喜若狂，为时仅八分钟也。

▲几误大事　暨南势壮，戴中锋一高一低，射来均落在守门手中。俄而交大杨中坚踢任意球，高挑射门，梁守门双拳上击，几乎误事。暨南再度回攻，射中门柱，梅洪宝受伤退出，罗海光束装入场。交大挟千军万马之势，重临暨南之门，高冕仰射，守门跃起擒之，得而复失，幸而获救。

▲五福临门　江善敬遥关一球，童即传中，戴于五步之内，拨入网中，获第二球。第三球暨南于包围声中，由左翼陈镇和打中，戴获第四球，符中第五球，陈镇和踢角送中，得第六球。自第二球至第六球之失，如在一闪之间。五福临门，暨南诚幸运儿哉！上半时暨南共得六球，交大空空如也。

▲数攻不利　再战未久，戴中锋又登关塞，打中一球。交大健儿振臂一呼，精神百倍。刘中锋领导群雄，单骑直入，一球左传，费左翼还脚挑中，右部二将奔跑不及，坐失良机。交大再度入侵，中卫线未予接济，无功而退。交大第一次进展，由冯运佑独当大军，交大又告失败云。

▲最后挣扎　暨南大兵压境，横行无阻，交大球门成众矢之的。十分钟内，戴罗各中一球。戴之得球，归功于陈镇和之传递；罗则由于左部之合作，而本人乃坐收其成。至时暨南净胜九球，喜气洋洋，不料交大最后之挣扎，几使暨南龙门失守。球由费左翼传中，张金镕再传与万冕，万冕心急如箭，身先近门，虽见一射中门，但以越位无效。暨南大兵又遍野而来，幸时间已届，鸣金收军，不然戴又长驱直入矣。比赛结果，九对零暨

南净胜,裁判员何春辉,巡边员李思廉陈仆。

㈢说闲话万绪千端

▲劳哉童军　闲话之前,不可不先赞扬暨南之全体男女童军。设想万余观众而能维持之不乱,得以全始全终,岂易事哉?而当非人蠢然之际,其苦心防守于场内及四周,谓之劳苦功高,不亦宜哉?

▲车如游龙　真茹路上观者之车,真如游龙,接首接尾,一字蜿蜒。私人汽车、雇用汽车、搬场汽车、运货汽车,黄蓝绿黑,不一而足,尚有邮差专程往观之绿脚踏车、路局之专车、以及双足奔波之两脚车。

▲大吉大利　得锦标之暨南队,当然大吉大利。附近之小贩水果摊,莫不市利三倍,汽车行沪宁路局遑论矣。

▲莫明其妙　汽车一线行于真茹道上,路旁小店草棚中之江北人等,均驻足呆观,莫明其妙,必以为真茹有戏出演矣。

▲新诗一首　暨南大门悬欢迎交大四大字,入内标语联语无数,有一诗式者甚佳录之一哙:"朋友好么,先生早呀。今天是西风不紧,暖气洋洋。这里喜气冲天、喊者啦啦。拳头大、臂膊粗,那怕他家弟兄多;你一脚、他一交(脚),管他妈的滚开了。人人争说交大好,暨南球艺更神妙。跑得快、踢得稳,钢头铁骨逞英豪;战必胜、攻必克,威震江南谁不晓。大学强队我第一,踏遍全国见不到。君不见去年锦标暨南得,今年呢,锦标也逃不了。"

▲一只鸭蛋　暨南尚有一英文标语,甚有味,译曰:"南洋朋友,你们想来吃冰淇淋,可是没有,只有奉送一只鸭蛋。"果然,交大负大鸭蛋归。

▲绝妙对联　暨南昨日悬联甚多,颇有佳者,如"一年一届,愿健儿努力","三载三胜,必锦标依然",又"克吴淞制江湾,还要荡平大西路,固知徐家汇也是真茹征服地","前五虎,中杵石,更如锁任后铁门,可见江南北依然暨南得锦标",又"虎步龙胆,横扫南洋偿我愿","落花流水,雄吞寰宇共称齐"。

▲娇声呼喊　暨南女生甚众,昨日啦啦队中女生亦占多数。一球既胜,欢呼声中闻娇声甚晰。校花陈钟屏女士绿衣拥袈,助威甚力。

▲校工助威　别开生面,交大有校工组织之一人助威队,座前以红字大书"校工助威队"啦啦队中之新纪录。

▲黄旗七百　交大助威队共来七百人,挂专车四辆,各持小黄旗。只见无数旗帜风中招展,一球射去,小旗齐飞,壮观也。

▲锣鼓开场　二方俱用锣鼓队,大锣小锣、铜钹皮鼓,各式俱全。鸣笛开赛,锣鼓喧天。球将至门,急急风上,闻之无不为之紧张。

▲救火钟声　救火钟声洪而急，闻之心惊。昨日暨南竟亦用之。每当运球至交大门前，钟声骤起，响而且急，有如火燃及眉，心惊肉跳，克敌良策也。

▲特别包厢　观者苦立，新闻记者独得座，优待也。后半时，观者拥前，记者亦只可立矣，甚至立亦不得见。而场之旁为暨南之大礼堂，其上之窗适对球场，登者甚多，有曰此为特别包厢。

▲拆字先生　暨大昨日上午十时开鼓励大会，主席唐桐侯氏极热心于该校体育者，谓昨日特地到上海拆了两个字，信手拈到交暨两字，拆字先生说交上为六，暨中为〇，比数是六比〇。昨日上半场果验。唐氏又谓再问暨南流年，拈一南字，他说只要用力将两只脚抬起来，就是将南字左右两直拉平，这流年就是很幸福的幸字。南字上从十，这幸福可以保持十年，全堂灿然。

▲旅馆宣传　昨日暨南校前车水马龙，而本埠各大旅社如永安、神州，均放专车，送旅客到真茹，车上有字，不啻为旅馆作宣传。

▲摆老资格　暨大去年所用之一套标语旗帜，及福星大黑猫，昨仍陈列，闻以后将年年如斯，以示老资格。

▲款待记者　赛毕，暨大秘书樊右善及李邦栋、蔡国平、梁国材君等招待全体记者于科学馆，准以香茗，款以茶点。樊君述此次球赛得以安全毕赛，井然不紊，殊为欣慰，并谓此种球赛于真茹举行之，亦足引起邻人对于体育之兴趣云。

附录四　上海中华运动裁判会足球会员名单一览表（截至1935年）[①]

序号	姓名	住址	裁判项目
1	王诗芳	北京路280号	足球
2	方培荣	上海圣约翰大学	篮球
3	石崇羽	上海新闸路1043号（辛家花园对面）	足球
4	吕菖馥	上海九江路784号永泰和烟公司	足球、篮球
5	江振德	上海兆丰路690号麦伦书院	篮球
6	江良规	上海东亚体育专科学校	足球、篮球、排球
7	宋君复	青岛山东大学	足球、篮球
8	宋泽安		排球
9	李祖祺	南京立法院土地法委员会	篮球
10	李惠堂	香港	足球、名誉
11	李国义	上海外滩26号有利银行	足球
12	李飞云	上海北海路格致公学	排球
13	何春辉	上海北苏州路河滨大厦金沪路会计处	足球
14	朱璆	上海麦特赫司脱路306号	足球
15	吴邦伟	镇江省立公共体育场	足球、篮球、排球
16	吴守卫	上海新闸路救火会	足球
17	吴嘉棠	美国	篮球
18	邵乐平	上海江西路太平保险公司	足球、篮球
19	邵骥	大连	足球、篮球
20	邵锦英	同刘雪松	篮球
21	沈嗣良	上海圣约翰大学	足球、篮球、名誉
22	沈回春	上海九江路华义银行	足球

[①] 根据上海中华运动裁判会《裁判员手册——第一册》（上海，上海中华运动裁判会，1935年），第15~20页整理。

续表

序号	姓名	住址	裁判项目
23	周家骐	上海中华全国体育协进会	足球、篮球
24	徐振东	南京新华银行	足球、篮球、棒球
25	徐绍武	南京金陵大学	篮球
26	徐政	南京中央大学体育科	篮球
27	郝更生	南京教育部	名誉
28	郝伯阳	上海四川路210号美华地产公司	篮球、名誉
29	胡宗藩	上海市教育局第四科或晨报馆	足球、篮球
30	俞菊芦	上海四川路青年中学	篮球
31	施肇康	上海圣约翰大学	篮球
32	凌希陶	上海四川路青年会	篮球
33	舒鸿	杭州浙江大学	足球、篮球
34	梁官松	江阴开洁煤矿公司	足球
35	梁文栋	广东	足球
36	唐仲光	法租界20世东路贵租坊1号	足球
37	倪孝本	上海外滩中国银行	足球
38	许民辉	广东省教育厅或省立体育专科学校	足球、篮球、排球、名誉
39	许振国		足球
40	许学书		足球
41	马约翰	北平清华大学	名誉
42	马德泰	上海日晖港开洁码头	足球
43	陈吉祥	上海北苏州路河滨大厦京沪路会计处	足球
44	陈富章	上海四川路青年会	篮球
45	陈邵	上海麦特赫司脱路306号优游体育会	篮球
46	陈昺德	上海翔殿路复旦大学	排球
47	陆翔千	上海大西路光华大学	足球、篮球
48	陆钟恩	上海爱文义路爱文坊33号	篮球
49	陆顺德	上海圆明园路169号万泰保险公司	足球
50	章文元	上海徐家汇南洋模范中学	篮球
51	张信孚	南京上海银行	足球、篮球、名誉
52	张国勋	上海爱多亚路大陆报馆	篮球、棒球

续表

序号	姓名	住址	裁判项目
53	张鹏飙		足球
54	张乐	上海北四川路闸北三段救火会	足球
55	张漪	上海广东路张锦记	足球
56	张志仁	上海外滩颐和洋行船头房	足球
57	张彼得	上海星家坡路42号	篮球
58	冯建维	法租界辣斐德路怡德里6号	足球
59	冯家声	苏州天赐庄东吴大学	篮球
60	黄文建	南京交通部	足球
61	黄元道	上海墓而鸣路永康里一号	名誉
62	黄锯英		篮球
63	王（黄）亦樵	上海三马路墓而堂	篮球
64	黄仁彝	上海九江路华义银行	足球
65	曹廷赞	上海外滩中央银行	排球
66	董小培	上海大西路光华大学	足球、篮球
67	刘耀坤		篮球
68	刘雪松	广东省立体育专科学校	篮球
69	刘春树	上海安南路八十弄十六号或罗芳照相馆	足球
70	刘达成	上海四川路一号迎祥号一七一五信箱	棒球
71	黎宝骏	上海安静寺路华东运动公司	篮球
72	钱一勤	南京励志社	篮球、排球
73	蒋湘青	上海爱多亚路时事新报馆	足球、篮球
74	谈熹	上海北京路266号花旗烟草公司	足球
75	乐秀荣	上海华童公学	足球、篮球
76	戴志成	上海四川路威厘洋行	足球
77	戴昌龄	上海赫德路二六三弄安庆坊5号或900号信箱	篮球
78	卫鼎彝	上海中山路大夏大学狄司威路750号	排球
79	郑通	闸北三段救火会	排球
80	邓效良	浦东颐中烟公司总写字间	足球
81	瞿越	广东省立体育专科学校	排球

续表

序号	姓名	住址	裁判项目
82	瞿鸿仁	上海福煦路信通汽车行	篮球
83	谭仲涛	上海愚园路 1010 号	足球
84	萧嘉涛	上海戈登路 449 号	足球
85	龚振翼	上海方斜路东安里 3 号	篮球
86	A. H. Graham		足球、名誉
87	A. H. Leslie		足球、名誉
88	I. H. Smith		篮球、名誉